工程争端与解决系列丛书

工程争端替代解决方法与裁决

[英] 彼得·希伯德　保尔·纽曼　著
路晓村　王自青　译　　邱　闯　校

中国建筑工业出版社

著作权合同登记图字：01－2003－3312号

图书在版编目(CIP)数据

工程争端替代解决方法与裁决/[英]希伯德，[英]纽曼著；路晓村，王自青译，邱闯校.—北京：中国建筑工业出版社，2003
(工程争端与解决系列丛书)
ISBN 7－112－06081－8

Ⅰ.工… Ⅱ.①希…②纽…③路…④王…⑤邱… Ⅲ.建筑工程－经济合同－经济纠纷－仲裁 Ⅳ.D913

中国版本图书馆CIP数据核字(2003)第093640号

ADR and Adjudication in Construction Disputes, by Peter Hibberd & Paul Newman, 1st Edition

本书的出版得到英国Blackwell Publishing ltd., Oxford的大力支持。

责任编辑：丁洪良
责任设计：刘向阳
责任校对：赵明霞

工程争端与解决系列丛书
工程争端替代解决方法与裁决
[英]彼得·希伯德 保尔·纽曼 著
路晓村 王自青 译 邱 闯 校
*
中国建筑工业出版社出版、发行(北京西郊百万庄)
新 华 书 店 经 销
北京建筑工业印刷厂印刷
*
开本：787×1092毫米 1/16 印张：21½ 字数：520千字
2004年2月第一版 2004年2月第一次印刷
定价：**45.00**元
ISBN 7－112－06081－8
TU·5347(12094)

(邮政编码100037)
本社网址：http://www.china-abp.com.cn
网上书店：http://www.china-building.com.cn

目　　录

前　言

近 30 多年来，对工程争端的关注已经在增长。工程师或建筑师曾经根据合同实际解决了所有索赔，显示了他们各自的公正，当事人通常可以接受这种管理，但是越来越多的判决显示出其中的挑战性。传统上，争端是通过诉讼来解决，但是这种体制还不能提供满意的结果，从而导致仲裁解决工程争端的产生。

现在总承包商把更多的施工过程分散给分包商承担的做法也造成了新的争端源，特别是涉及付款问题。事实证明仲裁的方法解决这类争端的效率很低，因此产生了裁决和其他解决方法，作为替代途径。其结果是通过这种探索，加上不断升温的替代争端解决方法(ADR)市场，意味着调解、调停、调停仲裁、小型审判、争端审核委员会和其他解决技术已经成为重要的解决途径。这些思路很多最初起源于美国，并不在建筑业。后来英国和其他地区对此也产生了兴趣。采用替代争端解决方法技术的增长促成著者撰写本书。

我们的目的是介绍 ADR 和裁决的过程以及其中的细节问题，从而作为基础，以便明智地选择争端解决方法以及各种做法的实施过程。当然我们还会简要地涉及解决争端采用的仲裁和诉讼方法的一些内容。

本书希望能够满足合同当事人和使用者的需求，同时让 ADR 的学生和学者对此也产生兴趣。我们会涉及到 ADR 实践的范围，以及导致采用这些做法的事件。还会涉及到一些最重要的标准合同文本，以便纵览这些方法及其原理。

1996 年《住宅许可、建设和重建法》(HGCRA)和 1996 年《仲裁法》的实施不可避免地对本书产生重要影响。包括《工程合同裁决纲要》、《Woolf 改革建议书》和《建筑业示范仲裁规则》(CIMAR)在内的这些法规文件都意味着争端解决越来越成为一个令人感兴趣的话题。HGCRA 确认了裁决的司法形式，因此很多合同管理机构都推出了包含裁决程序的方案，同时修改了他们的标准合同文本中的调解程序。

本书根据 1999 年 1 月的法律，特别参考了下面重要案例：Macob Civil Engineering Ltd(1999) v. Morrison Construction Ltd 16 - CLD - 05 - 06、Outwing Construction Ltd(1999) v. H.Randall & Son Ltd 16 - CLD - 02 - 01。在附录 5 中，我们简要介绍《Woolf 改革建议书》和 1999 年 4 月以来实行的《民事诉讼程序原则》。

正如我们在第 9 章中所讨论的，根据 HGCRA 法的裁决不仅仅关注了一个问题，而且还附带解决了由此产生的很多其他问题。首先这些问题导致产生了技术与工程法庭，这是 Dyson 法官在审理 Macob Civil Engineering v. Morrison Construction 案件期间提出来的。这个案例涉及到裁决人根据《工程合同裁决纲要》(英格兰和威尔士)法规进行裁决时的地位问题，这些裁决已经面临着挑战。为此法官的裁决是：

(1)裁决人的判决是根据裁决纲要作出的，对被告有约束力，在这个争端的判决最终得到仲裁、司法诉讼或协议的决定之前。

(2)被告被要求根据由裁决人确认的支付金额判决执行。

当事人之间的合同在 HGCRA 范围内，但是因为没有满足该法规的要求，所以需要考虑使用裁决纲要的有关规定。裁决人在作出判决时，是根据裁决纲要第 23(1)段下达命令，认为当事人应该强制性地按照他的裁决执行，并且可以根据 1996 年《仲裁法》第 42 条进行强制判决。被告拒绝了裁决的效力，认为命令强制实施的根据是裁决人必须做出有效判决，然而违反自然公正原则的判决不是有效判决，因此不能像合同条件那样有约束力和强制性。高等法院法官 Dyson 拒绝了这种论点，其理由是，这过于简单，不可能把裁决人的判决看作违反自然公正。同时如果认为可行，它将实质性地破坏了根据有关法规建立的裁决纲要的有效性。

Morrison 代表的另一个论点是法庭没有权利根据 1996 年《仲裁法》第

42条下达命令，因为裁决纲要修改了该案，这是因为 “除非在当事人另有约定时”，这个权力才可以实行，并且合同中有一个条款成为协议，可以把对裁决人决定的争端提交仲裁裁判。高等法院法官 Dyson 也拒绝了这个论据。这个争端被提起上诉，所以这个问题很可能没完没了。

该案之后很快又有了 Outwing v. H Randall & Son 案，对后者的评论认为，这个案例比 Macob 判决又进了一步，法庭采取了步骤保证裁决人的判决能够得到快速实施。

争端解决方法现在非常烦乱。ADR 和裁决可能向传统的仲裁和诉讼的圣殿提出了挑战，特别是如果当事人相信快速解决问题比拖延和痛苦斗争更有希望时。可以有很多证据都认为在裁决的序幕慢慢地拉开之后，正在变得更加普及。ADR 现在仍然刚刚开始发展，还没有被作为公认方法的一种。民事程序原则(CPR)将改变这一切，但是它仍然存在一些问题，裁决本身必须发展成为一种完善的方法，能够解决任何顽症，才能促进 ADR 的发展。

十分明显，很多问题还在不断发生，ADR 作为一种方法正在着手排除这些障碍。

《澳大利亚 ADR 的发展》一节由在布里斯班 Minter Ellison 的 Ian Briggs 起草，著者十分感谢他的帮助。

Peter Hibberd 和 Paul Newman，1999 年 6 月

第1章　工程合同：不可避免的纠纷源

1.1　纠纷、索赔和争端

建筑业的很多从业人员都这样认为，纠纷是不可避免的，所以需要推广使用标准合同文本。然而在著者看来，在任何合约状态下都存在着潜在的纠纷。虽然当事人双方的目标是相同的(建筑物)，创造这个建筑物的动机就是获得利润(或获得利益)，对于承包商和建筑物的开发商来说，他们各自的利润表现方法是不同的。可以想象得出，这将意味着当各方当事人的利润地位受到威胁的时候，纠纷就会发生。是否如此，如果是，这个纠纷是否是因为使用了标准合同文本造成的，或者因为有了它变得更糟。

发生纠纷、争端和索赔的可能性始终存在，有必要在建立合同关系的初期就认识到这一点。还有一点十分重要，应该在使用这个合同之前，对这些条款之间的关系了解得更细一些，不但应该有一定的深度，而且还应该对整个合同有一个基本的了解，这样做才有利于减少今后发生诉讼和仲裁的可能。

通常我们认为根据合同简单地行使自己的权利(索赔)和争端产生之间是存在重大区别的。一项索赔充其量只不过是一个小插曲，不会演变成争端，除非真正出现了有争端的问题。这是案例 Mayer Newman & Co. Ltd v. Al Ferro Commodities Corporation SA(1990)中确立的观点。虽然这是一个被提交仲裁的案件，但是似乎案件的观点值得广泛的应用。这也和案例 M.J. Gleeson Group v. Wyatt Snetterton Ltd(1994)中的观点一致，并且案例 Halki Shipping Corporation v. Sopex Oils Limited(1996)也提出需要说明是否存在争端。此外了解争端和纠纷之间的区别尤为重要，虽然不是所有人都完全同意两者之间在性质方面的准确区别。纠纷本身的解决绝不一定取决于合同中的争端解决过程。

应该注意到，从定义上看，如果关于对合同的解释和实施上面存在真正的不同观点，于是争端发生。它和词典中的定义是相同的，即“发生了争端的主体，产生了争论，通过争论提出反对，因此问题产生”，并且这也和案例 Hayter v. Nelson and Home Insurance Co.(1990)的观点一致，该案确定仲裁条款中的“争端”一词具有其一般含义。无论如何，为了保证事件可以提交法庭判决，有些仲裁协议和合同文本都考虑到争端和需要争论的不同分歧两类问题。虽然当事人之间存在着不同的观点，但是纠纷没有产生，仅仅是简单的争端。当然，纠纷也可能接踵而来，这主要取决于卷入争端各方当事人的行为。我们这里谈到的纠纷仍然属于词典中的含义，其中存在着某些紧张因素。

然而应该承认，我们在此介绍的争端和纠纷的区别还不能作为一种永恒的定义。Brown 和 Marriott[1]曾经讨论了这个问题，并且由英国调解协会和其他组织[2]做出定义，他们认为冲突的定义有很大不同。在他们看来，争端只不过是纠纷的一种类型。

这些不同的定义对于找到解决问题的最佳途径是十分重要的。Brown 和 Marriott 指出，“尽管行为性的纠纷和法院可以裁决的争端之间的区别不是十分明确，但是都属于替代争端解决方法(ADR)的工作，因为它们可以提供不同的解决方法……。”在我们看来似乎是当纠纷不严重或不存在的时候，最好采用争端程序。一旦纠纷发生，解决这些问题的方法就完全不同了。为此我们必须认识到它们之间的区别。我们在确定应该采取什么方法来解决项目中发生问题的时候，首先必须确定问题的性质。

问题有很多区别，也许需要一种技术性的解决方法，也许属于工作关系破裂性质。后者也许是因为前者的结果产生，并且因为它处理不得当。每当问题发生，最重要的是人们应该去分辨它的性质，应该采取哪种最适宜的解决方法。问题或纠纷的时间紧急程度，使用的解决方法都可能完全不同。有时因为其性质特点，在争端解决机制还没有使用时，纠纷已经发生。十分明确，不可避免地这些涉及需要解决合同和项目存在问题的人们应该认识到这些问题，知道为了解决这些不同的问题应该采取哪些方法。此外他们还应该认识到需要尽快地解决这些争端。

1.2 利润问题

由于各方的行为结果，一个项目的各自利润地位可能产生变化，如果变化产生，人们可以根据合同来求得合理补偿。这种不同的利润地位因为合同当事人无法控制的情况发生，也可能会受到威胁。他们因此可以根据合同提出某种形式的补偿。

对于可获利性水平变化的这种反应被某些评论家看作是短视的，因为这主要涉及当前的项目。行业中还有些人建议，从长期观点上看不应该有这样的反应。然而还有些人认为从更长期的观点看，因为引入了投标程序，从一定意义上看不应该存在问题了。进而无论是从短期还是长期关系上，如果发生了与合同预见不同的情况，完全可以通过合同求得补偿。

投标程序要求每个中标的项目应该完全按照最初的价格执行，并且在考虑中标问题时，价格因素应该作为一个重要标准对待，但是它不能作为长期业务关系的发展来使用。尽管会发生问题，很多人仍然赞成公开竞争或者采用一次性投标程序的其他某些限制性竞争形式。固定价格的总价合同有其自身特点，特别是对于那些仅仅参与一次性或很少参与建造活动的人士尤其有吸引力。对于建筑业主来说，这种商业关系可能仅仅持续到项目结束，虽然其后果也许要持续很长时间。在这种情况下，当事人试图“探索”合同条款，这也许不是什么新鲜事，应该是自然而然的事情。利用索赔的方法来改善“卡脖子”式的投标方法设置的利润是建筑业问题产生的一个主要因素。

美国工兵部队最先推出“合伙”的方法，这种方法的提出主要是试图改变这种现状，减少这类问题的发生。这种方法为解决因为固定价格合同的公开低价竞标方式存在的问题做出了一些尝试。尽管合伙方法显现出明显的优点，但是仍然有缺点。它可以很容易保护时间利润，但是当事人双方无法同时利用它得到更高利润的机会。进而可能增加了一些非伦理方面的风险，这些风险是很难公开预见。在澳大利亚的建筑业中就出现了这种问题，有些人则企图重新恢复使用原来的公开竞标程序。如果这种情况发生在英国，肯定会被看作是倒退，人们会认为把合伙作为克服因为采用短期行为产生争端和纠纷的措施可能是短命的。这种合伙方法最先由 Latham 推荐，后来 Egan 又大力宣传，现在正在被看作是作为一种非敌对性的方法来发包，越来越多的重要客户都在使用这种所谓的“双赢”的方法。

1.3 合同是协议，也是补偿手段

如上所述，当事人在合同上的观点随经济状况而变化着，并且体现在合同采购方式结果上面。然而一方当事人在项目(与合同相对应)采购问题上可能因为众多原因会有所改变。当事人各自的立场可以因为多种原因存在差距，包括业主提出要求的变化、不可预见的地下条件、罢工、通货膨胀、无法采购的材料、气象以及承包商、顾问工程师，甚至开发商能力原因造成的情况等。这些变化是否会引发争端或纠纷是另外的事情，但是有证据表明在很多项目中都会遇到这些情况。

根据合同谋求得到补偿并不奇怪，没有人认为不会发生这些情况。真正的问题不但是是否应该使用这份合同，而是在什么情况下以及使用什么方式来使用它们。合同的最佳功效并不是提供了实现权利主张的方法，而是提供了解决问题的框架。如果当事人的意图十分明确，那么合同中会对任何变化都做出适当的规定。原则上讲这么做是绝对没有错误的，但是他们的意图很少能够明确。即使能够明确，按照合同条款严格履行的结果往往会使得一方当事人或对方当事人处于无法接受的地位。

在提供专业服务方面，一直认为[3]合同如果能够包含必要的基本要素，是避免发生争端的最重要的文件，这也同样适用于工程合同。然而人们还会争辩，如果认真恰当制定好合同，争端就会得到减少，同样不恰当地制订合同则最容易引发争端。人们一定要严格区分避免争端和引发争端之间的区别。交易成本理论可以帮助我们理解这个区别，同时在合同签署前把这些问题予以适当准备和考虑。

合同自身不会引发纠纷，只有合同的当事人或者他们的顾问才会制造出这些纠纷。理论上讲，合同就是也应该是合同当事人之间各项要求的具体反应，因此不应该引发争端。当然合同还应该在提供、解决和分担风险方面规定出一个框架。这里面还会存在一些问题。虽然理论上讲，合同反应了双方当事人的要求，但是在实际中它很少能够做到这一点。部分原因是把标准合同文本作为简易方法，以期达到一系列合同条件，而没有充分考虑实际条款，以及这些条款是否能够满足他们的要求。部分原因是没有正确理解和解释条款的问题，还有参与者接受程度的变化等，例如他们对项目的期望是什么，合同在整个项目生命周期内的变化等。

我们关于合同不会引发纠纷的观点可能会面对 Clegg 文章的挑战[4]，他的说法是，“合同将引发纠纷，因为它们存在合理的动因，其可发现性在设计和施工过程中可能被涉及自身利益的专业人员所利用”。假定这种可发现性涉及到对条款中罗列的事件的解释问题，人们可以发现为什么 Clegg 会认为合同将会引发纠纷。然而有三个方面还应该考虑。首先，如果合同不去试图罗列这些情况，它们应该如何处理？在合同条件中罗列事件既有缺点，又有优点。其次且更重要的是，正是专业人士的利用引发了问题。因此除非这种利用不可避免地发生问题，否则人们不会怀疑是否合同自身或者对它的翻译存在问题。最后一点是 Clegg 提到的所谓“涉及自身利益的专业人士”问题，也许不应该有如此的限制，在很多情况下都是因为当事人自身的行为所造成的，虽然有专业人士的建议。

1.4　风险分担

合同框架中的风险分担问题理论上同样不会引发纠纷或争端。但是实际中根据合同赋予权利的索赔经常被视为是一种争端，或者可能会导致争端。其主要原因常常是因为遇到风险的结果大于当事人预计承担风险的情况。但是这也不应该是合同自身必然发生的。然而，不能适当地分担风险的确会导致发生的争端数量高于本来应该公平承担争端的数量。风险和不确定性的确会导致纠纷，因为实际情况很少会完全按照预期发生。合同中的风险转移条款也会造成很多争端，在美国的建筑业中，一直认为[5]把风险转移给不能或无法控制事件一方的行为将承担争端滋长的责任。如果在适当的投标程序中采用了完善的风险分析方法将很少会引发争端，还可以减轻纠纷。

风险分担通常是合同当事人十分重视的主要议题。在施工项目中不公平地分担风险将会导致后来的争端发生，但是著者相信如果当事人讨价还价的权力相同，在分担风险的过程中将不会存在内在的不公平性，只要当事人完全了解事实真相。这里不应该存在不公平性，但是尽管如此，仍然可能存在不适当的情况，应该区别对待。不公平性的问题已经越来越多地会引发问题，这时当事各方的讨价权力是不平等的，一方当事人可以争辩。在行业中，例如建筑业，很少有这种公平，因为形势经常是供大于求。Latham 也这样认为[6]在实际中，市场的力量常常使得一方当事人占主导地位，这时可能导致不适当地和不公平地分担风险。

风险的分担可能导致潜在争端，这时将划出一条界限，而这条界限很少能划得绝对公平，在这些问题上将会发生争端和实际纠纷。根据这种观点可以争辩，如果把风险完全赋予一方也许更好。这种论点认为应该根据一元或单一责任的概念，最初就应该鼓励采取设计和施工的统一。

一方面要求一方当事人接受承担全部风险，以便减少潜在争端，但是另一方面，不公平分担风险将导致争端和实际纠纷发生。对于当事人来说，最好的解决办法通常是尽可能让能够控制和规范风险后果的当事人承担风险。然而在评估潜在风险能力和控制风险发生之间将会出现分离。进而又会出现新的困难，这种风险将落在很少能够持续承担损失结果的当事人身上。

最好应该是合同明确风险分担，并且在当事人方面也应该充分考虑遇到风险的结果。争端或纠纷的潜在可能便可以减少。如果分担的风险不能明确确定，因为缺少明确意图、合同起草存在问题或者默示规定分担某些风险，于是发生问题的潜在可能将会增加。正如 Allen 所说[7]，“如果一方当事人的期望与另一方的意图有矛盾，这就是争端的重要添加剂”。

然而即使合同明确分担了风险，索赔、争端和纠纷也仍然会发生。发生索赔的原因十分简单，可能因为合同规定可以这样做。也许还因为风险发生的后果没有满足“明确”的预期情况，分配承担风险的当事人希望转换位置，认为这个后果在合同签署的时候不能合理地预期。如果投标程序仅仅针对这种一次性关系，并不准备建立长期的合作关系的时候，这种形势还会恶化。进而在这种一次性项目中投标人单纯靠价格获胜而参加竞争的，将增加进一步索赔的潜在风险，这往往是单纯为了对组织的获利性进行补偿。理论上这种情况不会发生，因为投标书应该是真实的，合同当事人不应该试图补偿自己的过错，但这仅仅是一种理想状态的观点。十分明显商业上受到威胁的任何人都会尽力扭转形势，特别是当他们看到因为这种不公平的风险分配、不真实的竞争或者短期商业关系造成不公平条件时。

1.5 标准合同文本及其草案

合同应该反映出当事人的要求，并且可以通过多种方法实现这些要求。合同涉及的范围及其草案产生重大变化，可能会引发混乱。合同希望能够处理一种采购方法的具体内容，允许有差别，但是运用不同的专业术语来达到同样的概念则是不可原谅的。

过多的标准合同存在，有些即使是同一套合同文本体系，使用不同的专业术语解释相同的概念，这使我们在使用合同时产生了问题。有一种观念[8]认为这方面的很多标准文本和补充协议都可能造成潜在争端。Baden Hellard[9]特别强调了这个问题，他这样认为，“现在整个行业中根据惯例和实践已经编制出了多达 94 种不同的‘标准’合同，这反映出盛行在行业中的商业条件超出了行业外应该遵守的法律环境。”后一种观点在 INCA 的研究项目[10]中也这样认为，这表明理性化行业实践活动的重要性。如果希望争端和纠纷案件的数量能够大大改变，就应该特别强调这个基本问题。

Latham 认识到合同条件的问题，但是他认为：

“无休止地细化现有的合同条件势必无法解决这些疑难问题。现在需要有一套现代合同应该遵循的基本原则。同时还需要一整套相互关联的文件。新工程合同(NEC)实现了其中很多的原则和要求……”[11]

这意味着我们需要一种新的合同方法，而且还应该更为基础，可以认为应该有一套有关投标和签约等基本方面的新方法。我们需要改变现在处理这些事务采用的态度和方式。另一方面，如前所述，这默示着合同条件必须准确地反映这些要求。无论是一个标准合同文本，还是几个标准合同问题，如 NEC，核心条款能够实现这些要求是有争端的。无论如何，可以认为 NEC 至少在这方面是朝着正确方向发展的。

如果能够建立起国家认可的合同条款数据库，就可以提供一些措施，保证标准化的效果，同时使自由市场议价方式得以保持。这将提供根据标准技术方法编制“量身定做”的合同的可能，从而满足各方当事人的具体需求，保证合同使用不同的条款，从而进行不同的风险分配。这种方法并不是试图得到一个风水不漏的合同(也许这种情况不会存在)，而是在建立良好关系的基础上，可以尽量地告之参与者，使得当事人很难违约。

我们前面曾提到这样的事实，现在合同存在的很多缺点是可以克服的，可以采用审查合同的方式以及建立能够促进解决方法的框架，而不是仅仅去维护权利。这是一种理论上的方法，它的基础应该是它的条款能够明确地表示出来，避免多义性，因为多义性最有可能引发争端，即使不会最终导致争端。

1.6 标准合同文本和争端解决

现在很多标准合同文本都是为合同管理人员准备的，无论他们是建筑师、工程师或其他人士，他们代表开发商工作，并且在当事人之间对大量问题进行裁决。这样会引发问题，这种具备双重身份的人士的行为是否会出现偏袒。看一下下列评论是很有意义的：

“当你需要在不同的合同语言解释中间作出判断的时候，习惯上你会倾向于采纳能够避免客户(业主)发生费用的一种解释……承包商一直希望工程师的决定是相反的，即使这时工程师有义务作出公正决定。”[12]

这个评论切中要害，为什么要把这段评论和案例 Sutcliffe v. Thackrah (1974)记在心中也许不奇怪。这个案例确立了根据一般性条款的传统或常规的合同，建筑师作为业主的代理人，尽管如此他仍然需要公正行事。毫无疑问，这将把建筑师放在几乎不可能行事的位置上，特别是在经常遇到的这种极端商业化的环境中。作出决定的人们可能发现他处在需要自己正视自己的错误的位置上。这种形势不可避免地在刺激争端的发生，并且更糟糕的是将孕育着一种纠纷的气氛。

建筑师或工程师在各种合同文本中的双重角色使得合同文本调解条款的潜在作用大打折扣。缺少这种有效的事先补偿意味着争端得不到控制，双方各持己见，过程被拖延。这种事先补偿的观点十分重要，但此类补偿不应仅仅一种，因为正如我们所谈到的那样，争端各有不同，因此经常需要采取不同的方法。所有合同都应该提供预先补偿，因为这样就可以在问题出现之前、观点受到影响之前以及费用增加到超过合理界限之前，尽快处理好这些问题。即使合同的确规定了这种补偿，还应该小心，保证它们的可操作性和有效性。如果这种机制不能得到当事人的尽力支持和运用，那么它将毫无用途。这意味着与其他一些问题相比，这种问题不是很容易就能够避免发生的。

1.7 采购过程和管理

NEDO 报告《建筑业中的专业工作》指出：

“在这两个行业中(建筑工程和土木工程)，存在一种实现质量标准的协议，这时设计人允许花费时间去寻找最佳解决方案，直到他得出正确答案。”

传统上这意味着设计人应该在施工开始之前试图完成设计工作。在实际中，设计人是无法做到这些的，因为设计的过程实质上属于一种动态的过程，并且因为工期经常十分紧，迫使在最终设计完成之前工程已经开工。即便如此，合同和合同文件经常忽略了这个事实，不可避免地导致发生问题。

人们一直在寻找替代采购的方法，并且实际上已经把设计和施工的次序替换成同时实施。包括接受什么人应该承担施工风险观念的转变在内，再加上转变很多合同管理机构的专业和更高的专业化的观念，都可以创造出无限数量的解决方法。虽然这些方法可以根据基本性质进行分组，例如传统的、设计与施工、管理承包、开发与施工等，每个施工项目的过程都可以分离出来。虽然同类型采购模式方法运行于某一具体项目可能会产生问题，但是实际中大多数合同都采用一种综合方法[13]。因此同种采购标签相当于就是一种误述，这将不可避免地导致后来发生问题和寻求争端解决办法。

还有一种观点[14]认为，角色的变化使得很难确立参考点，并且建筑业中参与者的相互依赖性也十分薄弱，其后果是争端和纠纷的潜在因素仍然存在。虽然建筑业管理水平的改善是显而易见的，但是其变化程度和商业性质的变化对参与者的约束十分大。

管理人方面的缺点仍然是这个行业中的一个重要问题，并且由于对于英国建筑企业来说经济形势的恶化(也许已经成为常用语)使得问题更加严重。多年来已经发现了在建筑施工过程中管理问题上的缺陷，我们在此不准备详细地评论这方面的内容、罗列不同的管理问题。尽管如此，应该指出的是管理不好将会产生引发纠纷的环境，因此管理应该掌握好他们需要负责的形势。良好的管理不但可以避免或者至少是减少发生这种情况，而且在问题发生的时候，还可以改善这种状况，减少纠纷潜在因素。

管理责任渗透在不同层次上，但是主要集中在两个大层次上面，它们是行业管理和施工项目管理本身。对项目的良好管理可以产生很多优势，但是十分明显的是对行业的良好管理是完全实现这个目标的先决条件。

行业一直在寻求新的采购方法，作为对产生和发生问题的反应，但是更多的是花费了大量的时间去推广这些方法，而不是实现它的内在完善。

对建筑业和它的从业人员的任何评价都表明他们可以进行细分，并且可以建立广泛关系。一方面这是有优势的，这个行业是灵活的，足以处理各种情况；另一方面，这将意味着这些单位不是定期的在一起工作，在这个过程中效率在降低，除非工期和工作性质都能满足与之相适应的团队。团队精神十分重要，但是每个合同重建一个团队本身就没有效率。从这个观点看，任何恶化团队精神的招标过程都是值得商榷的，在许多人看来保留过去在一起工作的团队则意味着削弱竞争。

1.8 纠纷是否不可避免?

综上所述，可以认为当事人根据合同行使权利可能导致争端，进而是纠纷。争端不一定导致索赔，而且争端也不一定会伴随着纠纷。争端有时可能发生，但不一定是不可避免的，通过可以控制这种形势的技术人士就可以避免发生争端。如果发生了真正的争端，可能需要寻求其他解决途径。如果这种情况存在，它是无法避免的。于是惟一的问题就是找到解决这种争端的最适合方法。传统上可以使用仲裁和诉讼的方法，但是越来越多地是寻求使用争端替代解决方法。

另一方面，纠纷一般都是能够避免的，并且应该避免。然而问题是在于自己，而不是合同。纠纷的发生可能是因为当事人及其顾问的原因，的确还有他们之间的混合作用。合同也许会、也许不会刺激这个过程的发展。这个问题的答案应该更多的是对它的预防而不是在纠纷已经发生时寻求解决办法。仲裁和诉讼可以解决一个争端，但是很少能够解决一个纠纷。争端解决方法的替代技术也可以解决争端，并且虽然这是它们的主要目的，但是这种副作用比较小的方法也可以减缓纠纷。

如上所述，纠纷是人为制造的，进而争端也是人为制造的。前者常常是有破坏性的，会导致关系的破裂，虽然有人争辩纠纷是促进效率的基本催化剂。然而争端不会导致关系的破裂，它们仍然是争端，不能是其他东西。

建筑工程纠纷管理和解决的问题在 1992 年 9 月在曼彻斯特理工大学(UMIST)召开的第一届国际工程管理会议上得到充分的重视。这些著名的从业人员、学者和其他有关人士来到一起，试图解决众多的问题，并且通过讨论，很多人提出建筑业的纠纷是否就是不可避免的问题。UMIST 的会议论文中表达的大多数观点认为它是不可避免的[15]，并且有充分的证据可以支持这种观点。

Smith[16]的观点是“……工程纠纷不应……被看作是完全在孤立状态下双方当事人脱离一次性的事件。总之工程纠纷是这个行业的一种特有的事件。其原因是与行业运营方式有关联的……”。Baden Hellard[17]同意这个行业存在问题的观点，他认为“现在建筑业的组织结构本身就固化了纠纷元素”。

Langford 等人[18]也相信签约公司之间的纠纷可能是不可避免的。这样就揭开了这个问题的另一侧面，其中在承包商和开发商(或者开发商的顾问工程师)之间经常会引发纠纷，但是这种纠纷同样会在承包商和分包商之间产生危害。Harding[19]还确立了在这些当事人之间的纠纷是常见的观点。

对于为什么会发生索赔的问题已经进行了很多研究[20]，十分明显它的原因很多。这些原因从信息问题到蓄意变更，从地下条件到无法预见的事件。此外十分明显，人们从索赔中看到了争端和纠纷的潜在因素。如果索赔可以避免，争端和纠纷便可以消失。

提交到伦敦正式鉴定人法庭[21]的案件数量从1973年到1990年实际上是在增长，如果采用指数来表示，人们可能得出这样的结论，以争端形式出现的“纠纷”不但是无法避免的，而且仍然在增加。然而单凭这些数据可能无法看到实际情况。提交法庭的案件仅仅是发生的全部争端的一小部分，因此如果没有其他证据支持，人们只能认为法庭目前听证的案件数量要比以前多。这可能是因为法庭被用做解决过程已经变得越来越普及，并且优先于替代方法。也可能因为争端人变得更加愿意打官司，或者是因为争端变得十分复杂，潜在涉及到十分巨大的资金。很少有可靠的证据可以支持这种猜测，这种增加现象已经发生，但是与越来越多的人们认识到通过法庭解决争端是非常耗时耗钱的情况相矛盾的。是否认为这个过程的最终结果将优于替代方法的所谓益处？是否认为公正的结论(无论是什么)都优于迅速妥协的解决。

通过可以得到的数据和观点证据可以证明，在任何合同中纠纷都是不可避免的。在各种合同中竞争以某种形式存在，无论采用哪种采购途径和投标过程，竞争水平可能因情况而异。人们可以推断出，竞争越小，争端发生的可能也就越少，而且它们中间演变成纠纷的事件也就越少。在这种情况下，这就是说预期的更高的初期费用是否有利于实现较低的终期费用，后者将涉及到更高程度的竞争。如果竞争激烈，确定终结费用的困难在于实际上无法确定一个问题的发生。因为一旦事件发生，就涉及到为了事件解决所投入的资源数量的问题。

1.9 利用和减少纠纷

虽然纠纷是无法避免的，但是没有必要把它看作是完全无法利用的事件。也许在一个组织中的某种水平的纠纷不但是无法避免的，而且也是所期望的，因为纠纷既是原因，也可以起到变更的作用。这方面也存在争论[22]，功能性纠纷是我们所选合同体系中无法躲避的内容，因此人们可以总结出它是必然的。是否希望它发生这是一回事，但是十分明显它是在任何希望达到某些目的相互作用中所固有的，无论这些目的是否常见。Smith[23]分析了功能性纠纷和功能障碍性纠纷之间的区别，并且得出下列区别：

“功能性纠纷基本上是建筑业社会中的问题，是我们交易关系的无法逃避的结果。如果当事人的诉讼远远超出了我们归纳为功能性纠纷的范畴，那么这就是功能障碍性纠纷。”

剥离出功能性纠纷十分困难，这里面人们需要能够提供行业中的基准点，知道什么是可以接受的实践和行为。正如基于所发现的行为产生的道德和伦理的转变一样，多种采购方法使何谓可以接受的实践和行为变得困难。无论如何，我们当前体系中的某些理性化可以帮助实现共同的目标。然而无论采取哪些步骤，似乎我们的合同(从法律意义上)都将导致出现功能性纠纷，尽管事实是理论上它们是建立在协议基础上的。如果让它们后来使用将会出现一些问题，常常把我们推向功能障碍性纠纷。在两者之间存在细微的差距，现在还没有统计资料可以说明什么时候会越过这个界限。在确定采取解决已经发生问题的最佳方法时，这将导致一些后续问题。

Rahim[24]似乎接受了组织的纠纷，并且相信没有必要减少、压缩或者避免它们。他相信人们只能是试图管理好这个过程。为了管理好这个过程，人们需要理解什么是纠纷，纠纷是如何发生的以及如何解决它们。为了了解这些知识、理论和有关技术，我们需要教育支持，当前建筑业的专业人员和其他人员的培训无法提供这些内容。所以应该认为在具体问题被引起重视之前，我们面临一种形势，即依靠没有掌握全面技能的人士来试图解决这些不可避免的纠纷。

正如我们所指出的，有些顾问工程师的双重身分常常存在矛盾，无法使用已经规定好的调解程序找到解决办法。这是应该进行补救的一个方面，或者改变顾问工程师的性质，或者选用区分代理人和裁决人的采购方法。

我们已经知道建筑合同中的纠纷可以根据各自的预防措施和控制措施进行细分，并知道在任何合同形式中纠纷具有潜在的性质，索赔、争端以及纠纷的潜在因素都可以因此实质性地减少。减少发生潜在因素的机会可以分成两个阶段：合同前阶段和合同后阶段。前面讨论认为合同前阶段纠纷潜在因素的减少可以在以下阶段通过适当决策来实现：

* 分配风险；
* 投标过程；
* 能够负责项目责任团队的选择；
* 文件(包括合同文件，特别是包括预先估计的补偿内容的合同信息)；
* 沟通。

这还不能算是预防方法的详表，只是罗列了一些重要的指导性内容。虽然本章主要讨论合同后阶段发生的索赔、争端和纠纷问题的处理，但是人们也不应该忽略合同前阶段，对于合同前阶段的预防措施不做任何准备工作。

人们应该根据前面介绍的5个方面的合同的经济和社会环境作出判断。

工程合同存在着内在的风险，因此适当地分配好这些风险是一个重要挑战，特别是在有关怎样才构成公平的问题没有达成共识的情况下。签约时的经济条件以及合同实施时的具体情况都可能加重这种挑战，特别是当情况与投标阶段所预计和确定的情况不同的时候，后者尤其可能会导致出现问题。为了防止这种情况的发生，就需要了解很多方面问题，下面内容涉及潜在纠纷的情况：

* 适当分配风险的方法；
* 准确沟通风险性质和界限的方法；
* 评价风险的方法；
* 为风险公平定价的机会；
* 如果风险发生，控制风险后果的方法；
* 达成涉及这些风险的协议；
* 承担风险造成财务后果的能力。

投标过程本身也会影响当事人承担的风险。从某种意义上看，任何投标过程中的风险主要取决于决定市场条件的竞争程度。如前所述，竞争过于激烈会加大纠纷发生的可能，然而如果没有竞争也存在着问题，客户提出的要求也会导致纠纷。

招标人与投标人自行其事的招投标容易产生争端。这意味着双方当事人的介入是必要的，合同前的谈判应该尽量周密。谈判的范围可以从与一个指定承包商的完全谈判到公开竞争性的招标后遗留细节谈判等等。前者可以提供更大的合作机会，更为重要的是可以创造出一种建立相互理解关系的环境。当事人在这种情况下的接触可以有助于理解经常使用的所谓的“凝聚力”的含义。

项目团队的选择在本节讨论的内容中也是一个重要部分。对于项目团队涉及两个重要关系：与工程开发商建立的内在关系和外在关系。

十分明显如果所有参与者之间的关系融洽，是可以减少纠纷潜在发生因素的。当团队在一起工作的情况下，这种关系融洽的效果是显而易见的，纵然没有严格的条款，因为这种关系能够并且可以改变这种状况。无论如何，这总要比让一起工作的参与者相互之间不知道风险存在好得多。有可能使用心理技术来改善选择过程，但是在建筑业中的应用现在还是有限的，其效果没有得到证实。建筑工程中的问题是工作性质完全不同的团队经常会出现在每个项目中，即使他们在从事相同的工作。当这些团队在一起工作时，参与者之间真正有机会形成一种“凝聚力”，这样可以分清楚开发商和顾问工程师两者之间的利益关系。开发商可以通过改善沟通和改善关系来得到利益，从而减少发生争端的机会。使用相同的项目团队已经出现一种下降趋势，因为在此期间他们之间的合作机会往往超过了为开发商工作的机会。

“凝聚力”和“合伙”也许在开发商和项目团队，包括建造商之间更为重要。如果采用这种方式减少了纠纷，就不难理解为什么“合伙”方式成为现在一种时髦的话题。“凝聚力”和“合伙”上面有一个重要问题就是他们都需要时间建立这种关系的帮助，很多人认为这种关系在竞争的环境中是十分珍贵的。

最后一点涉及到如何采购工程的基本原理问题。“凝聚力”和“合伙”的真正益处只有通过持续的建设计划才能显现出来。如果没有这种计划，同时涉及到其他工程，人们会发现需要花费时间和精力，这种情况通常不能为一个项目的时间框架提供真正的利益。如果在一个小规模的项目中涉及到消费者，这种情况更明显，而且这种类型的项目数量是十分多的。当通过任何费用效益分析能够假定这种合同运行不会出现问题的时候，这种感觉也许会消失。事实证明情况往往并非如此，除非你的投资是在一个良好的项目环境中运行。对于一次性客户，其困难是解决问题的计算方法不是直接的，他们经常是根据一种习惯行事，常常是一种下意识的，好像就是自己的“保险人”。然而，当问题出现时，客户的自然反应与已经有保险人的情况一样，就是防止产生后果，因此需要创造一种环境，有助于争端和纠纷的解决。

项目文件是一项基本要求，它们的编写和沟通方式一般成为得到满意结果的先决条件。应该承认在当事人心目中的一些成功项目很少或根本没有使用文件。尽管如此，人们仍然不会建议使用这种方法。为了减少发生争端和纠纷的潜在因素，人们必须保证按照下列方式实施：

* 开发商提供充分的情况介绍；
* 有充分的时间准备投标文件；

* 这些文件能够充分地反映出开发商的要求。

参与者之间的良好沟通是最基本的。这方面的工作开始越早，越有利于避免在定义和解释方面发生问题。

合同前阶段的预防在这个过程中特别重要。然而即使采取了最有效的合同前阶段预防措施，也不容易完全避免使用合同后的补偿和程序。结果几乎所有合同都会注重如果发生了不同意见，当事人之间应该如何解决这类问题。随着1996年《住宅许可、建设和重建法》(HGCRA)的实施，裁决的内容可以在很多工程合同中实施(参阅第9章)，但是人们仍然需要考虑是否有进行仲裁的必要(有时它要比诉讼更为低效和耗费资金)，是否实行预先约定的补救措施，例如中间人或调解等。一旦分歧发生，使用这种补救措施可以大大减少分歧升级成为更为严重问题的可能，但是要看通过HGCRA法如何把这些规定更加强化。

第 2 章　仲裁和诉讼：信誉不佳

2.1　传统争端解决方法存在的问题

前任美国大法官 Warren Burger 曾经这样说：

"我们这个职业的义务是……作为人类纠纷的医治者。为了实施这种传统的义务，意味着我们应该提供一种机制，让它能够尽可能在最短的时间内产生可以接受的结果，同时花费最少的开支，给参与者造成最小的打击。这就是法官工作的全部含义。"[1]

我们先不考虑争端解决过程中涉及到的人们可能产生的纠纷情绪，在某些律师需要了解这个"并不准备提起诉讼的诉讼客户"的价值的情况下，一些不敏感的人们会反对 Warren Burger 的观点。争端解决属于服务性行业，必须了解客户的需求。这个理论已经被很多司法机构中的重要成员所采纳，并且成为 Woolf 法官提交的民事诉讼阶段和终结评价报告《步入公正》的基础[2]，并且在 1999 年 4 月 26 日实施的新《民事诉讼程序原则》(CPR)中体现出来。另一位非常重要的法官，前英国大法官 Taylor 法官在描述从事这个行业工作中应该担负的法律职业义务时也认为：

"审判不是一种游戏。法官的作用不应该局限于游戏之上作为裁判员的工作，仅仅是防止使用过激的语言和吵闹行为。"[3]

Taylor 法官的说明是对 Warren Burger 以前评论的反应，后者曾经这样说：

"这种对抗性辩论的审判完全是在重复古代的肉搏审判方式。"[4]

现在诉讼这种法律过程以及律师和专家证人的方式已经越来越缺乏吸引力。特别是在美国，律师们成为众矢之的，被指责为贪婪和私欲。

即使在英国，在“泰晤士报与最大1000家公司”项目中的一项对400家大型公司的调查中，询问了他们对诉讼的看法，也可以看到对民事司法的时间长度、复杂性和费用的广泛的批评：

“实际上绝大多数人(70%)认为整体系统过长，而几乎有40%的人认为诉讼费用太高。”[5]

这些公司明确支持民事审判中对口头辩论方面的改革，认为应该转换到书面提交文件上。他们希望法官们，不是争端的当事人，控制好诉讼程序的节奏，确定这个案件需要多长时间。这也和《民事诉讼程序原则》规定的案件管理相一致。在被调查的公司中有超过60%的公司赞成书面审判，而不赞同通过口头辩论和作证的方式，实际上大多数人都希望掌管诉讼程序的法官能够控制案件审理时间表。

多年来建筑行业新闻机构经常报道对法律过程的批评。例如针对这个问题 Wilmott Dixon 公司总裁，后来成为建筑业委员会主席的 Ian Dixon 曾经这样认为：

“如果你走上法庭，就不是胜利者。高额的法律费用还仅仅是其中的一部分。诉讼是漫长且反反复复的。法律体系是深不可测的，没有任何效率可言。”[6]

在 HGCRA 法之前，除了信赖裁决的新工程合同第2版，依靠专家确定作为争端解决的最初形式的 IChemE 合同，以及多年来一直建议在很小范围中使用调解的 ICE 合同，其他几乎所有的工程标准合同文本都规定传统的争端主要解决办法是仲裁。然而随着1996年的 HGCRA 法在广泛的英国工程合同中确立了裁决的司法地位，这种重心已经完全转变了。Derek Crouch 案例被否定也促成了仲裁的萧条。仲裁传统上被看作是“不存在不良声誉”的争端解决方法，主要依靠的是技术评判，而不是采用法律思路，多年来已经基本上被看作已经过度地司法化。在案例 Northern Regional Health Authority v. Derek Crouch Construction Company Limited (1984)中，上议院法官1998年根据其他理由推翻了判决，法官 John Donaldson MR 指出：

“在私人行业中仲裁通常不超过且不低于诉讼。”[7]

澳大利亚一份对建筑业索赔和争端的研究报告[8]得出的结论认为：

“……仲裁已经不再被认为是一种廉价高效的解决工程争端的手段，虽然其原因是纠纷当事人在仲裁过程中的紧张且对抗的态度。”

也许当我们在培训我们的律师使用这种方式以及极力把专家证词作为法律过程一部分时，已经看出这种方式明显地无法在解决争端时处理好效率和费用问题。我们现在的司法系统可能属于对抗性的法律系统，但是，哥伦比亚大学校长有一段话十分著名：

“我们需要在法学院中花费大量时间，教会人们如何取胜，而不是如何解决问题，这种想法是十分有害的。”[9]

然而重要的是打破评价诉讼和仲裁中的平衡，防止得出这种名声，认为使用这些做法根本无法获胜或者无法满足客户的最大利益。有时原告是向根本毫无谈判意图的蛮横无理的被告索要尾款。事实经常是十分复杂，但是可以公正地产生不同的但明显有效的解释。案件通常不会抛弃合同解释的观点，这时需要分析法律原则。包括根据 RSC 命令第 14 号(现在的 CPR 第 24 部分)的即决审判和根据 RSC 命令第 29 号(现在的 CPR 第 25 部分)的阶段付款的诉讼，虽然 1996 年《仲裁法》第 9 条在建筑业中显得作用并不明显，但是如果事实方面和法律方面涉及问题清晰，索要这种债务问题的诉讼仍然是最有效的手段。遗憾的是在商业争端中很少会遇到这种情况，当事人完全了解这些事实(至少如果他们是诚信的)，但是只要有可能，有些律师都会忽略这个问题。有时人们认为诉讼或仲裁可以为被告提供一个杠杆，使他能够进行谈判或者加强通过谈判快速解决问题的可能。但是这种方式经常失败。当事各方变得越来越依靠诉讼，直到争端通过一步步地讨价还价来解决。这时的结果只剩下了专业顾问们和客户在准备案件时发生的高额法律费用，花费了大量的时间，因此使得当事人们对诉讼的热情荡然无存。

诉讼和仲裁经常产生的结果有：

* 极端的处境；

* 客户管理性质的时间耗费精力；

* 客户会感觉出没有接触到自己的争端，并且成为使用法律的牺牲品；

* 受到伤害的商业关系；

* 高额和耗时的诉讼程序；

* 知晓如何利用这个体系的被告可以采取任意拖延战术；

* 成功的诉讼者取得的灰色胜利，得到的赔偿仅仅占了实际开支的很小一部分；

* 因为没有满意的方法使得判决无法强制实施；

* 原告最后认识到，提起诉讼或仲裁的主要理由是让被告身无分文；

* 律师不太愿意为他的客户在早期进行“真实性试验”。

基于诉讼和仲裁的这些明显的缺点，先是在美国，然后是在其他司法体系中，已经开始鼓励 ADR 的发展。ADR 有三种主要类型：调停(mediation)、调解(conciliation)和小型审判(mini - trial)。我们简单介绍如下，详细介绍参阅第 4 章和第 7 章。

2.1.1 调停

调停人作为独立的第三方人士，通过与当事人之间的单独会议(秘密会议)和联席会议(穿梭外交的一种形式)来帮助当事人，集中了解他们的真正的兴趣和实现意图的实力，尽力引导他们实现可能的解决方法。调停过程的关键是独立的第三方通常不会提出什么是适当的解决方法的建议。他只不过是在帮助当事人寻找和实现他们自己的协议。调停人和被请来做出评判的裁决人是完全不同的。

2.1.2 调解

调解人通常比调停人介入得更深，但是仍然是尽力把争端当事人聚集在一起，帮助他们集中讨论关键问题。调解在英国已经小有名气，多年来通过咨询、调解和仲裁服务局(ACAS)解决了一些就业方面的问题。如果是不严格地使用 ADR 术语，调停和调解经常可以互换使用。

2.1.3 小型审判(执行官审判庭)

各方当事人向争端当事人的高级执行官陈述问题，他们通常有一名中立主席来提供帮助。律师可以但并不必须代表当事人。主席(可以是律师)可以提出咨询意见，介绍诉讼可能的结果，但是对当事人没有任何约束性权威。问题提交之后，执行官开始试图通过协商找出解决方法。如果能够成功，解决方法通常采用具有法律效力的书面文件方式达成。小型审判在概念上是个误称，因为它终究并不是真正的审判。它通常不使用法律规定的证据，其解决程序主要是可以把一项法律争端转换回到商业问题上面。

从 20 世纪 80 年代末期到 90 年代初期，ADR 在英国被许多组织机构引进，包括争端解决中心(CEDR)在内，但是很少取得成功。在 1995 年期间，使用 ADR 解决了 5%的工程争端，仲裁比例为 38%，诉讼比例为 43%，谈判的比例为 13%，裁决比例为 1%[10]。但是后来牛津 Brookes 大学的数据[11]认为仅仅有 4%的争端选择 ADR。在这种调查报告上终于见到了工程专业人士对诉讼和仲裁的批评。虽然这还不是指责诉讼和仲裁，但是在 ADR 能够被认为不仅仅是一种“初步治疗方法”之前，建筑业的思维方式需要有一个巨大的转变。在裁决问题上的巨大转变已经被 HGCRA 带来了。

也许建筑业还没有准备好进行原则性的谈判。遗憾的是很多承包商提出的索赔就好像是一种黑色艺术，这时承包商愿意采取他们的索赔顾问提出来的灵活的、逻辑上常常是浮浅的方式。另一方面，很多业主不希望付款，或者没有资金进行支付。然后仲裁或诉讼就变得对承包商和业主来说同样有吸引力。承包商相信通过灵活的提交方式，他能够说服法庭或者处理其索赔的合法的仲裁员，然而同时有些业主则把缓慢的昂贵的法律过程看作是一种手段，以期否决承包商提出的合理合法的财务期望。业主和承包商双方都签署具体合同，接着是一份无法继续的财务分析。业主向融资机构低估了项目的真实费用(只要没有危及得到资金的机会)，而承包商同样存在困难，已经采取负利润，希望后期索赔来弥补差额。

工程专业人员必须回到完善现代采购体系的一些基本原理和存在问题上面，即使允许在工程项目不可避免地可能存在的各种不确定因素。专业人员现在使用的采购项目的传统手段是否过时？顾问工程师、承包商和分包商是否可以诚信地组成一个团结一致的团队，这时每个人都知道工作的首要任务就是以最低价格获得工程。也许这种情况会出现在欧洲大陆，他们更愿意采取工程管理的方式，这时最低标不一定必然能够取胜，在这里索赔现象更少发生，虽然同样情况在美国的结果并不相同，尽管美国是工程管理系统的主要推广者。当风险可能成为一种立体方式的时候，英美两国的承包商可能简单地决定采用诉讼方式，而不是像他的欧洲大陆同事那样。实际上，建筑业的问题要比其他行业更复杂，合同制订期间遇到的困难在整个采购方法，包括投标过程等中间有其渊源。政府知晓在世界各地都做得不好，所以聘请了 Michael Latham 爵士提供咨询，他针对这些问题产生了初期报告“诚信和金钱”[12]以及后来的整体报告“构建团队”[13]。现在已经是我们寻求解决的时间了，虽然在 1964 年 Banwell 报告[14]之后已经没有类似的提法了。

2.2 ADR 的挑战

在最高法院中，诉讼律师近些年来已经不能再忽视对 ADR 的需求了，至少在口头应付上面。在 Woolf 法官建议的改革实现并且被纳入到 1999 年 4 月 26 日之后实施的《民事诉讼程序原则》(CPR)(这是一场民事法律的革命)之中以前，最重要的变革是“法律实践解释”(民事诉讼：案件管理)[1995 年]1 AER 385，这是由 Gosforth 的大法官 Taylor 和副大法官 Richard Scott 在 1995 年 1 月 24 日宣布的，同时在皇座庭(包括得到正式鉴定人法庭的默示)和最高法院的衡平法庭实行。其中包含了很多建议，目的是引导最高法院的民事诉讼程序，并且为更快地推进案件管理提出了下列政策说明：

“降低民事诉讼的费用和时间延误的最重要措施是要求法官在初审时实施比通常情况下更大的控制权，处理听证准备和听证实施。对于诉讼律师来说重要的是存在着一种威胁，如果他们不能经济地处理案件，这将导致法庭向这些从业人员下达有关费用的命令，包括浪费费用的命令。”

法律实践解释重复了之前法律实践说明(商事法庭：替代争端解决方法)[1994]1 WLR 14 的观点，承认 ADR 的价值。在法律实践解释的第10、11 和 12 段中提到了 ADR：

* 你或辩护人是否已经与你的客户讨论有关采用替代争端解决方法解决争端的可能性?

* 某种形式的替代争端解决方法是否可以解决或缩小问题?

* 你或你的客户是否与其他当事人一道探讨采用替代争端解决方法解决争端?

因为法律实践解释效果比较小，不可能涉及到不照此办理的可能处罚问题。高傲的律师可能对使用 ADR 方式持中性态度，或者拒绝与客户讨论这些问题，或者设定一些标准，认为他的案件不适合使用 ADR。即使在专业工程法律法官、正式鉴定人或现在技术和工程法庭的法官中间，对 ADR 的支持似乎也不是很多。现在只有退休的正式鉴定人、法官 Fox - Andrews QC 在他对一份传票下达的命令中包括了一条指示，要求通知当事人考虑使用某种 ADR 技术在解决他们之间争端上面的价值。

1996 年 6 月 7 日商事法院的 Waller J 在其法庭实践说明中公布了在英语条款中措辞最为强硬的有关 ADR 的批注(商业案例：替代争端解决方法)(第 2 号)(1996)1 WLR 1024。正如法庭实践说明中所指出的：

“商事法院的法官在与商事法院委员会联系之后，最近已经考虑了现在是否适合需要采取任何步骤，鼓励更广泛地使用 ADR，作为向法庭起诉前的争端解决方法。”

商事法院考虑了可以鼓励使用 ADR 的 5 个因素。它们是：

（1）明显减少费用；

（2）减少最终解决争端的延误；

（3）保护现有商业关系和市场信誉；

（4）比诉讼能够提供更广泛的解决方法；

（5）为更有效地使用司法资源提供实质性的贡献。

然而它与以前的司法说明不同的是由于引入法庭实践说明，商事法院的法官可以积极地鼓励当事人采取 ADR：

“如果在法官看来似乎是提交给他的诉讼或由此发生的任何问题特别适合考虑采用 ADR 技术解决，但是当事人以前并没有试图采用这种方法来解决，他可以邀请当事人采取积极的步骤，运用 ADR 程序。如果法官认为合适，他可以休庭，然后确定具体的时间阶段，鼓励和让当事人能够采用这些步骤。为此他可以延长时间，以便当事人或他们中间的任何人士考虑是否符合最高法院规则的任何要求或诉讼程序以前的任何中间命令。”

法庭实践说明中一项重要的政策是有关“早期中立评价”原则的批注。它承认法官，特别是在英国法律的对抗体制下面，必须听证数量极大的证据，这些证据通常都属于当事人有权提供的，即使法官个人的观点认为如此之多的证据不会对正确判断起到更大的帮助。如果使用早期中立评价，初审期长度将会减短。根据法庭实践说明，商事法庭任命的法官可以提供评价，或者安排其他法官进行评价。当然法官不能要求当事人进行早期中立评价，除非其他当事人同意。如果需要做早期中立评价，但是没有达成调解，具体法官将不得参与诉讼程序的其他部分工作。

在法庭实践说明特别严格的情况下将赋予法官有广泛的处置权利来评价费用。法官可以认为应该使用 ADR。如果使用了 ADR，但是没有成功，当事人应该向法官汇报，虽然当事人之间的实质性接触以及顾问人不得让法官知晓。

现在 ADR 在郡级的法院中已经开始有限试行[15]。从 1996 年 5 月开始，伦敦中心法院实施了一项为期一年的试验计划，允许某些民事争端可以进行调停。这项计划适用于金额在 3 000 ~ 1 万英镑范围内的争端。愿意采用调停的当事人可以这样做，同时不会损害他们的任何法庭权利，他们可以通过任意 ADR 提供机构与受过培训的调停人在法庭工作时间以外举行为期三个小时的会议，从下午 4 点 30 分到 7 点 30 分。各方需要向调停人支付 25 英镑的费用。调停可以在 28 日内进行安排。在伦敦的郡专利法院也施行了相同的为期二年的试验。此外，郡专利法院还可以提供由技术仲裁员进行的仲裁，其仲裁员的名单可以由法院提供。大法官的部门[16]还出版了一部介绍诉讼以外的争端解决方法的实用手册。

根据 CPR 的规定，ADR 得到推广。原则第 26.4(2) 和(3)条允许法庭一般性地终止全部或部分诉讼程序或者规定一个具体日期，而第 26.4(2) 条允许当事人填写完整的确定问题表之后书面申请终止诉讼，开始使用 ADR。如果诉讼没有必要继续进行下去，法庭可以根据原则第 44.5(3)条判定当事人一笔费用。

2.3 仲裁是否十分简单？

本章前面已经介绍过，大多数传统的工程合同都规定，争端解决应该使用仲裁方法。近些年来，对仲裁存在的问题已经有很多讨论。某些工程专业人员认为仲裁已经被律师们滥用，变成有些类似高等法院中的诉讼过程。人们记得或者曾经记得早期的仲裁是一种价格低廉速度快捷的争端解决方法，可以省略法律过程的很多程序。

最明确的问题是仲裁是否真正与诉讼不同？这里存在一些危险，现在要求采用“返璞归真”方法的辩论并没有真正进行，虽然目的是好的。仲裁和诉讼基本上一样都需要分辨和确定当事人的法律权利和义务。ADR 的某些形式不是这样。工程争端通常十分复杂，不仅仅是涉及损失和开支索赔或者建筑物缺陷等问题。除了根据法律确定事实以外，仲裁员不象法官那样，需要检验内在联系和混合的事实，列举和证明其因果关系。在分析工程索赔中发生的常见问题(经常十分困难)是并发延误。并不是所有的延误都一定属于业主的责任。

工程争端的复杂性表明它们主要依赖向法官或仲裁人提供的事实证据，通过反复收集和推断，以便进行交叉检验。建筑业中涉及很多资金方面的索赔开始都是依据项目计划规定应该在 x 周内完成工程，但是只能要求在 y 周内竣工。合同价值为 x 英镑，而“根据建造后”的费用为 y 英镑。承包商开始项目时会处于比较有利的地位，他有权把合同价值和“根据建造后”费用之间的差值作为他的直接损失和(或)开支。然而索赔顾问还会提供一些其他文件，在一大摞文件里面产生的很多索赔就其构成来说只不过仍然是整体索赔。为了在对抗条件下(这时仲裁和诉讼情况相同)能够全面分析索赔，不可避免地需要花费时间和费用。为此准备进行仲裁的当事人会认为仲裁会比诉讼的效益价格比更高，而后者需要经过数周时间的听证，最后得到成千上万英镑的费用帐单。例如金额为 2 万英镑的索赔通过著名工程仲裁员最终听证，它的总费用清单大约为 25 万英镑。相比之下，在高等法院诉讼中，法官和法庭建筑可能连续出现空闲，至少有时是这样，虽然推广自筹资金法庭服务可能完全改变这种状况。

进而建筑业的专业人士不应该忘记仲裁法律和实践长期以来一直作为法律过程的一部分。自从 1695 年以来，在英格兰和威尔士，仲裁已经受到法律的管理。近些年来这种管理可以从 1950 年、1975 年和 1979 年《仲裁法》中看出来。人们认识到仍然需要一个新的强有力的立法来替换这三个法律。经过长期的呼吁，产生了第一份咨询提案草案[17]。因为在部门咨询委员会第一次试图为仲裁提供一个现代框架的时候遇到了巨大阻力，第二份草案提案于 1995 年提出，同时附带了一份咨询建议书[18]。1996 年《仲裁法》在 1996 年 7 月得到批准，并且于 1997 年 1 月 31 日开始实施。新的立法没有把仲裁从法律过程中除去。原来的草案提案受到批评是因为保留了很多被认为是在现代立法看来是过时的立法原则，对于第二份草案提案和法律本身的评价已经好多了。

除了直接的立法控制方面以外，仲裁需要参考很多案例法判决。这些案例中很多都十分复杂，并且在应用中存在一些纠纷。其中一个实例就是关于 1950 年《仲裁法》第 23 条涉及的仲裁不当(arbitral misconduct)的内容。1996 年《仲裁法》没有使用不当这个词汇，但是在第 68 条中提到了严重的不正当行为(serious irregularity)，并且人们仍然奇怪转换用语是否是真正的目的。此外我们还会正式看到 1996 年《仲裁法》还存在着一些其他问题，而且在 Inco Europe Ltd and Others v. First Choice Distribution and Others(1998)案例中已经遇到了立法控制的问题。在这个案例中，上诉法院裁决他们享有管辖权，可以听证有关批准或拒绝停止根据 1996 年《仲裁法》第 9 条有利于仲裁的诉讼程序上诉。

与著名的 ICE 《仲裁程序》(英格兰和威尔士)(1983)和(1997)和我们将在后面遇到的存在很多不能令人满意的 JCT 《仲裁原则》(1988)(但是它受到 JCT98 的 JCT 第 18 号修正案规定的制约)不同的是，大多数律师甚至很多索赔顾问在过去都愿意准备和实施仲裁听证，因为这种听证能够在高等法院初审，并且他们并没有在方法上进行一些真正的创新。1996 年《仲裁法》提供了实施这种变革的机会。

也许令人震惊的是，高等法院中的正式鉴定人开始探讨在诉讼和仲裁中缩短很多程序，主要包括：

* 交换专家证人报告；

* 承认有关数据和分辨争端问题的专家会议，这时他们可以同意或者不同意(根据 RSC 命令 38 原则 38)；

* 交换事实证人的证人说明(RSC 命令 38 原则 2A)，免除或者极大地限制了主任检验官；

* 限制辩护人向审判庭做口头申述或者做交叉检验使用的时间，其中公正利益将如此规定。

然而尽管采取了限制听证时间长度的方法，但是仍然需要通过详细的交叉检验来对其他当事人的证据进行检验。这方面在任何初审或仲裁听证中都是最耗费时间的。

加快仲裁过程的愿望似乎经常失败。辩护人和专家证人的职业就是进行诉讼，他们经常会遇见到了具体听证日期时无法开始听证的情况，虽然在仲裁中，经常对他们有遵守时间规定的提前警告。一旦程序开始，无论案件是采用律师们熟悉的常规诉讼程序的方式，或者似乎更为全面的案件说明方式，在案件说明中通常都附带全部的支持文件，对于律师和索赔顾问来说希望以进一步和更全面的方式提供进一步信息的要求是无法完全满足的。在整个诉讼过程中，包括仲裁，提出进一步和更全面的内容和答复的申请经常是难以拒绝，常常因此延误了把问题提交给初审和终结听证的过程。

英国《仲裁法》中最大的缺陷之一一直是立法控制方面的永远管业效果(dead hand effect)，根据 1950 ~ 1979 年《仲裁法》，可能妨碍了法庭的活动。这个问题在 1996 年《仲裁法》中也没有得到满意的解决。根据《仲裁法》的第 42 ~ 45 条，法庭对于实施仲裁程序保留了权利，并且根据第 66 ~ 71 条对于仲裁判决保留了权利。更为有趣的是，根据第 46 条，仲裁员可以在当事人允许的情况下作为和解者出现。这在英国是一种非常特殊的特性，虽然在其他司法体制中得到承认。

2.4 仲裁原则

从 20 世纪 80 年代末期以来，一直流传着对仲裁的有关不利评价，主要包括：

* 缓慢；
* 过于司法化的方法；
* 开支。

因此导致了 JCT 在 1988 年推出了新的《仲裁原则》，使用 JCT 合同涉及的仲裁允许有更大的灵活性。JCT 现在已经采用了《建筑业示范仲裁原则》(CIMAR)，其第一版于 1998 年 2 月出版，在此我们简要讨论早期的《仲裁原则》，因为在进行仲裁判决时它仍然有一定的影响力。

如果需要，JCT 的 1988 年《仲裁原则》仍然适用，但是它不象 JCT 版本的 CIMAR 原则，后者已经修订了早期原则。1988 年原则假定争端将在按照下列 3 种形式进行调解：

(1)仅仅采用书面说明方式，不采用听证方式(原则 5 的仲裁)；

(2)书面说明加听证(原则 6 的仲裁)；

(3)一种简短形式的听证(原则 7 的仲裁)。

当事人可以决定选择哪种程序进行仲裁。如果他们没有选择，争端将按照原则 5 方式进行仲裁，除非仲裁员被说服采用原则 6 方式更有利于争端的解决。如果索赔人愿意采用原则 7 方式仲裁，他必须充分准备好案件的资料，以便说服对方同意根据这种方式进行听证。如果对方不同意劝说，仲裁员需要在原则 5 和原则 6 仲裁中进行选择。仲裁员不能决定采用原则 7 仲裁。同样索赔人在要求采用原则 7 仲裁之前必须得到对方认可。

虽然在 JCT 原则中引进了灵活性，但是“单纯文件”形式仲裁(原则 5 仲裁形式)的适用性可能只限于通过来往信件进行自我解释的情况，它对于处理广泛的、事实性的非争端性说明和有关合同解释方面的事宜仍然存在问题。因此可能把“单纯文件”形式的方法排除到所有工程争端之外，包括有关损失和开支的索赔。在只有一方当事人赞成采用原则 5 方式的“单纯文件”听证时，是否可以指责仲裁员没有建议采用原则 6 方式的听证，这方面仍然存在问题。JCT 原则中的更大的优势是也许可以保证快速得到仲裁结果。如前所述，缓慢和费用经常被看作是仲裁的两个最主要的负面效应。如果遵守相关原则，仲裁的时间问题可以包括从原则 5 仲裁的 112 天，原则 6 仲裁的 154 天加上一定期限和长度的听证，到原则 7 仲裁的 49 天不等。

JCT 原则采用两种方法加快仲裁速度。首先，如果原则 5 或原则 6 仲裁要求的说明在规定日期没有准备好，仲裁员可以向造成错误的当事人发出正式通知，允许他得到进一步的7天时间准备文件，如果他仍然没有提供资料，仲裁员可以不考虑他们的资料进行仲裁。没有按照规定时间提交案件说明的索赔人会发现仲裁员否定了他们的索赔，并且命令索赔人支付仲裁员的费用和开支以及对方发生的任何费用。进而如果出现错误的当事人的说明递交延误，仲裁员可以不理会他们，除非错误方提出有利且正当的理由说明为什么说明材料没有按照规定时间递交，以及为什么没有提出合理延期申请。在这方面，仲裁员只有满意地认为因为有关当事人无法控制的事件造成的合理影响而需要延期，他才能批准延期。对于原则5仲裁要求规定应该在14天内提出不同的处理程序服务申请，对于原则6仲裁需要在28天内提出，这些原则似乎与业主应该在工程竣工之后的数个月内接受承包商的损失和开支的索赔规定相悖。事实上，JCT原则的时间阶段对于调查索赔和准备详细答复文件来说过于短暂，特别是在需要会见业主的内部工作人员和外部顾问的情况下。很多律师都忠告业主完全放弃考虑JCT原则的仲裁。

JCT原则采用的加快速度的第二种方法是要求提出辩护的当事人应该：

* 准备阐述案件发生性质的详尽文件；
* 所依据的事实；
* 索赔或反索赔的法律依据。

JCT的原则进一步要求当事人应该提出具体辩护涉及到的有关文件，只要他们认为支持案件(采用原则5或原则6仲裁的案件)所需要的都应该列出，同时提供有关文件的副本，重要篇幅应该标注出来。JCT原则还设计成可以减少进行披露和检查(这在传统的仲裁和诉讼过程中是十分昂贵的)，虽然仲裁员有保留权力(原则12.1.7)要求当事人提供进一步的和更全面的披露。

JCT目前采用的《建筑业示范仲裁原则》(CIMAR)特别规定在建筑业中应该根据1996年《仲裁法》使用仲裁协议。这个原则包括了《仲裁法》中很多内容，同时旨在：

(1)必要时扩大或修订《仲裁法》的有关规定；

(2)为了给用户及仲裁员提供帮助，增加针对具体权力和职责的通用工作框架。

所采用的方法应该简明扼要，能够促进用户关系友好。虽然 CIMAR 原则与 1988 年 JCT 《仲裁原则》完全不同，但是它们仍然保持采用三种程序之一的内容，并且建立了灵活性的概念，当时这也是 1996 年《仲裁法》期望实现的。

根据 CIMAR 原则实施仲裁的三个程序与旧的 JCT 原则存在着区别。该程序方式是针对原则 6 的。根据第 6.1 条，仲裁员必须考虑采用哪种程序最适合。原则 6.3 要求仲裁员应该召集当事人之间的会议，并提出应该遵循的程序要求，为此该原则特别规定如下：

(1)采取原则 7、8 或 9 的程序；

(2)采取一种或多种程序的任何部分；

(3)采取他认为合适的任何其他程序；

(4)设置时间限制。

并且仲裁员还应该随时进行补充修改。

原则 7 规定的是一种简短的听证，原则 8 为“单纯文件格式”，原则 9 为完整的程序。根据这个原则可以看出仲裁员可以相当灵活地确定如何进行仲裁，甚至可以后来再修改这个过程。但是根据《仲裁法》规定，在此无论认为那种程序最适合解决争端，都应该十分明确地规定好，同时还设定了比 1988 年 JCT 《仲裁原则》一般采用程序更灵活的程序。其他原则涉及到指定专家、费用和仲裁的合并等内容。

2.4.1 ICE 仲裁程序

土木工程师学会(ICE)比 JCT 更早地认识到这种需求，并且制订了 ICE 《仲裁程序》(英格兰和威尔士)(1983)，替换了早期使用的 1973 年的《仲裁程序》。ICE 制订的土木工程合同规定根据该合同的仲裁应该遵守有关程序规定。1996 年《仲裁法》之后 ICE 修改了自己的程序，并且公布了土木工程师学会《仲裁程序》(1997)，在使用他们的合同文本时，可以认为这是对1983年程序的修订。

《仲裁程序》(1997)适用ICE合同条件第6版、ICE小型工程合同条件、ICE设计与施工合同条件和NEC系列文件等在英格兰和威尔士地区根据1996年《仲裁法》的仲裁。在1996年《仲裁法》不适用的情况下使用这些合同的时候，新版本的原则应该适用，因为它们已经修改了早期的原则。在这些情况下，任何情况都不应该妨碍使用1983年原则，但是如果如此，就必须明确规定。各种文本的附录会规定或者适用1997年程序，或者适用CIMAR程序。

仲裁程序的整体目标是把仲裁当成为一种灵敏方法，保证它不会是对高等法院诉讼的一种苍白的模仿，同时考虑采纳1996年《仲裁法》的强制性或非强制性的规定。新的原则(1997年)是否比1996年《仲裁法》更有想象力还需要拭目以待，尽管这个规则是对1950~1979年《仲裁法》的改进。对1996年《仲裁法》的解释方式是一个主要因素。至少在第34条中，新的立法规定加强了仲裁员的规范权力，包括对披露的限制[21]，废除了证据严格原则[22]，采用了询问程序[23]等。

从案例Christiani & Nielsen Limited v. Birmingham City Council(1995)中可以看出ICE《仲裁程序》(1983)中赋予的机制以及法庭对它的肯定。原则1.2规定：

"裁判(一项仲裁争端)应该罗列出提出问题一方希望提请仲裁的事件。在ICE合同条件第66条适用的情况下，裁判说明还应该指出要求工程师根据第66(1)条裁判所列事件的时间，以及工程师对此做出判决或无法作出判决的时间。"

承包商要求裁判的通知未能指出要求工程师作出决定的时间。虽然ICE第5版合同条件第66(5)(a)条要求仲裁裁判应该"根据《仲裁程序》(苏格兰和威尔士)(1983)实施"，但是没有提到开始仲裁的方式。法官应该认为，对于承包商根据ICE合同条件第66(5)(b)条编写的裁定通知应该属于有效通知，对于没有包括仲裁程序第1.2条要求的所有事件的不规范程序不应该属于无效通知。

为了更好地开发全面的争端解决办法，有必要简单地了解 ICE 的《仲裁程序》(1997)。这个程序相对比较简短，包括了 25 条原则，分别按照第 A ~ J 部分排列如下：

* 部分 A：目的、裁判和指定；
* 部分 B：仲裁安排；
* 部分 C：仲裁员的权力；
* 部分 D：听证前程序；
* 部分 E：听证程序；
* 部分 F：简短程序；
* 部分 G：专家特殊程序；
* 部分 H：裁决；
* 部分 J：其他。

虽然这些原则中有一些内容与 1983 年原则类似，但是因为它考虑了 1996 年《仲裁法》，所以还是有很多明显的区别，例如对仲裁员权力的详细规定和有关“判决”的章节等。仲裁法的影响十分明显，现在已经逐渐地体现出来了，其程序更加详尽，超出了法律提供的更为广泛的权力。其中部分权力以前都是法官拥有的，在仲裁方面，在 1996 年《仲裁法》根本扩大仲裁员权力之前很多年，已经包括在早期的原则中了。

根据原则 6，仲裁员需要确定应该采用的程序。这个原则规定了三项基本方法(1983 年原则中也有)：完整听证、根据原则 17 的特殊专家程序和根据原则 15 采取的简短程序。特殊程序和简短程序在争端解决的费用效益问题上起到十分重要的作用。简短程序可以采用听证方式或者单纯文件方式。然而采用任何方式的专家特殊程序和简短程序都要求有当事人的协议或认可。

简短程序是一种有效的“单纯文件”听证，其中各方当事人将在规定的文档表格中填写案件说明。根据原则 15.5，仲裁员还可以要求当事人提供有限范围的口头资料和提问，该原则规定仲裁员应该确定会见当事人的日期，并且在会见结束之后 30 天之内根据原则 15.8 做出裁决，或者如果没有举行听证，根据原则 15.4 得到信息。仲裁员可以延长这个期限，如果这样做是合理的。根据原则 16 通常简短程序仲裁中不会发生提问费用。当事人有义务分担仲裁员费用和开支，并且有责任完全承担这些费用。当事人如果愿意，可以通知仲裁员不采用简短程序。于是希望撤消简短程序的当事人将负责仲裁员得到通知之前发生的全部费用和开支，并且还应该负责对方当事人在通知之前发生的费用。十分明显，这是在鼓励实行和保持选择程序，保证争端尽快解决。

特殊程序规定符合建筑业经常发生的涉及某些事实的争端形式，这时需要采用专家证据。建筑业中的很多争端(例如涉及满足规范要求、材料的某些问题等)更多依赖的是事实，而不是法律分析。这将要求提供良好的技术评价。为此专家特殊程序可以满足工程项目的特殊需求。特殊程序的核心问题是各方当事人对采用某种文件格式说明案件的信赖。其原则与简短程序的方式相似的是，仲裁员可以查看工程(原则 17.3)，并且确定一个听证日期，这时他将会见专家，请他们提交文件(原则 17.4)。一个重要区别是一旦程序开始，这里不存在一种实施特殊程序的公开机制，并且仲裁员不需要根据原则 17.5，在规定的期限内做出自己的裁决。原则 18 对有关费用进行了规定。根据特殊程序，仲裁员有任意权利确定裁决费用，虽然如果没有与之矛盾的具体协议，法律费用不应作为合法支付费用。

此外根据原则 6，仲裁员与当事人一道可以确定是否免除向法院上诉的权利。人们可能希望知道在什么范围内可以免除这种权利，因为这主要取决于顾问人给予当事人的顾问意见。

仲裁员的权力十分宽泛，可以包括做出自己的裁决，决定事件的所有程序和事实。这些权力包括在原则 7 中，虽然在里面提出了程序和事实项目列表，但是这项权力并不局限于这些规定。其中还包括了使用保全方法，赋予仲裁员和法庭在案件紧急情况下可以下达一系列命令，涉及有关保留证据等内容，包括拍照和提取样品等。法律上的、技术上的或其他方面的评价员可以由仲裁员任命，也可以在不考虑当事人权利的情况下征求这种咨询意见。

2.5 什么时候不适合仲裁

当事人必须能够分辨出仲裁不是解决他们争端的最适合方法的情况，当然也应该分辨不适合采用 ADR 的情况。过去这时主要希望选择某种仲裁替代方法，但是现在，仲裁的发展可以变得更吸引人。然而在很多情况下仲裁仍然不能成为最佳手段或者不能采用。

2.5.1 裁决

在存在裁决条款的情况下，你是否有权利或有义务使用仲裁主要取决于合同条款。如果合同中没有这种条款和相应的 HGCRA 法适用，这时当事人并没有义务进行裁决。但是如果一方当事人选择行使这种权利，虽然另一方不同意这样做，当事人必须提请裁决。如果有选择机会，当事人主要关心现金流量问题，于是不采用仲裁可能是一个明智之举。

2.5.2 即决审判

有时承包商被告之可以申请采取即决审判而非仲裁。显而易见的情况就是在承包商没有收到已签证的款项或他所期望的其他款项的情况下，他的律师会推荐根据 RSC 命令 14(现在的 CPR 第 24 部分)进行即决审判。然而案例法已经证明在有关建筑师或工程师凭证的单纯问题上不能阻止业主提出交叉索赔。但是情况并非总是如此。有时建筑师的凭证可以被认为是“现金物资”，对于未付款凭证的诉讼可以和空头支票的处理方式相同。对于业主必须立即付款，随后再进行交叉索赔诉讼这种值得怀疑的建议，可以参考法官 Denning MR 在 Dawnays Limited v. F. G. Minter Limited(1971)案例的判决。上议院法官在 Dawnays Limited v. F. G. Minter Limited(1973)案的判决中推翻了 Dawnays 案的判决，并且这个新的判例在 Mottram Consultants Limited v. Bernard Sunley & Sons(1974)案中被接受。在建筑业中不存在对于交叉索赔的特殊原则。考虑到建筑技术不算作是一门具体的科学，需要确定索赔是否合法，所以大大地限制了承包商希望得到即决审判付款的能力。法官 Salmon 在 Gilbert Ash[24]案中这样评论的：

“(JCT)关于阶段付款的规定作为一种规矩是保证在正常情况下稳定的现金流量……。然而在正当的争端发生时，我不认为(它们被)设计成保证作为原告的承包商或分包商处于比任何普通原告更好的基本环境，或者作为被告处于比任何普通被告更遭的境况。”

在被告对索赔提不出来值得辩驳的辩护的情况下，原告将得到即决审判。然而根据简短听证，法庭不能对索赔和辩护各自的合理性进行详细的调查，只要辩护属于值得辩驳的，也许是难以置信的，被告可以获准进行辩护。

传统上，当承包商申请高等法院进行即决审判的时候，业主经常可以进行报复，根据 1950 年《仲裁法》第 4(1)条交叉申请将诉讼转成仲裁。这种做法对业主有利。根据 1950 年《仲裁法》，仲裁作为基本原则，不能作为依附于高院即决审判的任何过程。这种例外可以适用于根据 ICE 《仲裁程序》(苏格兰和威尔士)(1983)原则 14 的阶段判决上面和一个各持己见的案件判决时采取的原则，即 Modern Trading Co. Limited v. Swale Building Limited(1990)案例。1996 年《仲裁法》允许仲裁员提供阶段补救，包括有关资金付款方面的临时命令[25]。但是只有在如果当事人已经“同意审判庭有权根据临时原则命令实行任何补救，将有权作出任何最终判决”。否则审判庭不应拥有这种权力。

法庭在交叉应用问题上面临的紧迫问题是决定应该先听证谁的传票。在 Ellis Mechanical Services Limited v. Wates Construction Limited(1976)案例中，法庭的观点是首先听证即决审判申请的做法是合适的。如果可以充分证明被告对原告的索赔无法提出可论证的辩护，十分明显这将不可能把索赔提交仲裁裁定。后来在 Hayter v. Nelson and Home Insurance

Co.(1990)案例中提出了一个易混淆的概念。在此法官采取了这样的观点，认为只要即决审判申请存在争端，对于仲裁条款的含义就应该存在争端或分歧，即使这个争端可以十分简单地解决。因此法官认为有义务将诉讼程序转换成仲裁。Hayter 这个案例经常被看作是根据 1975 年《仲裁法》(有关国际仲裁的内容)中的不同措辞达成的必要决定，但是不符合根据 1950 年《仲裁法》规定的原则进行的国内仲裁的具体方法。有时承包商采用即决审判应用在自己的索赔中部分获胜，同时把其余部分提交仲裁，参阅案例 R. M. Douglas Construction Limited v. Bass Leisure Limited (1990)。

所以如何根据 1996 年《仲裁法》处理中断诉讼程序的申请？即决审判是否仍然可以使用？1996 年《仲裁法》第 9 条这样规定：

“(1)仲裁协议的一方当事人在涉及可以根据协议提交仲裁裁判的事件中反对提起法律诉讼程序(无论是针对索赔事件还是反索赔事件)，可以(根据致对方当事人有关诉讼程序的通知)向法庭申请终止涉及此事件的诉讼程序；

(2)可以提出申请，尽管此事件只能在其他争端解决程序终止之后方能够提出；

(3)在采取了适当的程序步骤(如果存在)告之针对他的法律诉讼程序开始之前，或者他已经针对这个诉讼程序采取任何步骤，答复了实质性的索赔之后，此人士不能提出申请；

(4)根据本条款涉及的申请，法庭应该批准下达终止令，除非认为仲裁无效，不起作用或者无法执行。”

1996 年《仲裁法》第 9(1)条很多方面与早期的 1950 年《仲裁法》的第 4(1)条相似。可以假定根据第 9(1)条能够提出申请，如同以前根据传票和保证书提出申请一样。第(2)子项假定涉及到可能的裁决干预，无论是根据法定方案还是当事人自己制定的方案。第(3)子项对原有法律没有做改动，当然似乎在第(4)子项中的改动很大。根据 1950 年《仲裁法》，法庭有权这样做，无论是否是终止诉讼程序转变到仲裁。现在法庭方面强调的是得到委托授权这种终止，第9(4)条的措辞十分近似于(虽然不完全相同)1975年《仲裁法》中的内容。在案例Halki Shipping Corporation v. Sopex Oils Limited(1996)中，法庭这样裁决，并且在上诉中也是如此判决的，除非在极端有限的情况下，所有争端属于仲裁条款范畴，并且提交仲裁裁定。当然问题是在具体情况下是否所有的争端都能列入仲裁协议的范畴。考虑到Halki案的判决(案例法中关于第9条又迅速出现了下列案例的判决：Wenlands v. CLC Construction Limited [1998] CLC 808、Birse Construction Limited v. St David's Limited (1999) CILL 1494、Jitendea Bhailbhai Patel v. Dilesh R Patel (1999) CILL 1498，并且表面上看1996年《仲裁法》第5条和第6条规定提出仲裁的书面协议定义要比1950年《仲裁法》第32条规定的内容松，当事人逃避仲裁义务的规定更加严厉，除非他们另有协议。

事情到此并没有结束，事实上1996年《仲裁法》第85~88条的规定还没有实施，因为它们仍然与欧洲法律矛盾[26]。第86条涉及在国内仲裁情况下的终止法律诉讼程序的内容，被证明存在更大的机会避免终止。

上述所有情况似乎对于可能提出即决审判申请的总承包商和分包商来说是个坏消息。即使1996年《仲裁法》第39条规定当事人可以自由同意审判庭应该有权力进行临时判决，这仍然不能令人满意。这种默示还没有结束。1996年HGCRA法第108条意味着可以让当事人处理紧急补偿情况时自行决定使用裁决，即使仲裁义务的规定已经被当事人从合同中删除。Latham希望通过法定裁决产生迅速结果的原则似乎在法律上已经产生了不确定性。现在需要一定时间才能够使诉讼、法定裁决、特别是国务大臣的关于工程合同裁决纲要，以及仲裁等方式相互适应。因为立即补偿属于法定裁决，当事人的即决审判申请是否会遭到拒绝？这方面的讨论将会引出很多问题。

2.5.3 阶段付款

有时除了根据RSC命令14(CPR第24部分)申请即决审判以外，或者采用此种申请的替代方法，原告有时认为应该有十分准确的先期案例可以在初审之前得到早期付款，所以向法庭提出申请要求阶段付款。这种申请是根据 RSC 命令 29(CPR 第 25 部分)提出来的。如果希望阶段付款申请成功，必须做到：

* 被告已经承认其责任，但是对于应该支付的金额数量没有协议；

* 对原告赔偿金的判决已经进入评价阶段；

* 法庭满意地认为如果诉讼开始初审，原告将会得到一笔实质性金额的判决。

在工程案例中阶段付款是难以得到的。因为索赔方面的起诉和通过反索赔的辩护等行为十分神秘，原告为了确立阶段付款的权利经常需要进行艰苦的斗争。在案例 Crown House Engineering Limited v. Amec Projects Limited(1989)中，上诉法院裁决阶段付款在“索赔几乎无法有效地被否定的情况下，虽然实际上还不承认这种情况下”是可行的。案例 Shanning International Limited v. George Wimpey Limited(1988)裁决，法庭必须满意地认为如果要求初审的诉讼开始，原告将很可能得到一笔实质性金额的判决。法庭必须对被告提出来的抵消或反索赔的举证权利进行真正的评价。只有这样才可能实施有利于原告的处置。此外，阶段付款申请还受到 1996 年《仲裁法》第 9 条的限制。

第3章　ADR在英国、澳大利亚和中国香港的发展

3.1　ADR在英国

有关诉讼数据可以根据国家对提交郡县法院和高等法院裁决案件的数量统计数据进行分析，相对比较容易，与诉讼不同的是已经使用的其他争端解决方法的范围则很难进行评价。ADR与仲裁一样，其问题之一就是在英国没有一个单一的组织机构进行控制。采用同样的方法，仲裁员可以通过特许仲裁员学会、英国皇家特许测量师学会(RICS)、英国皇家建筑师学会(RIBA)或其他很多指定机构进行指定，ADR的发展主要依靠大量机构的努力，他们之间似乎存在着相互竞争，而不仅仅是一种互补。

可以认为ADR方面有3个最主要的促进者，他们是：专家科学院(前身为英国专家科学院)、争端解决中心(CEDR)和以律师为主的ADR集团，后者与早期提供ADR服务的机构之一IDR欧洲有限公司有联系。所有这些ADR提供机构实施服务情况汇总起来仍然缺乏英国ADR实施和应用情况的确切数据。

根据英国专家科学院的《会员手册》[1]，“英国专家科学院的组建是为了更好地促进发挥专家的作用，确保保持和发扬那些已经实现的良好标准，促进产生有效的争端解决方法”。该科学院组建于1987年，现在有着大量的会员，主要来自各级实际专家证人。科学院主要为潜在的第三方中立机构提供调停培训服务。《会员手册》的第3部分包括了调停的框架结构以及科学院如何帮助建立调停听证的方法。

另一个著名的ADR提供机构是争端解决中心(CEDR)，该中心在过去

几年中曾经从事了大量的出版业务，中心建立于1990年，有英国工业联合会的背景。它的宗旨与科学院有些不同。中心有着大量的来自工商业的机构成员，并且得到大量城市和区域法律机构的支持。它在很多地方与纽约的公共资源中心类似。然而CEDR和科学院相似的是它是一个重要的培训机构和调停人指定机构。此外为了在具体市场方面推广使用调停，CEDR还成立了一些专家工作组，包括建筑业工作组。该工作组汇集了建筑业的律师、建筑专业人员和来自承包和业主组织的代表，其目的是提供一个论坛，讨论发展问题，采用创新方法，传播信息。CEDR还活跃地在英国各地举办研讨会和展示活动，经常与英国工业联合会一道，提高商业机构对ADR的知晓度。

很多持反对意见的旁观者可能认为在英国ADR还不能简单地使用，并且很难提供有说服力的数据明确地证明1990年以来ADR活动已经明显增加。根据《律师》杂志的统计[2]，ADR作为争端解决方法，解决了建筑业争端的5%，谈判占13%，仲裁占38%，裁决占1%，而诉讼占43%。这个统计[3]的可靠性还有待于论证。然而有研究数据表明ADR在建筑业争端中的使用率大约为4%，律师被看作是这方面未来发展的重要障碍。直接来自ADR主要提供机构的信息再次证明这是不准确的。

CEDR称每周大约进行了1~1.5个调停，涉及的索赔价值小到数千英镑，大到5千万英镑。自从CEDR于1990年成立以来，在5年中大约调停了1000件争端，涉及价值大约15亿英镑，虽然完全采取调停的争端的实际数量还无法统计。CEDR在小型审判和调停仲裁(Med – Arb)方面还积累了一些经验。例如CEDR作为专业顾问参与了一个金额为2亿英镑争端的小型审判。专家科学院认为，这个活动的水平仍然相对比较低，并不是所有的判决都能进行调停听证。

也许可以通过ADR组织中得到很多积极的信息。这个组织的发言人认为公共接受ADR的程度已经产生了明显的变化。在1990年，该组织接受的调停判决数量以每月3个案件的速率发展，其中平均每月有一个属于建筑业的争端。同时通常只有一个案件可以采用完全调停的方式进行。很多案件无法实现调停听证，其原因是参与者一方或对方对 ADR 不了解，拒绝采用这种方法，或者选择进行仲裁。到 1993 年，数字在稳定的增长，判决的数量达到每月 6 起。涉及建筑业争端的比例也基本保持不变。实现调停听证的案件数量从判决案件的三分之一增加到接近一半，虽然建筑业争端提交听证判决的数量没有提高。从 1994 年中期到 1995 年中期，情况发生了明显的变化，大约每周受理 5～6 起判决。其中至少 60%实际上实现了调停听证，这些案件的调停成功率至少为 90%。

在 1995 年期间，提交调停判决的索赔价值相应增加。1990 年，因为属于一种没有经过验证的技术，超过价值 10 万英镑的争端很少提交这种判决。ADR 组织现在正在处理的案件价值从 5 万英镑到 240 万英镑，金额在 100 万左右的案件数量已经十分常见。在多方当事人的案件中，最大的愿望是将案件提交调停，因为诉讼费用高昂，多方诉讼程序复杂，初审时间长，经常要数周或更长的时间。现在很多商业方面的当事人都选择不采用诉讼筹码。

调停解决争端的进一步发展方向是职业疏忽索赔，案件可能涉及建筑师、测量师或工程师。ADR 组织处理的一个案件涉及到 4 名承包商和建筑师，在他们的责任方面发生争端。重要的是他们中间没有人举证代表客户实施的工程是满意的。调停在两个方面进行，首先举行听证，确认当事人之间的协议以及责任范围，然后就金额问题在原告、承包商和建筑师之间举行听证进行调停。

虽然特许仲裁员学会(CIArb)主要从事有关仲裁业务，尽管如此当 ADR 在 1990 年之后开始快速发展时，学会在这方面进行了很多创新。尽管《仲裁》是学会的刊物，但是它一直是持续辩论有关仲裁和 ADR 方法的场地，当然应该认为学会还不是英国推广 ADR 的主要促进者。

涉及 ADR 的争端解决其他方法的发展一直比较缓慢。ICE1988 年和 1994 年的调解程序证明了这一点。直到 1994 年，ICE 的主席每年大约指定 3 名调解员，但是从与以前的第 5 版比较产生了巨大变化的 ICE 第 6 版以来，调解的使用也没有多少增长。1995 年调解的案例在每年大约 60

件，其中每年10～12件依靠ICE指定的调解员实施。20～25件调解涉及ICE的小型工程合同文本。根据统计表明由当事人指定的调节员的数量要超过由主席指定的数量，其比例为5(4)：1。

一位十分知名的调解员兼仲裁员指出，在1995年间，他已经参与了6起调解，案件价值从4万英镑到200万英镑。其中至少有一起调解案涉及到地方政府，这说明它需要“推荐”。其基本原则是地方政府需要对他们的审计人员满意，这些人在进行调停(一种新的讨价还价的方式)的时候总是不能满意，然而调解员的建议应该在合同方面具备优势。调解员同样能感觉出，至少在土木工程方面，这个行业中争端的性质有时被夸大。十分明显，在英国实施的价值2.5亿英镑的所有土木工程项目几乎都会有一次仲裁。

地方政府的审计人员的工作在美国得到全面认可，1990年通过了行政争端解决法，允许联邦机构扩大采用ADR。这个法律允许这些机构去解决各种类型的争端，包括采用ADR解决工程争端。然而情况并没有如此顺利地发展，1996年通过了进一步的立法和一项对该法律的修正案，以便纠正存在的缺点。新的立法希望公共实体方面增加采用ADR，特别是根据合同争端法的小型索赔。

现在很多人都认为ADR是一种可以接受的争端管理工具，CEDR已经帮助卫生部、建筑业主联合会、计算服务和软件协会以及零售销售学会确定了具有独特风格的机构调停方案。

相比较起来，建筑业中专业组织对ADR的支持还是不协调的。例如建筑业委员会(CIC)已经承认了ADR，并且在1993年1月，国家建筑联合顾问委员会(NJCC)出版了第7号指导说明《替代争端解决方法》。根据这个指导说明，其目的是“介绍最常见的ADR方法，在情况适合时和不应该使用这种方法时提出建议，并且观察这个过程收益和风险”。指导说明非常简短，总计才有大约4个页码，但是这是一份概括ADR主要形式非常有用的简要说明资料，主要介绍了调停、执行官审判庭(小型审判)和无约束力的裁决。

指导说明还介绍了何时应该采用ADR、何时不适合采用它，保密问题以及这个体系的优缺点。在“何时不适合采用ADR”一节中建议“当审计人员或其他人需要得到一种‘强制性的’决定的时候”，还有那些推广ADR的机构往往把它作为一种无效的资源，对于政府部门、地方政府和其他一些认为需要保持公共责任的实体一般会把审计人员的作用视为不能采用ADR技术的理由。这些人或者忘记或者没有注意到这种事实，大多数法律诉讼在法庭上是无法解决的，但是可以在某种阶段在情况没有变得十分糟糕之前或者在最坏情况下在法院前面的台阶上采用一些落后的“交易”方式来解决。尽管指导说明在谈到公共审计师存在的问题时采用这种负面比喻不太恰当，如果NJCC能够强调在地方政府和其他类似组织中需要实施这种培训过程，这将更加有帮助。地方政府不愿意改变自己的作法，而不是过于谨慎，这说明在很多情况下都希望推荐调解人，只要他们同意根据ICE的调解程序进行调解裁决。

在专业人员中，反对ADR在英国发展的最大阻力部分来自传统的RIBA机构，虽然RIBA已经推出了自己的建筑师与客户调解方案。RIBA一直坚持认为他的成员作为合同管理人员在工程采购方法中相对脆弱，而这种方法是对建筑师传统权威的挑战。很多建筑师对于那种自己的权威不能遭到挑战，并且看到建筑师自己作为独立的合同管理人员的日子总是有着一种怀旧。因为存在对建筑师传统角色的某种侵犯，RIBA的成员一直坚持认为建筑师的地位进一步受到来自合同对他的作为合同管理员崇高地位的挑战，虽然现在建筑师将需要调整自己的法定地位。然而RIBA还是推出了有限的方案，裁决和调解解决客户和他的成员之间的争端。

RIBA作为JCT合同的重要成员之一，在初期表现坚决拒绝之后，现在似乎表现出对ADR的支持，它公布了实践说明第28号《建筑合同或分包合同争端的调停》[4]。实践说明明确指出，争端可以通过诉讼、仲裁、裁决或协议解决。调停是协助性谈判的方法之一。说明第2段称作是“正当的警告”，如果需要采取确定的法庭干预，调停不一定是必须的。类似的情况还包括需要禁止令，或者适合采取公开的听证，或者一方或其他当事人不是真心希望解决争端等情况。虽然第 2 段规定了实用要点，但是还不能够全面包括不适合使用调停的情况。这方面的工作还是 NJCC 的指导说明做得好。

第 28 号实践说明的第 4 段特别有用，它指出调停仅仅是一种替代方法，根据 1988 年 JCT 《仲裁原则》第 7 原则的简短命令仲裁可能更适用。实践说明指出，调停没有禁止当事人开始或者已经开始继续他们的仲裁或诉讼。与某些 ADR 评论员不同的是这些人认为调停与裁决不同的是在合同使用过程中是不能采用的，但是 JCT 建议可以在工程实际竣工之前使用。第 6 段指出，当事人应该实施合同，只要在进行调停阶段上没有发生争端。第 7 段除了规定了实践说明中规定的程序以外，只要存在多方当事人的诉讼程序，如果没有进一步规定如何处理这些争端，就应该进行修订。

第 8 段有些内容没有说明清楚，它规定“建筑师、工料测量师或者其他指定顾问工程师通常应该介入调停活动，这样当事人可以得到他们的具体说明”。专业团队十分明显是最基本的要求。很多争端，但不是所有争端，都是发生在合同实施之前和具体项目的施工阶段过程之中专业团队行使各种权利的情况下。此外第 9 段并没有清楚地说明如何处理涉及建筑师或工料测量师的决定或权威被任何调停结果改变或否定等问题。这一段简单地介绍了可以向适当的顾问提交一个协议副本，然后采用十分谨慎的方式，这个段落作出结论：“这个条款可能会影响执行或者被他们认为影响执行与业主签署协议中的专业责任”。

此外有用的是实践说明提供了一些协议草案。主要有调停协议、指定调停人协议和调停后遵守争端解决方法的协议。最后文件的目的是重视对 ADR 的最严厉的批评，即它们没有约束力。最好的反应是在文件中阐述了这种解决方法，可以用来支持裁决的实施。根据当事人的协议，ADR 解决方法可以(包括不符合条款)看作是具备了高等法院判决的强制性，或者作为一种替代方法，作为根据仲裁法注册实施的仲裁裁决。当事人在最终协议中希望避免发生的事件是因为调解协议中松散措辞，出现任何可能造成法庭或仲裁人开始和重审争端事件。

3.2 ADR 在澳大利亚

在澳大利亚，ADR 包括了下列争端解决方法：

* 调停；

* 调解（在法庭或审判庭的诉讼程序中这个词通常被用来表示一种强制性的调停）；

* 裁决；

* 小型审判或案件陈述。

在过去 10 年中各种形式的 ADR 的发展十分迅速，ADR 过程已经作为法庭考虑问题的要点。部分原因是整个社会对法律方面的拖误和复杂性的反应，但是更多的是因为联邦政府和州政府已经十分关心提供法律服务费用上升的问题和确保公正。强制性的和自愿的 ADR（特别是调停和案件评估）已经成为很多澳大利亚法庭程序的一部分内容。澳大利亚建筑业是澳大利亚经济中的一个重要行业，在那里已经显现出一种放弃诉讼的明显的趋势。1990 年 5 月，有所有行业主要集团代表参加的联合工党公布了一项调查结果，旨在实行一些战略，减少建筑业中的索赔和争端。在这个《消灭争端》报告中，提出了很多在行业中改进做法和减少索赔和争端的建议。《消灭争端》总结了在澳大利亚建筑业中处理索赔时存在的主要问题有：

* 虽然大多数合同文本中都包含了争端解决的内容，但是在现场上这些办法经常是无法使用的，结果造成采用更为常见的对抗形式的过程，例如仲裁和诉讼；

* 一般情况下，在诉讼和仲裁中得到满意的结果通常与超额费用联系在一起的，并且因为法庭和仲裁员都有很多争端需要进行听证，所以造成延误；

* 后果性费用主要发生在行业中了解具体争端情况的职员的聘用和使用上面。

报告主张在建筑合同中正式采用ADR程序，并且建议增加一个有形的争端条款。这方面包括当事人之间的强制性谈判以及在把争端提交仲裁之前有义务尽力采用适当的ADR机制解决争端。这个条款的全文如下：

"(i)当事人的目的是在发生了争端、分歧、对立时或者发生索赔涉及履行合同、违约、修正、终止、废止或无效等问题(以下称'争端')时，所有努力都应该是为了通过谈判等形式以求事件的解决。当事人应该至少出席一次会议，讨论出现问题的事件，并且作为采取其他程序处理争端的先决条件。如果争端通过前述谈判方式无法解决，当事人应该进行协商，确定他们是否同意把争端首先提交调解、调停、评估或小型审判或者其他适合本争端情况的替代争端解决方法处理。如果他们同意，争端应该提交这些过程进行裁决。

(ii)在争端无法根据第(i)条介绍的程序解决的情况下，或者在任何情况下，任何一方当事人合理地认为对方当事人没有实施合理努力来解决争端，可以向对方当事人发出通知，要求将争端提交仲裁裁决。

(iii)仲裁应该按照且遵守澳大利亚仲裁员学会商业仲裁行为准则由单独的仲裁员施行。当事人指定的调解员、调停员、评价员或中立顾问不应被指定作为仲裁员，并且任何一方当事人在仲裁过程中均不应聘请这些人士，除非得到双方当事人书面同意。

(iv)当事人和仲裁员应该举行会议，讨论和研究适当工作程序，以便开展仲裁，并且当事人在实施仲裁工作中应该与仲裁员合作。

(v)仲裁员有权确定提交、裁判和判决以及指定仲裁员的费用。"

澳大利亚建筑业对《消灭争端》建议书至少在原则上已经表现出一种热情。例如，随后起草的澳大利亚标准AS2124－1992和AS4300－1995(有关条款的全文参阅附录1)中都特别要求当事人之间的谈判以及通过合适的ADR过程达成协议的意图。

现在专门起草的工程合同通常都包含了类似标准合同文本中这方面规定的内容，要求至少采用一种 ADR 方式。也许更为重要的是，即使合同中没有包含有关 ADR 的规定，也存在着一种明显的趋势，要求争端在使用仲裁或诉讼解决之前，应该提交调停和案件评估进行裁判。因为 ADR 的成长已经伴随着决定研究 ADR 的组织和公司也不断增加。例如国家争端中心(NDC)、律师参与争端解决(LEADR)和澳大利亚商业争端中心(ACDC)等。一些以行业为基础的组织，主要有总建造商联合会等，也已经起草了调停和案件评估的方案。澳大利亚仲裁员学会 1995 年修订了其原则，使得能够促进、培训和处理各种形式的 ADR，同时出版了商业调解行为准则。

与其他地区一样，澳大利亚 ADR 的不断发展部分是由于司法的支持。特别有两个方面法庭的观点起到决定性作用：

* 在当事人已经签署的合同中有规定的情况下，法庭是否可以强迫有些勉强的当事人进行调停(或者参与其他形式的 ADR)?

* 法庭是否应该尊重 ADR 过程的隐私和秘密，特别是在它们没有解决争端的情况下?

澳大利亚的司法界已经对这两个问题进行了思考，并且在下面的案件中进行了讨论，因为它们直接影响到 ADR 的发展。有关法庭对 ADR 条款的看法在第 8 章中将进一步介绍。

在 Allco Steel (Queensland) Pty Ltd v. Torres Strait Gold Pty Ltd(1990)案例中，法庭检验了一个合同，合同规定当事人在提交诉讼之前应该进行调解。当争端发生，其中一方当事人正当地提供了法官所称的“完全缺乏调解员精神”的证据。虽然法庭认为一方当事人已经“明显的违反调解义务”[5]，仍然拒绝在调解过程完成之前授权发布法律程序终止令。这么做表明法庭仍然信赖法庭裁决不能被取代的原则。法庭还认为实质上一方当事人已经采取了极力否定调解的观点：

“换言之，我认为原告方存在明显的违反调解义务的行为，法庭的管辖权不能被取代的原则制约着任何其他根据合同第 4.5.6 条可能产生的要求原告赋予其契约义务的原则。上诉要求使用法庭固有管辖权，以发布禁止令，作为产生诉因不能满足要求的先决条件，即诚信的调解。按照我的观点，即使这种补救方法存在，也不能接受采用这种自主性质的补救方法，因为十分明显当事人已经采取了有效控制妥协和调解的措施，采用这个‘发现’的原告没有根据第4.5.3条的规定，并且被告坚持认为这个过程是谈判的先决条件。”

在新南威尔士后来的判决中著名的有 Hooper Bailie Associated Limited v. Natcon Group Pty Ltd(1992)案例和 Elizabeth Bay Developments Pty Ltd v. Boral Building Services Pty Ltd(1995)案例，它们都没有按照 Allco 案例判决。在后一个案例中，法庭拒绝强制执行调停协议，因为缺少确定性，但是表述了这种观点，实行调解或调停的协议应该是强制性的[6]。这个决定表明：

* 如果不满足合同关于调解的规定就开始诉讼程序，这是一种滥用；

* 这种做法不应该是微不足道的，独立的第三方(例如调停人)应该能克服当事人对 ADR 的抵触；

* 调停或调解协议不应该仅仅是一种“进行谈判的协议”，它应该是参与一个过程的协议。[7]

在私密性方面促使人们选择 ADR 而非诉讼，因此程序是否能够保密十分重要。调停过程的保密问题在一个漫长的诉讼 AWA Limited v. Danniels & Ohters 案例中得到考虑。

在中间阶段上，新南威尔士最高法院的 Rolfe J 法官被要求实施判决，在一次流产的调停中被一方当事人披露的信息是否可以被另一方当事人后来采用。被告之一发布一份提供通知，要求提供文件，这份文件是在当事人之间进行调停过程中已经披露存在的。

法庭拒绝撤消提供通知，允许被告使用在调停中得到的事实。Rolfe J 法官认为调停和解决谈判之间十分近似，因此相信高等法院在 Field v. Commissioner of Railways (NSW)(1957)案例中的判决，缩小了解决谈判中的特权，例如不能阻止当事人使用谈判过程中确定的事实。

后来在同一个案件中，在提出否决相同文件的标书时，Rogers CJ 法官驳回了这个否决，但是认为：

“成功的调停最基本的是当事人应该能够披露所有有关事件，而不应该认为这种披露后来会被用来反对他们……如果换一种情况，行为不轨的当事人就可能使用且滥用调停过程，把它看作是一种复杂的没有处罚的披露过程……”

两位法官的判决中近似的因素可能是被告律师在寻求调停之前已经知晓可能存在这些材料，同时如果这种关系可以确立，文件也许是能够披露。尽管如此，仅仅是假定当事人不能在后来的法庭诉讼程序中使用通过调停得到的信息，至少在澳大利亚，这似乎是不安全的。这个问题似乎后来没有被提交到法庭上，虽然很多评论家预测司法会进行干预。[8]

在争端解决方面最近的明显发展是《商业仲裁法》第 27 条的修订[9]，允许仲裁协议的当事人“通过调停、调解或其他类似方法”寻求争端解决，并且可以授权仲裁员担任调停人、调解人或其他“非仲裁性质的中间人”。这个条款要求仲裁员在履行这个角色的过程中应该受到自然公正原则的约束，如果争端没有解决，能够让已经完成这种角色工作的仲裁员重新担当仲裁员。

虽然对第 27 条的修订现在明确了仲裁员在最初试图进行解决之后，仍然可以作为仲裁员，而不会受到指责，在实际中，很多仲裁员(同时还包括很多进行仲裁的当事人)非常不愿意参与这种过程，这时一方当事人(尽管是中立人士)既作为调停人，又作为仲裁员(参阅第 7 章中关于调停仲裁的讨论)。

第 27 条的全文如下：

1984 年《商业仲裁法》第 160 号

“第 3 部分—仲裁程序行为　27. 仲裁之外的争端解决

27. 仲裁之外的争端解决

(1)仲裁协议的当事人：

(a)可以寻求他们之间争端的解决办法，包括调停、调解或其他方法，或者

(b)可以授权仲裁员或裁决人担任调停人、调解人或者他们之间的其他非仲裁性质的中间人(无论仲裁人或裁决人是否召开一次会议)，

无论是在仲裁程序之前或之后，无论是否需要继续进行仲裁。

(2)在下列情况下：

(a)仲裁人或公断人作为调停人、调解人或者根据子项(1)的中间人(不论是否举行会议)；并且

(b)诉讼没有产生当事人在该争端问题上可以接受的争端解决办法，

不应该拒绝根据仲裁人或公断人以前对该争端采取的行动，仲裁人或公断人后来又单独实施仲裁程序的行为。

(3)除非当事人另外有书面同意，否则仲裁人或裁决人在根据子项(1)谋求解决办法时，应该受到自然公正原则的约束。

(4)子项(3)中的规定不应该影响到其他情况下仲裁人或裁决人实施自然公正原则。

(5)根据或通过本法指定，或者通过仲裁协议确定的，或者通过根据第48条下达命令，以便实施在仲裁过程中或者涉及仲裁的任何行动，或者采取的任何程序，其时间不应该受到仲裁人或裁决人根据子项(1)采取的任何行动的影响。

(6)子项(5)中的任何内容不应该解释成妨碍申请法庭根据第48条下达命令。”

3.3 ADR在中国香港

尽管在短期内经济不太景气，但香港仍被看作是建筑工程项目的主要中心。考虑到亚洲和环太平洋地区文化的差异，这意味着需要有更大的热情寻求争端解决的新方法。此外在亚洲和环太平洋地区，其文化倾向更有利于采取调停方式解决争端，而不是裁决方法。一位美国律师

Donahey 这样认为：

“在不同的亚洲国家和地区中，存在着一种用调和方法解决问题的深厚的社会哲学倾向。如果这种在关系中趋向‘中庸’思想不属于文化偏见，也可以说是一种知识性的和社会性的倾向，从而形成一种统揽人际内部关系行为的自然结构。亚洲文化经常在寻求着一种‘和睦的’解决办法，这是一种趋向于保护相互关系的办法，而不是采用通过争论、事实以及根据法律得到的‘正确’，这也许会严重地伤害有关当事人的关系。”[10]

Donahey 认为这种中国人的方法是继续保持着传统的儒家思想[11]。

“传统的儒家思想可以追溯到几千年前，其中有一种概念叫做‘礼’，它涉及到 5 种自然等级关系中的社会行为规范，这 5 种关系是：君与臣、父与子、夫与妻、兄弟与兄弟和朋友与朋友。‘礼’主张劝导，不是实行强制和法律，这种概念体现了一种良好的行为，在社会重要性方面可以凌驾在法律概念之上。一种体现法律的概念叫‘法’，它具有强制性且有惩罚性的含义。尽管法的概念具有法律强制性的优点，但是它在传统上其重要性是低于‘礼’。中国人常常把诉讼方法看作是终极阶段，就意味着争端当事人之间的关系不可能是和睦的。诉讼的方法将导致失去面子，而讨论式的和解式的方法应该是更好的。随着时间的推移，‘法’和‘礼’的概念被混淆在一起了，保持关系的思想，还有面子的概念已经成为中国法律体系中的一个部分。”

Donahey 在他的文章中得出这样的结论，在其他的亚洲法律体系中也存在着类似的情况，包括韩国。

传统上看，香港并没有摆脱英国的模式。香港仲裁的司法控制可以见诸于它的 1963 年《仲裁条例》，这是 1950 年《仲裁法》的翻版。香港在 1982 年实施了新的《仲裁条例》[12]，虽然这仍然是 1975 年《仲裁法》的模式，但是已经可以看到一些显著的区别了。这个法律与英国做法的重要区别之一是它专门承认了调解。1985 年香港国际仲裁中心(HKIAC)的建立开始协调通过非法庭式的争端解决服务途径，它的建立部分起到巩固了香港在亚洲贸易中的重要角色的作用。HKIAC 出版了一部十分有用的小册子[13]，它强调了 HKIAC 致力于促进把调停作为争端解决技术的工作，并且为内部调停(例如在香港)提供了一个标准调停条款[14]。这个建议实行条款具体内容如下：

“任何涉及本合同的或因为本合同引起的争端或分歧都应该首先提交香港国际仲裁中心(HKIAC)，并且根据本调停原则进行调停裁判。如果调停被调停人放弃，或者被断定不需要进行争端或分歧解决，于是这种争端或分歧应该根据内部仲裁原则提交 HKIAC 进行仲裁裁判和决定。”

1982 年《仲裁条例》的重要特点是激进主义。香港法律改革委员会在 1981 年的报告中[15]建议在《仲裁条例》里面引进调解的规定。这项规定在下列条款中进行了阐述：

“2. 下列部分在第 1 部分之后增加进来，作为对主要条款的修订：

部分 A： 调解

调解员的指定

2A(1)在任何情况下，只要仲裁协议规定需要指定某一人士为调解人，他不应该是当事人，但是该人士拒绝接受指定或者在本协议规定时间内没有指定，或者如果没有规定时间，应该在合理的时间内，不得超过争端存在通知 2 个月的时间，协议任何一方向出现问题的人士发出书面通知，要求指定调解人(并且立即向协议另一方提供此通知的副本)，并且在本通知发出 7 个工作日内没有得到指定，法庭或法官可以根据协议任何一方当事人的申请，指定调解人，只要此人系根据本协议条款指定的，他在调解程序的实施过程中应该享有相同的权力。

(2)如果仲裁协议规定应该指定调解人，并且进一步规定按照规定的指定人士在调解程序没有产生一个可以接受的结果时，应该作为仲裁员行事，当事人应该：

(a)没有反对指定该人士作为仲裁员，或者在仲裁程序中行事，只要理由是他已经在以前的被提起仲裁的所有或部分事件中作为调解人行事；

(b)如果该人士拒绝作为仲裁员，指定作为仲裁员的任何其他人士不必首先作为调解人行事，除非仲裁协议中存在与此矛盾的内容。

(3)除非在此出现与此矛盾的内容，规定指定调解人的仲裁协议应该被看作是包含一项内容，在调解程序没有产生当事人可以接受结果的情况下，在指定调解人规定日期起3个月之内，或者当事人可以同意的更长时间阶段内，或者他被按照仲裁协议的名义指定的情况下，在他收到争端存在的书面通知之后，这个程序应该因此终止。

(4)如果规定应该指定调解人的仲裁协议的当事人达成解决他们分歧的协议，并且签署了包含解决问题条款的协议(下称'解决协议')，考虑到强制性的问题，这个解决协议应该被看作是根据仲裁协议做出的裁决，并且在法庭或法官的同意下，应该和此种判决或命令有相同的强制效果，并且如果同意这种规定，应该被列入协议条款之中。"

上述规定包含了很多重要性质，它们在英国法律和实践中还没有详细规定。首先，不愿意顺从的当事人可能有义务进行调解，法庭具有法定权利和权力支持调解协议。其次，条例赞同调停仲裁的原则。第三，对于实施调解的时间阶段提出了限制。第四，成文法确认任何解决协议从强制性角度看应该和仲裁裁决具有相同的地位，并且通过法庭具备约束力。

香港法律改革委员会[16]进一步考虑了调解的问题，它的建议条款被收录到1989年的《仲裁条例》[17]中。下面介绍有关变化。第2.A(1)条进行了修订，第2.A(4)条被替换，增加了一个新的第2B和2C条。

"调解员的指定

2A(1)在任何情况下，只要仲裁协议规定需要指定某一人士为调解人，他不应该是当事人，但是该人士拒绝接受指定或者在本协议规定时间内没有指定，或者如果没有规定具体时间，应该在协议任何一方要求的合理的时间内进行指定，法庭或法官可以根据协议任何一方当事人的申请指定调解人，只要此人系根据本协议条款指定的，他在调解程序的实施过程中应该享有相同的权力。(1989 s.4第64号修订)

作为调解人的仲裁员的权力

2B(1)如果所有要求裁判的当事人书面赞同，且只要任何当事人没有书面撤消其赞同，仲裁员或裁决人可以作为调解人行事。

(2)仲裁员或裁决人在作为调解人行事的时候：

(a)可以与当事人单独或集体进行裁判沟通；

(b)应该把从当事人处得到的进行裁判的信息视为保密材料，除非与当事人另有约定，或者子项(3)适用。

(3)如果在进行调解程序期间和程序终止当事人之间没有就争端解决事宜达成协议期间，仲裁员或裁决人得到的是保密信息，他们在恢复仲裁程序之前应该向所有其他当事人披露尽可能多的信息，只要他认为它们对于仲裁程序是实质性材料。

(4)仲裁员或裁决人不应该单凭根据本条款以前已经履行了仲裁员的职责为理由来拒绝实施仲裁程序。(1989 s.5 第 64 号增加)

和解协议

2C 如果仲裁协议当事人达成争端和解协议，并且签署书面协议，包含和解条款的内容(‘和解协议’)，和解协议从约束力方面看应该视为仲裁协议中的判决，并且经法庭或法官同意，应该具有与判决或命令同等效力的作用，同时如果得到了该项许可，判决可以写在协议条款中。(1989 s.5 第 64 号增加)”

在解释仲裁条例的时候，调解的含义被扩大包含了调停(1996 s.3 第 75 号补遗)。他们增加了一个新的子条款来说明条例的目的和原则，同时包括了很多其他有关仲裁操作内容的条款。新子条款规定如下：

“2AA(1)本条例的目的是以仲裁的方式实现公正和快速解决争端，而无须花费不必要的开支。

(2)这个条例依据的原则是：

(a)鉴于对可能的公共利益保护的遵守，争端的当事人应该自然同

意如何解决争端；并且

(b)法庭只能根据本条例明示规定的内容，才能对争端仲裁进行干预(1996年s.4第75号补遗)”

在香港，法官在促进ADR中间已经起到了至关重要的作用。例如，在1991年4月，大法官指定了一个委员会来考虑有关法庭附属的调停计划以及有关事宜的愿望。委员会的主席是Kaplan J，在1993年8月向大法官提交了一份报告[18]。虽然这份报告是针对民事法庭用户委员会的意见，但是它能够极力推荐采用法庭附属的调停，如果他们不愿意这么做，也没有针对强制权力迫使当事人进行调停。[19]

香港法庭在ADR上的义务可以进一步在《建筑业目录实践指导》[20]中见到。这涉及到采用持续一个小时的中间传票的程序。主要包括以下内容：

“根据指示传票，法庭应该知晓是否存在任何意图，且如果存在采取了何种企图，通过调停解决争端或争端任何部分。本要求没有限制披露任何调停的细节，只要有关事实存在。”

香港政府作为建筑工程的主要采购者，也在积极地促进ADR的发展。在政府使用的标准工程和建筑合同文本中可以看到有关的规定[21]。其条款的第86条规定：

“86.(1)如果业主和承包商之间在涉及或因为合同或实施工程中发生任何争端或分歧，包括有关工程师发布的任何决定、指示、命令、指令、证书或估价的争端，无论是在工程进行中，或终止、放弃或违约之后，都应该通过做出书面决定并且由向业主和承包商发出通知的工程师进行裁判或解决……这种决定应该是最终的，且对承包商和业主有约束力的，除非他们中间任何人要求将前述事件提交调停或仲裁。如果工程师在请求提出之后的28日阶段中没有作出决定，或者如果业主或者承包商任何一方对工程师的任何此种决定不满意，业主或承包商任何一方可以在接到这些决定的28日内，或者上述决定的28日期限截止之后的28日内，或者根据具体情况，要求将事件根据和按照香港政府调停原则或具有效力的任何修订内容提交调停。

(2)如果调停没有解决该事件，或者如果业主或承包商不希望将事件提交调停，业主或承包商任何一方可以在此规定的时间内要求将事件提交仲裁……。”

香港政府还参与了其他一些形式的 ADR 创新。首先，在香港工程师学会的协助下，政府在 1984 年公布了《调停服务原则》(在 1989[22]年进行了更新)以及香港《政府调停原则》(1992 年版)，并且由 HKIAC[23]进行管理。在 1994 年，HKIAC 建立了一个调停组织，旨在促进把调停作为争端解决的一种手段。这两个原则都不是很长的文件。第一个原则文件共计有 21 条原则，第二个有 23 条原则。调停服务原则包括调停定义(原则 1)、调停开始(原则 3)、调停人指定(原则 5)、调停实施(包括原则 7 - 17)、费用(原则 18 和 19)、任何调停仲裁可能的免责(原则 20)。在原则 7 到 17 中包括了一些比较重要的内容。根据原则 7，调停人应该尽力在指定之后 42 日内结束调停。原则 12 允许调停人在调停过程中表达自己的初步观点，并且谋求第三方指导，只要他认为合适。原则 13 中规定了反映和解条款(如果和解达成)的辅助协议的内容。原则 16 反映了调停中的隐私和秘密。如果调停过程没有成功，也不会免除当事人在后来提出诉讼或仲裁的权利(原则 17)。

下面是香港政府调停原则中的比较重要的一些规定。当事人有合同义务在可能调停的时候进行调停(原则 2)，如果：

* 合同任何一方当事人不同意工程师或建筑师的决定，或者
* 工程师或建筑师没有在事先规定的时间内做出决定。

根据这个原则，调停不是强制性的，一方当事人可以在接到调停请求后的 28 日内表示是否愿意参与调停。调停的实施包括在原则 7 到原则 18 中。《调停服务原则》中规定的很多内容都与这些规定类似。在争端没有满意地得到解决时，调停人首先应该向当事人口头说明他的观点。在不损坏根据原则 15 的潜在职责前提下向当事人提交报告。《调停服务原则》和《政府调停原则》之间的一个主要区别是政府的原则 15 规定，报告应该根据任何一方当事人的请求作出，但是根据前面的原则它不是

强制性的。在这个报告中，调停人应该阐述他发现的事实、对争端事件的观点以及认为合适的建议和和解方法。经过 28 日的冷静期，当事人可以全部或部分接受调停人建议和解的条款。根据两个调停计划(分别在原则 19 和 20)，如果按照调停人的观点，调停开始或者实施得曲折或麻烦，调停人有权提出惩罚性的判决费用。此外政府的调停原则与调停服务原则一样，采用调停仲裁的可能性遭到禁止(原则 21)。

当前的政府调停原则多年来一直成为复审的话题。原先在 1996 年底新的原则准备实施，但是到目前为止还没有公布。复审的目的是去除有关允许或要求调停人表达自己对问题观点的内容，或者如果当事人没有能够达成协议，要求提交一份建议和解条款的规定。十分明显，实践已经证明这些规定没有起到在调停时鼓励通过谈判的和解。

香港近期规模最为宏大实际的项目之一就是香港新国际机场的有关项目。机场建设计划包括 10 个相关项目，被称为机场核心计划(ACP)。ACP 项目属于香港政府的责任，他们负责监督涉及与基础设施有关的合同(不包括机场铁路项目)，包括新开拓土地的整治、公路建设和为机场服务的一个新区。机场管理局负责机场有关的所有合同，同时地下铁路公司负责机场铁路合同。所有 3 个采购方都根据一个综合的争端解决机制行事。

根据政府的 ACP 合同文本，争端可以分成 4 个严格阶段：工程师决定、调停、裁决和仲裁。一旦有争端发生，任何一方当事人可能向对方和工程师提出争端通知，说明争端性质，这种机制对于英国承包商和合同管理人现在是十分熟悉的。在提供通知的 28 天中，工程师必须提供决定，或者指出导致争端发生的原先的决定不属于这个问题。如果事件没有解决，受害方当事人必须在 28 日内根据 1992 年版《政府 ACP 调停原则》提出调停请求。任何调停都由一个单独的调停人负责(原则 4)，并且根据调停请求(原则 3.2.1)实施，包括“对争端性质的简单的自我解释性说明，争端的数量(如果存在)和需要得到的救济或补救。”

虽然可以拒绝指定的具体的调停人(原则 5)，但是不能排除调停作为争端解决机制的第一阶段。调停实施是根据原则 8 到 19 进行的。费用和和解的问题在原则20中有详细说明。重要的是原则22，它禁止调停人后来又担当争端的仲裁员。因为调停没有约束力，当事人可能需要考虑移交裁决。调停方法实施的时间很难确定。根据原则8，调停员要求“尽可能地迅速开展工作，但是在任何情况下调停过程从调停开始之日开始计算不能超过42日，除非当事人另有约定。”根据原则6.1如何分辨调停开始的时间还十分困难。但是原则17明确规定42日的阶段被看作是经过原则8确认的。它规定“调停人可以放弃调停，只要他在调停中的判决和进一步努力没有达成争端和解……”。

然而假定当事人能够分辨或同意裁决阶段开始的日期，任何裁决应该根据《ACP裁决原则》(1992版)进行。原则1.2明确规定除非且直到调停进行裁判，裁决人才能够得到授权。原则2和3是关于开始裁决过程和指定裁决人的规定。原则6涉及利息，原则6.1具体规定，裁决人“根据法律应该有最高权威，确定裁决程序，保证公正、及时和经济地解决争端……”。在他的权威中可以决定是否进行口头证据的听证，是否“单凭文件”进行裁决以及(原则7)规定传唤证人出庭的程序。裁决人有权根据原则7.3安排提供他自己的专家证据。此外在原则8中还赋予裁决人广泛的权力，包括根据原则8.1.1检验任何证据或者在当事人或他们的代表不在场时实施检查的权力。

裁决人要完成这个过程，需要在裁决开始之后42日内做出决定，但是当事人有权书面同意确定一个不同的日期。在42日的初期阶段不能超过28日。裁决人的决定应该是书面的，包括有关得到资金款项的内容，按照原则9.3有权力批准应该支付的利息。费用问题在原则10中进行了规定，原则11没有授权给裁决人可以在后来作为同一争端的仲裁员。裁决只能适用于解决有关“一方当事人根据合同任何规定要求付款权的问题和(或)承包商要求延期的问题……”。

地下铁路公司(MTRC)签署的很多合同也涉及到相同的问题。这些合同也包括了调停的规定，但是没有裁决。正如前面涉及到的[24]，在MTRC的合同文本中也遇到了赋予调停强制性的困难。它包括以下条款[25]:

“除非且直到任何一方当事人首先根据合同第 103.7 条向对方当事人就调停争端问题提出调停请求裁判，以及当事人已经决定采取调停解决争端，否则应该采取申请仲裁的步骤(正式指定仲裁员除外)。”

仲裁员可能面对这种辩解，认为他没有管辖权是因为没有通过调停解决争端的诚信做法。此外，适用的调停原则规定调停过程可以在调停开始之后 42 日时，或者只要调停人认为已经不存在和解的可能性时自动终止。但是 Lewis 解释[26]，与根据政府合同文本不同的是，在整个施工工程过程中可能进行调停的情况下，根据 MTRC 合同文本，除非当事人另有约定，调停只能在工程实质性竣工之后或早期终止后进行。

在结论的章节中[27]，最近的发展和更新是针对机场不同的项目中使用不同合同条件。首先规定了[28]诚信调停的尝试现在应该根据 MTRC 文件实施。对“诚信”的定义是：

“诚信的尝试应该看作是已经做出的尝试，只要下列最低步骤已经采取：

(i)调停人已经根据 MTRC 调停原则进行指定；且

(ii)提出调停请示的当事人已经至少出席了一次调停人会议(无论其他当事人是否出席)。”

其次，不再规定应该在工程竣工之后 30 日内提出调停通知。然而在工程过程中不允许进行调停的规定已经被剔除。

1994 年，机场管理局推出了一个 4 个阶段的和解程序，它第一次在香港融合了争端审查团的概念作为争端解决过程的一部分。根据机场管理局临时合同基本条件(土木工程/建筑工程)第 75 条，争端通知应该由受害方当事人提供给对方当事人(第 75.2 条)。在初审阶段，争端应该交由项目经理在通知发出的 30 日内进行处理，但是项目董事可以对它进行审核(第 75.5 条)。如果项目董事没有在任何一方当事人提出争端裁判的 60 日内作出决定，或者任何一方当事人对项目董事的决定不满意，在 60 日期限结束的 21 日内或者决定日期 21 日之后内，可以将争端提交争端审查委员会。根据第 75.6 条，在项目董事的决定之后或者在规定期间内没有作出决定，可以将争端提交争端审查委员会裁判(第 75.6(a)条)并且(或者)仲裁(第 75.6(b)条)。在竣工证书已经签发(第 75.6(b)(i)条)除非有业主和承包商的同意，否则争端将无法提交争端审查委员会。使用争端审查委员会是除了仲裁以外的另一种方法。任何仍然受害的当事人都可以在决定作出之后 90 日内，将争端审查委员会的决定提交仲裁。第 75.12 条规定了争端审查委员会的基本权力，这个条款规定：

"……争端审查委员会和仲裁人应该有全权根据他们的或他的观点认为可能的时候，指示进行估价，以便确定当事人的权利，确定或批准可能属于或包括在任何凭证中的任何款项，打开、审查和修改任何通知，扣留与其他争端有关的项目董事或项目经理的许可、批准、证书、指示、请示或决定。仲裁员为了能够纠正合同……应该有全权。"

在阅读合同条件的同时还应该了解争端审查程序，它包括了 12 个页码，阐述了详细的程序[29]。这个程序详细地介绍了解决问题和指定审查委员会(第 2.2 到 2.5 条)的安排，根据争端情况这个审查委员会可能由 1~3 名成员组成。第 3 条规定了审查委员会的基本职责，第 4 条规定了程序细节。审查委员会"根据法律赋予了最大限度权利，可以确定如何进行……"(第 4.1 条)。通常只有官员和雇员应该出席审查委员会召集的会议，但是第 4.5 条还允许有限使用外聘顾问，包括律师。审查委员会还有广泛的权利，其内容在第 5 条中阐述，审查委员会的决定程序在第 6 条中规定。第 7 条讨论了批准的费用。审查委员会成员后来不应该再作为仲裁员(第 8 条)。通常所有提交文件和决定在后来的诉讼程序都是可以承认的(第 11 条)，虽然审查委员会成员不能作为证人。通常召集人应该了解这个程序，他的作用在第 12 条中规定，在当事人进行了一般陈述之后，他就可以指定审查委员会。一般情况下，召集人不应该参加审查委员会(或者作为主席)(第 12.8 条)，也不应该在后来的诉讼程序中担任仲裁员(第 12.9 条)，但有趣的是，如果当事人同意，他可以根据第 12.10 和 14 条担任调停人。

虽然建筑业委员会的小册子《争端解决》有些过时，但是从中仍然可以找到在英国和海外地区提供 ADR 服务的组织情况这类十分有用的资料。

第 4 章　调停与调解

4.1　定义

我们已经简单地介绍过调停和调解，并且给它们下了广义的定义。在本章中，我们将更详细地了解这些方法可能实现的结果并且重申它们的定义，因为人们在使用这些术语时仍然存在很多混乱。这些区别不单纯是学术问题，重要的是因为需要了解在它们中间涉及了哪些过程。如果人们了解了将要接触到的过程，定义本身并不重要。然而这经常涉及到当事人观念的问题，如果他们使用这些术语，例如调停和调解等，那么这些术语的定义就很重要了。

建筑业委员会(CIC)有一份名为《争端解决》的出版物[1]，它认为虽然不同的组织在使用不同术语时，无论是“调解”还是“调停”，涉及到的可能是相同的过程，也可能是不同的过程。为此这个小册子对调停和调解下了以下定义：

“这是属于在中立第三方帮助下争端当事人达成和解的情况。在有些方案中，第三方有权力根据具体条件推荐或提出和解方案，这些条件可能与裁决几乎没有区别。”

读者也许没有得到什么帮助，因为它仅仅给它们下了一种虚拟的定义，而不是十分具体的定义。尽管如此，CIC 的观点认为不同的组织使用这个术语时会有区别，但是得到了专家研究院(前身是英国专家研究院)、争端解决中心(CEDR)和特许仲裁员学会(CIArb)进行裁判的支持。专家研究院把调解调停服务描述为：

“这个过程是指两个或更多人士或公司之间争端的解决，它通过把争端提交一个独立第三方(调停人)进行私人听证的方式，这种人的角色是帮助当事人对争端事件得到满意的解决结果。”

CIC 和专家研究院认为调解和调停之间没有区别。CEDR 和 CIArb 认为调解与调停是有区别的。CEDR 认为调解是作为一种非正式的尝试，把当事人聚集在一起，以便解决争端，它也可能导致调停或者其他和解方法。另一方面调停是更加正式一些的过程，可以帮助当事人谈判达成和解。这里面 CEDR 似乎把调解看作是实现和解的第一阶段，或者作为其他和解过程的先决条件，就其自身在正式程度上也可以区分出来。CIArb 的区别给调解下的定义更明确，它是:

“……一种过程，其中调解人调查了事件的事实，试图通过指出他们观点中的优势和劣势以及和解失败的后果等方法，重新调解反对方当事人的意图，促进他们编写建议，达到案件和解的目的。然而调解人通常不会提出他或她自己对争端和解的建议；他或她是作为当事人自己实现和解的催化剂。”

这个定义中的关键之处是“调解人通常不会提出他或她自己对和解的建议……。”这证明在调解和调停之间存在的最为明显的区别。

在 CIArb 的消费者争端解决方案中的定义略有区别，这个方案只能用在涉及物资和服务方面的争端上面，不能针对工程和材料的争端。

Brown 和 Marriott[2]给调停下的定义是:

“……一种过程，发生争端的当事人通过它得到作为调停人(起到促进作用的中间人)的中立第三方的帮助，但是这种人没有权利作出有约束性的决定……”

如果认为 CIArb 调解定义中有任何区别的话，这里面是看不出来的。他们继续认为调解是一种术语，有时可以与调停交换使用，有时与调停的过程是有区别的。国家建筑联合顾问委员会[3]采用的术语规定如下:

“调解可能被用来描述调停……或者可以能被用来描述一个过程，中立人士使用它来实现和解，但是如果和解没有达成，这些人士不会阐述自己对这些问题的观点。”

比较起来，虽然这是一个不很明确的定义，但是调停还是被描述如下：

“……一种 ADR 过程的形式，其中中立的调停人利用促进沟通和帮助他们评价在案件中的优势和劣势的方法，来帮助当事人解决他们的争端……”

土木工程师学会(ICE)、国际商会(ICC)和联合国国际贸易法委员会(UNICITRAL)都提供了具体的调解程序。有关调解原则我们将在本章后面进一步介绍。

世界其他国家和地区也有一些其他定义。在国际顾问工程师联合会(FIDIC)报告“建筑争端的和解”中进行了分析，报告表明，这些术语被用在各种不同方式中，调解和调停的概念是有区别的。Brown 和 Marriott 同意 CIArb 的观点，其中“调解”有时可以和“调停”交换使用，但是他们又补充道，与那些更具干涉内部环节的方法比较，有时被看作是一种简易的方法。

也许没必要对这种过于挑剔的做法感到奇怪，有些人[4]一直把调解和调停看作是同一种事情。总之，分辨调解和调停之间的区别是否很重要？初看起来似乎任何区别仅仅是一种学术方面的区别。但是情况也许并非如此，在实际中也很重要。得到公认的定义做到既明确又不存在异议，也许是不存在的。不能绝对地认为我们已经明确区分了这些术语的定义，虽然它们的定义也许是很理想的。

简言之，有很多过程被描述成为调解和(或)调停，并且潜在的 ADR 用户也需要了解它们。这些潜在的用户必须明确可以得到哪些过程(或服务)以及通过这个过程可以得到什么结果。当前调解和调停意味着对不同的人们指的是不同的事务，但是在有些情况下，它们是可以互换的。因此直到确立准确的定义之前，人们必须确定每个术语在描述什么，因此可以从这个过程中得到什么。

调解和调停之间的区别很难分开。这方面使用词典无法得到具体的帮助。在作为相同方式的谈判中，调停最好被用做一种比较泛泛的描述，而调解可以作为一种具体的调停方法。如果有其他方法，可以使用其他术语描述。现在因为存在这种不明确性对鼓励采用 ADR 是十分不利的，特别是不利于避免导致像对仲裁和诉讼那样的神秘感，这可能会造成其他一些混乱。这种情况也无助于希望有更多的机构采用 ADR 方式。

本书认为调停的目的可以定义为一种非司法的过程，由独立的第三方(调停人)参与，作为中间人，帮助当事人找出解决它们之间存在的争端的方法。

4.2 调停方法

通常可以认为调停有两种基本方法：促进法和评估法。然而依据过程和调停人角色划分还会有很多划分版本。

促进法也被看作是以利益为基础的方法，一般是一种绝对调停的方式。这时调停人位于当事人之间，可以相互进行沟通，侧重他们的共同利益并且提供一种环境，以便使得当事人自己找出解决争端的方法。一般情况下调停人不会表达自己的观点或者提出某种形式调停的解决方法。然而这种情况下仍然会出现不同观点。

相比之下，评估法被认为是一种侧重权利的方法，它重视争端当事人各自的权利。使用这种方法，调停人试图评价(可以有专家的帮助，也可以不需要)案件各方当事人的优势和弱势，并且发表自己的观点。这种方法的目的是影响当事人，调整自己的位置，以便达到解决争端的目的。

关于调停人应该做些什么和什么是进行调停的正确方法方面众说纷纭。调停与谈判很相似，但是其过程是在中立的第三方的帮助下进行的，这个人帮助当事人顺利完成谈判[5]。这里调停人被认为部分是作为教师，需要去告诉当事人应该如何解决他们的争端。Naughton[6]相信，调停人应该作为一种催化剂，在任何阶段上都不应该表达自己的观点。现在还不清楚这是否适用各种调停情况。但是如果不适合，就只有促进法可以适用，因为这种观点完全不适合评估法的情况。争端方法有时也被看作是以利益为基础的一种讨价还价，这时需要侧重尽可能满足于当事人的重要需求和利益。这里面不存在获胜的问题，也没有妥协[7]。喜欢适用促进法作为调停方法的人们都表达了这种观点。进而作为促进人的调停人不能过于积极提出或试图促成一种解决办法，而是要促使各方当事人真正理解对方的利益。无论如何，以香港公共工程合同调停原则的起草人为例，它们希望适用评估法，至少在最初阶段，毫无疑问相信当事人的权利是促成争端解决的真正的起点。

促进法在原则性谈判中十分常见[8]。进行原则性谈判涉及到确定依据某些客观标准的问题，而不是进行地位方面的讨价还价。后一种方法鼓励各方采取一种地位，并坚持这种地位，而不是重视他们真正所关心的东西和需求。进行原则性谈判的 4 个基本原则包括：

(1)人——从发生问题中区分出人；

(2)利益——重视利益，而不是位置；

(3)观点——在决定应该如何做之前，设想多种可能；

(4)评价标准——坚持根据一些客观标准产生的结果。

无论调停人采用促进法还是评估法，他都应该是一名干预者。其干预的性质是分辨因素。无论是哪种方法，调停人来说似乎可以提供解决方法，而不是依靠当事人自己找出这种方法。在适用促进法情况下，调停人需要根据当事人的最大利益的建议，而在评估法中，这种建议是根据对当事人权利的评价产生。尽管如此，对于调停人来说最好不要在促进法中提出解决方法，因为存在认为只有当事人才有可能知道什么东西才符合他们的最大利益的争端。因此调停人只应该让他们产生一种观点，由他们自己来确定。如果使用的是评估法，似乎调停人不但应该提出解决方法的建议，而且还需要尽力促使当事人接受这个建议。后一种方法是 Feinberg 提出的[9]，他相信，快速作出解决地位的决定，然后对当事人们施加压力，让他们接受这种方法，这是最积极的解决方法。这种方法从理论上是与促进法不相容的。

建筑争端解决组(CDRG)的调停服务规定了自己的要点，调停人有权采取任何符合当事人情况的程序，在任何阶段上都可以提出解决争端的建议。它提出了一种高度的灵活性，这时可以采用促进法或者评估法，并且可以采用任何可行的过程。

希望进行调停的组织或个人最好应该准备一种或多种方法。例如对于采用促进法存在一些理论问题，因为它不能根据所签署的协议进行。对于公共机构来说情况应该是，其责任需要公开和明确。另一方面，有些人可能不希望采取评估法，因为其基本原理并没有远离仲裁、诉讼或者某种形式的裁决。这就是由第三方来评价争端，分辨当事人的权利。如果采用其他方法，其过程可能完全不同。

鉴于促进调停和评估调停这两种方法，也许情况是当事人并不希望采取这些类似的基本方法。这时无论是采取合同前或者合同后的方法，都可能存在问题。有争端的是，最好在签署合同之前就解决这个问题，否则进行调停的机会似乎会实质性地大大降低。人们还应该认识到在调停方法中存在着一些固有的弱点，但是对于可以自愿采用的任何方法都可以认为存在缺陷。因为对于大多数情况来说，可能没有一种可以采用的正确方法，但是可以使用很多方法，它们可能成功，也可能不成功，主要取决于人们使用它的目的以及涉及争端的一些其他可变因素，不仅仅是当事人自身的原因。

在居领先地位的美国之后，英国和海外可以提供 ADR 服务的组织数量自 1990 年以来已经得到了长足的发展。这些组织常常可以提供很多方法的选择，并且对构成调停的内容有着自己的观点。

调停一般是自愿的，因为没有协议是无法进行下去的。然而协议已经达成的阶段应该是一个重要因素。例如，有可能同意在合同中增加一个条款，要求当事人如果发生争端，首先应该采用 ADR 程序。无论 ADR 条款是否可以免除或者暂停法庭的裁决，这里还存在着一些问题，但是如果希望法庭承认这种先决条件的最直接方法通常就是符合其诉讼程序的终止令。

如果合同中存在一个 ADR 条款，也就没有必要规定在争端发生的时候，把调停作为应该使用的过程。尽管如此，在条款的规定中可以认为一般能够使用调停方法。为了让条款提供合理的机会来进行运作，而不是进行毫无结果的争吵，最好应该规定把争端提交到哪些 ADR 组织进行裁判。至于采用 ADR 方法，虽然不一定绝对确定好，但是应该部分地规定出来。即使在规定或采取具体服务涉及具体过程的情况下，如果当事人同意，也可以进行修改或者剔除。当事人可以采用和他们已经采用的(协议的方式)相同的方式确定这些过程。

如果 ADR 条款没有纳入到合同之中，在争端提交仲裁或诉讼程序之前，没有义务使用 ADR 解决。然而有很多因素都要求考虑采用替代方法，其中很多在本书中已经阐述。在问题发生之后再达成协议通常是十分困难的。这在仲裁中可以看出来，需要在开始工作之前在协议中确定好采用的指定机构和程序原则。同样采用 ADR 最大可能是在合同规定中已经将其纳入进来的情况。否则提议采用 ADR 可能被看作对于索赔人起到一种负面作用，最终导致使这种争吵变成“诉讼或者停止合作”的行动。

4.3 调停人

选择调停人是调停操作中的一个致关重要的环节。如何处理好这个问题不仅仅要注重调停的基本方法，而且还包括应该遵循的程序细节问题。也许更重要的是它会影响到寻求解决办法过程中的整体环境。

对于一个精明的需要调停的用户来说，可能已经知道他们需要什么，并且明确倾向于采用某种方法或其他方法。选择使用的方法可能又影响到调停人的选择，他们需要挑选出对他们倾向采用过程十分熟悉的人士。然而这方面一方当事人的观点很难起到完全的决定性作用，双方当事人需要在情况决定之前达成一致的意见。

现在英国建筑业中使用调停人会受到一定的限制，似乎选择调停种类涉及的指定调停人问题不太容易。希望找出替代诉讼或仲裁的方法的当事人经常会与可以提供 ADR 服务的一家机构接触，希望指定一个调停人。对于大多数提供调停程序的机构来说，这种要求经常涉及到该机构采用的程序问题。

在选择调停人之前，当事人应该理想地确定适合他们使用的并且他们可以接受的调停基本方法。这些内容最好应该包括在合同之中，同时应该有指定调停人的机制，例如由哪些组织负责这种指定。挑选这种机构也应该注意，通常应该选择那些知名度高的机构。了解当事人的愿望十分重要，应该挑选出这种调停人，他具有同情心，并且有一定技能，可以满足所选调停方法的具体要求。

如果希望 ADR 方式受到尊重和信任，调停人的行为应该“到位”。专家研究院调停结论提供了十分有用的调停人行为规范，它们是：

* 在调停人和任何当事人之间存在实际的、潜在的或明显的利益纠纷的情况下，调停人不应该接受指定。然而如果当事人知晓这种潜在纠纷，他们也可以承认这种指定；

* 调停人不应根据临时费用展开工作，或者保证按照由失败方支付费用的安排；

* 调停人有职责按照研究院的指南工作；

* 调停人必须保持中立；

* 在后来涉及本争端的任何诉讼中，调停人必须拒绝作为证人、律师或顾问；

* 尽管排除了个人责任，但是调停人必须有适当的职业赔偿保险；

* 调停人不能以任何形式公开宣传自己的服务，从而被理解存在不良结果。他不能漠视不准确的或误导性的宣传；

* 任何情况下，调停人必须遵守研究院指南和行为准则。

4.4 调停人的作用

调停人的作用部分受到是采用促进法还是评估法的影响。促进法主要目的是通过商业解决办法的谈判，寻找当事人的商业利益。相比之下，评估法是根据当事人的合同权利评价为基础的，通过调停人的劝导，实现围绕这个建议为基础的解决办法。

作为促进人的调停人应该：

* 创造积极的环境，确保达到一定程度的保密性；
* 让当事人熟悉调停过程；
* 建立实施调停的协议草案；
* 帮助当事人走到一起，鼓励面对面的讨论；
* 帮助当事人理解对方的观点，检验共同关心的问题；
* 帮助分辨共同理由，分离出真正有争端的问题；
* 确定优先讨论的问题，集中确定各方应该进行处理的计划；
* 让当事人积极地思考解决办法和采用替代解决方法的后果等问题；
* 寻找可能的解决方法，帮助当事人规范解决方法建议；
* 提供或得到解决相关问题的技能；
* 作为一个智囊机构，为当事人提供如何解决问题的任何思路；
* 保持当事人之间的对话；
* 建立当事人之间的沟通，避免过激言辞，改善理解；
* 帮助准备以当事人达成共识为基础的解决方法草案；
* 寻求当事人达成有约束力的解决方法。

作为评估人的调停人应该以相同方式进行工作，但是其作用方面有些区别(带引号部分)，这些属于评估法的特点：

* “分析问题并且提供或得到相关分析技能”；
* “建立争端评估”；
* 帮助分辨共同理由，分离出真正有争端的问题以及“表达出对争端的评估”；
* 让当事人“根据这个评估思路”积极地思考解决办法和采用替代解决方法的后果等问题；
* “谈判或劝导当事人达成基于评估为基础的解决建议”。

4.5 调停人的技能

不论调停人是作为评估人还是促进人，都应该起到很多常见作用，因此必须具备一些常见技能。然而还存在一些不同的作用，它们的技术也是完全不同的。Brown 和 Marriott 对所有调停人需要的品质和必须的技能进行了分析。他们认为应该需要下列品质：理解、判断、直感、创造性、可靠、权威、同情心、建设性、灵活性和独立性。

上述仅仅是调停人个人应该具备的部分品质，还有很多应该扩展。上述没有包括的重要品质还有：客观性、果断、耐心和韧性。果断是一种丰富的但会造成问题的品质，它需要在调停过程不断变化的阶段中发挥作用，如果它被看作是判决性质的，可能就会与当事人疏远。

某些需要的技能在品质上是相互关联的。某些高水准技能要求有特殊的品质，例如谈判人需要具备上述大多数品质。因此也需要有争端管理的技能。

独立性品质(一种自主工作的能力，不需要反馈或支持，需要保持其中立和独立性)是被所有 ADR 推广者所强调的。这似乎是一种明确的品质，但是不是必须的，是否取决于独立性的性质？人们可能进行独立思考，的确行动也是独立的，但是没有必要对与争端有关的问题上保持独立。专家研究院认为调停人应该是一个“独立的中立第三方人士”，强调调停人应该进行独立的思维和行动，与争端人没有任何联系。在“中立”的问题上，如果从文字上看，似乎意味着评估法不再能够实施，因为中立性表明不能偏袒任何一方。

在选择调停人的时候应该明智地选择独立思维，与争端人没有关联的人士，但是这并不意味着其中就没有偏见了。在某些描述时的偏见实际上是无法避免的。每个人都存在一些偏见，读报纸、看电视和与其他人交谈时都会存在。有时相互矛盾的是人们选择了一个独立的调停人，但是他对解决争端要比一个非独立人士的帮助小得多。尽管如此，接受后者是不太现实的，因为人的本性会假设这会造成违背一方当事人的利益。

现将促进法和评估法要求技能之间的主要差别总结如下。在使用促进法时，谈判技能占主导地位。掌握争端方面涉及的专家知识和技能不是最基础的，可能并不能显示优势。在这个过程中专家知识的价值上存在一些不同的观点。如果在探求解决方法时能够正确地使用这些技能，这将是十分有用的，但是这可能意味着调停人不知不觉地采取了这个立场。在使用评估法时，最基本的是这种知识和技能是存在的，因为不掌握它们，无法进行正确的评估。这些技能很可能既包括法律能力，又包括技术能力。此外果断性也要求能够说服当事人接受根据评估产生的解决办法。

大多数关于调停问题的著者都强调正确选择调停人角色的重要性。选出的人士需要具备这些属性和技能，但是要选好这种人士并非易事。因为要求他们应该是独立的第三方人士，所以他们需要与要求提供服务的人士保持一段距离。这经常意味着潜在的调停人是并不了解争端的人，他们现在仅仅是很小“一部分”。即使考虑项目顾问推荐的人士也需要小心谨慎。

因此发现自己遇到争端，希望通过 ADR 来解决的人士需要与 ADR 机构联系寻求帮助并且为其指定调停人，了解他们为什么这么做的原因并不困难。这些组织保证调停取得成功的责任是重大的。培训十分重要，但是不应该假设任何人通过培训都变成高效的调停人。不具备作为先决条件的属性，多少培训都不能达到要求。最后，最好的调停人应该具备和保持自己的名声。无论他们是否根据要求并且在合理的价格下(有别于仲裁)解决了这些争端，这是另一回事，但是他为争端解决提供了寻找其他途径的广阔前景。

4.6 调停协议

调停协议需要十分明确，以便能够使双方当事人知晓通过调停可以得到什么。JCT 《实践说明》第 28 号的第 3 段规定了一个事项列表，应该都包括在调停协议中，它们包括：

* 明确且准确的争端问题说明；

* 当事人有关他们希望采用调停促进问题解决的声明；

* 调停进行的时间阶段；

* 调停人的姓名和资质；

* 调停应该秘密地且不应该在产生损害的基础上进行，除非当事人另有约定，调停人在后来的诉讼程序中不应被传唤作证；

* 调停人举行会议讨论格式的日期；

* 调停中发生的费用应该如何处理；

* 如果调停解决了某些问题或全部问题，当事人应该签署一份有约束力的协议，阐述解决协议的条款内容。

这个《实践说明》后面还包括了一些有用的协议草案，还有一份调停协议的样本。

4.7 调停程序

不存在固定的调停程序。ADR 组织经常提供一些指南或实务，但是很少制定应该遵守的严格程序。例如前面提到的 CDRG 的指南第 4 条中规定：

“应该采用的程序需要由完全了解当事人愿望的调停人自由确定。”

指南的第 6 条规定：

“通过会议，调停人将帮助当事人达成争端的和解，并且按照他们认为合适的方式进行诉讼程序。”

其中的很多内容都取决于当事人、调停人和将要采用的基本方法。无论如何这种内在的灵活性被看作是调停的基本功能和精髓，现在已经积累了一些很成功的程序实践方法。这方面的内容主要包括：

* 在调停人参与之前，当事人应该提交调停人简要说明，综述争端产生的观点；

* 调停人应该保证当事人双方得到这份说明的副本；

* 当事人应该在对方当事人面前明智地向调停人介绍情况(避免这个过程的过于形式化，否则应该严格遵守，并且也可以考虑其他争端解决方式)；

* 调停人将讨论提交和介绍的案件问题，希望能够剥离一些要点。这可能在双方当事人在场的情况下完成或者是往返于一方当事人之间，通常被形容是“穿梭外交”；

* 调停人将秘密地讨论当事人各自所处地位的优势和劣势，并且使他们重视他们的最佳利益；

* 调停人将秘密地整理解决争端重要问题的思路，并且将它们整理成简要建议书。这些材料可以用于区分任何共同理由；

* 然后调停人可以帮助当事人在联合会议上向对方提出他们的解决问题建议，如果还没有到这个阶段，可以采用私人会议的方式；

* 调停人可以试图弥补当事人之间存在的裂痕；

* 调停人可以根据这些建议起草协议草案，谈判存在的任何问题，实现法律上有强制性、有约束力的解决办法。

在其他一些过程中，如果谈判开始进行，调停人可以提出一些解决办法或建议书，但是这需要取决于当事人需要通过调停达到的目的。真正的促进方式的调停不会涉及到这个过程。

有些赞成调停的人士认为进行初步接触的讨论一般应该单独进行。这种会议被称作核心会议。术语“穿梭外交”用来描述这种会议和调停人的角色。核心会议是适合的，因为调停人可以对各自情况、私人的日程和可能的解决争端状况形成一个明确的观点，各方当事人不必向对方透露自己在解决争端问题上的具体策略。这时还允许调停人指出其弱点。

有些人相信举行秘密会议可以导致某种不安，从而产生不利的解决问题的环境，但是完全开放式的讨论也有其弱点。联合会议使当事人对所说的内容十分谨慎，并且产生一种毫无结果的形势，而不是产生多种结果，可能促使调停工作成功。这种问题涉及到多方面的伦理道德问题，因此实务的基本内容是规范这种疑问。

评估法调停涉及一些不同的程序。然而还是存在一些基本原则，特别是在早期阶段，主要有：

* 在调停人介入之前，当事人应该向调停人提交概括自己对争端问题观点的简要说明；

* 调停人应该保证当事人双方得到这份说明的副本；

* 当事人在对方当事人在场的情况下非正式向调停人介绍案件(应该注意避免这种程序的过分正规化)；

* 调停人应该讨论提交和介绍案件时涉及的问题，试图剥离需要依据评估的要点。这种工作可以在双方当事人在场时完成，也可以分别与当事人进行商讨；

* 调停人将分析争端所处的当事人各自权利的背景，并且对争端进行评估；

* 调停人秘密讨论当事人分别在案件中的强势和弱势，并且劝导当事人接受评估；

* 在当事人不能接受评估的情况下，调停人将谋求分辨解决问题的范围，勾画出建议考虑的轮廓；

* 根据重新进行的评估促使达成协议，劝导甚至通过调停人方面的果断来强迫当事人(Feinberg 的态度是一旦调停人的评估作出，他应该非常果断，也许在寻求解决问题途径时是十分激进的)；

* 调停人应该起草协议草案，促成一个具有法律强制性的有约束力的解决方法。

虽然这两种基本方法在原理上和程序上是有区别的，但是它们在各个方面都是各自的特点。在调停中连续使用它们的情况也很常见，通常是先使用评估法，在这种方法没有解决问题的时候再使用促进法。它们很少根据其他顺序使用，因为当促进调停无法解决问题的时候，这种方法与实行仲裁或诉讼已经很接近了。

无论使用哪种类型的调停，最基本的是当事人应该在具有达成协议权威的人士面前说明情况。最好应该有一个时间表，人们在解决问题中能够牢记这个时间，这是一种很好的争端管理。例如，CDRG 规定调停的时间限度为 5 日。

4.8 调停要点

现在已经有了多种版本的调停指南，下面我们讨论部分版本。最为实用的一个版本是专家研究院的版本，它规定了下列条目：

调停人指定

如果认为研究院是合适的实施调停的实体，应该向研究院简单介绍争端情况，帮助他们选择合适的中立人。在被指定的调停人开始调停工作之前，需要得到当事人的书面承认。最基础的是调停人应该向当事人披露他在争端方面可能涉及到的任何利益或者与任何当事人的关系。研究院强调调停人需要保持他的公正性，避免出现任何影响公正行事的行为，并且知晓任何可能影响公正行事能力的个人因素。

当事人与调停人的会议

在指定调停人之后的两周内，调停人应该安排当事人出席会议。此外他还应该至少在会议前 7 日要求各方当事人为他提供简要的备忘录，阐述争端相关问题和他们对发生问题的立场。调停人应该将这份备忘录传送其他当事人阅读。为了避免调停人陷入大量文件之中，调停人应该控制交换信息的数量。根据研究院的指导，调停人根据与当事人协议可以访问现场，或者检查或寻找法律或其他技术顾问。

会议实施

研究院强调，当事人应该在会议上出示所有他们认为有用的文件和信息。调停人实施的主程序如下：

——他可以合并与当事人的联合和单独会议，只要他认为适当；

——根据情况要求，他可以决定哪一方应该公开表明态度。

根据研究院的指导，这些程序不能使用录音带录音，或者由速记员提供专业记录。当事人可以亲自出席，也可以由律师帮助，或者采取其他为自己辩护和通过律师进行辩护的灵活方式。在没有达成协议的情况下，当事人可以要求调停人提出报告，包含他的关于争端应该如何解决的观点。在 ICE 的 1994 年《调解程序》中对“推荐调解人”也做了内容十分相近的规定。

调停终止

根据某些其他争端解决方案，调停人有权利随时终止调停，只要他相信调停没有成功。同样，参加调停的任何一方当事人都可以撤消调停。根据调停结论，无论是否成功，调停人将退回当事人提交给他的所有文件，销毁他做出的任何说明。

保密

研究院强调调停人在争端解决方法中的私人性质。研究院指出，调停是当事人解决当事人之间争端的一种真诚意图，并且使整个过程不受到伤害。为了保护调停人的地位，调停中说出的、产生的或披露的任何事宜都不得泄露，或者在后来的正式诉讼程序中承认，除非文件原来就属于有法律优先的性质。为了避免调停人被传唤作为后来的诉讼和仲裁的证人等问题，在指南中用黑体字规定如下：

“任何当事人不得传唤调停人作为后来任何法律诉讼程序中的证人，提供在调停中披露的有关事宜的证据。”

免责责任

调停人与法官或仲裁员不同，后者享有任何索赔的豁免权，这些索赔可能是他们对法庭或仲裁作出的判决结果不满意而提出来的，调停人可能(这个问题还没有被提起诉讼)应该对各方当事人负有过失照看的职责，以及根据指定他提供专业服务的合同的契约义务。因此最基本的是调停人应该牢牢记住，应该保证免除他在实施调停过程中可能或可能忽略产生的所有责任。专家研究院的指导中还规定了进一步的免责内容，即研究院对调停行为不负有代理责任。

费用

与其他类似方案相同，当事人应该承担他们自己的费用，并且共同承担调停费用。

特殊说明

虽然这项规定写出来也许没有必要，但是还是应该特别提请所有考虑采用调停方法代替或排除传统的诉讼或仲裁等方法来解决争端的当事人注意。如果当事人的合同已经完全规定好了争端程序，当事人就应该同意修改程序，以便满足 ADR 的要求。研究院提醒也许还需要聘请专门的法律顾问。合同也许规定争端的解决办法应该通过法庭或仲裁来实现。如果如此，会遇到很多问题。首先，采用 ADR 的热情必须不会导致漠视可能涉及 1980 年《时效法》的问题和其他有关的司法问题。在合同是手工签署的情况下，法律诉讼应该在违约发生的 6 年内开始。如果合同是盖印合同，和大多数工程合同一样，时效期限为违约日期开始 12 年。如果索赔人的情况所依据的标准有错误，时效阶段通常为损害发生日期起 6 年，但是如果损害属于隐蔽(潜在)类型，并且一般不能在 6 年的主时效期内被索赔人确定，根据 1986 年《潜在损害法》，在对原有过失提起诉讼程序的时候，还应该再增加 3 年时效，只要它在自诉因原始发生之日起 15 年的截止日期之内。因此，最基本的是提出进行调停的任何当事人应该重视这个问题，因为可能超过时效期限的截止期。一方面是准备进行调停并且没有成功，但是另一方面是进行调停只能造成失败，结果没有时间把索赔通过法庭或仲裁解决了。

4.8.1 特许仲裁员学会

特许仲裁员学会(CIArb)可以提供替代争端解决方法服务，包括调解、调停和监督解决程序(小型审判)。1990 年，学会发布了一系列的资料，介绍这种服务，简要介绍这些争端解决过程。

由于 CIArb 没有更新它的活页资料，我们只能在它当前的地址上看到这些不同的创新方法取得的有限的成功。

4.8.2 CIArb 在调解和调停方面的指南

CIArb 认为调解和调停基本上相同，可以使用一组共同的指导。它们的主要区别是调停人可以推荐解决方法，而调解人不能。其指导主要包括以下事宜：

* 应用指南；
* 开始处置程序；
* 指定调解人或调停人；
* 调解(调停)程序；
* 争端解决方法；
* 处置程序；
* 处置之后的仲裁或诉讼；
* 费用。

处置开始是填写一份 CIArb 提供的一页纸的标准申请表。在这个阶段要求简要介绍争端细节，以便分辨目的，当事人还要指出他们是否需要寻找调解人或调停人。

这个指导规定，处置过程是秘密和私下的。重要的是如果当事人被鼓励披露他们各自的立场，包括他们觉得处于优势和弱势的情况。如果争端在这些处置过程中没有解决，可能后来将被提交仲裁或诉讼，但是与调停或调解有关的任何人士都不应该被传唤或要求就调解或调停中发生事宜作证，除非得到当事人的同意。为了全面保护当事人的立场，如果事件被提交诉讼或仲裁，保密的范围应该扩展到后来不得提及的事宜，包括当事人的观点和陈述，任何有关建议或没有达成的协议草案。在实际中，当事人的立场后来绝对不会相同，因为这些情况将会从多种方式影响他，同时在后来事件的形成过程中也会产生新的立场。

对于 CIArb 来说通常指定独立的调解人或调停人，但是当事人也分别指定 1 名人士，再要求学会指定第三人。虽然当事人会向 CIArb 提出陈述，告诉他什么人应该承担或有资格进行裁判，但是 CIArb 可以作出自己认为合适的指定。处置过程应该在指定之后立即开始并且可以采取适合争端解决的任何形式。调解人或调停人可以规定好要求当事人一起工作的时间范围。处置过程应该在不超过开始过程三个月内解决，除非另有约定，虽然十分明显，如果可能尽早解决事件符合当事人的利益。虽然调解人或调停人有十分大的权威可以决定如何进行工作，但是指导要求还应该考虑下列 5 个方面：

* 案件的情况；
* 当事人的商业关系；
* 当事人的愿望；
* 速度和费用；
* 只使用文件是否充分。

调解人或调停人的权利十分大，包括能够分别会见当事人，要求他们对费用保密。在进行分别会见的时候，为了方便说明问题，如果事前得到许可，一方当事人披露给调解人或调停人的信息只能在后来透露给其他当事人。这种保护旨在保护当事人开诚布公地发表意见，这样调解人或调停人就可以提出涉及争端以及争端自身方面的问题。这些知识可以帮助调解人或调停人寻找出先前发展的途径，虽然有限制不允许将情况向对方提供。然而如果调解人相信这种信息披露可以加快问题的解决，可以寻求达成一个披露信息的协议。

早期解决任何协议是客观的，因此鼓励当事人随时寻求解决方法，提出自己的建议。调解人或调停人可以在任何阶段上提出初步观点。自“正式听证、现场访问、调解人或调停人接到法律专家意见”之后3周内，调解人应该提出建议。比较起来，调停人可以编写建议书，但是不需要这么做。在建议书提供出来时，当事人可以进行评论，调解人或调停人可以随之修改建议书。当达成解决方案时，应该起草解决协议，使之产生契约效果，并且在法律上有约束力。由什么人来负责起草协议并不重要，只要有法律上的约束力即可，并且绝不会改变解决方案的形式。

因为根据方案调解或调停的裁判是自愿的行为，在有约束力的解决方案达成之前，任何一方当事人都可以在任何时间内提出退出调解或调停。如果争端事件被提交诉讼或仲裁，当事人同样也可以撤消调解或调停。这种行为可能威胁但是不会影响调解或调停，因此处置过程根据方案将会停止。如果调解似乎只能满足争端的单方面，一方当事人可以不考虑这种情况，在处置过程结束之前将这些事件提交诉讼或仲裁。这样做可能使处置过程过早结束。如果调解人或调停人认为没有必要继续进行，处置过程也可以结束。

调解或调停过程的费用应该由当事人双方分担，程序第8条规定了哪些开始项目可以包括在费用里面。此外根据费用保密命令的规定，调解人或调停人可以命令将费用存入银行，在完全按照命令执行之前，调解人或调停人可以暂停或终止进行过程。怎样才能保证费用的达到满意的安全程度，这取决于调解人或调停人的理解。如果费用被扣留，程序中没有提到费用应该存放在何处以及是否产生存款利息的问题。

4.9 调停过程

在正式调停会议开始之前，应该注意当事人的就坐安排。如果反对方没有就坐，这种方式给人们一种感觉，好像具体某一当事人处于优势。不同当事人的代表在公开会议中与调停人的距离理想地应该相等，这样通过目光可以接触到任何必要的人士。为此，最好避免使用圆桌。根据当事人的数量，或者采用矩形或者H型的排列最好。这两种方式都可以保证当事人的代表与调停人距离相等，他可以与两边的人士进行对话，或者听取他们的观点，又不干扰其他人。

一旦调停人在第一次调停会议中取得了当事人的信任，他便可以公开进行说明，告诉当事人他所期望达到的目标。一名优秀的调停人应该能够让当事人放心，不偏袒任何人，并且鼓励当事人思考问题，而不是强调自我。他应该正视调停是没有约束力的争端解决方法，即对当事人不强加解决方法。如果当事人已经提前向他提交了书面立场报告，他应该告诉他们，他已经阅读了这些文件，并且将尽力保证采取合作的谈判策略，而不是操之过急的或虚张声势的方式。接着他可以要求各方对自己的观点作简要陈述，一般不超过10~15分钟。

如果立场报告提前交给调停人，他们应该越短越好，如果隔行打印，也许不应该超过20个A4篇幅。虽然立场报告的具体格式主要取决于争端的性质(或者不需要聚集在一起)，它们也许应该包括以下内容：

* 介绍性说明和积极的意向，这是客户希望找到解决方法的意向；

* 按照客户的观点、案件事实的基本情况，但是，还应该注明具体事实中存在的相同或不同意见；

* 责任和数量的分析。

立场报告应该认真细致地准备，以便能够正中要害，包括适当数量信息(不应该是一份“面面俱到”的文件)，把握好事实性和技术性内容的程度。里面最好包括一些流程图、图表、照片和计划等。

后来的口头陈述应该尽可能做到中立，阐述清楚问题并引起当事人各方对这些说明和结论的注意。这种陈述应该在正式调停会议之前就已经准备好，并且经过律师和客户讨论，特别是如果客户代表在争端中具有充分的权利、经验和公正性，他可以作为独立评论家。

涉及到准备和编写口头陈述的资料必须真实可靠。虽然诉讼人可能以对自己最为有利的方式陈述案情，强调优势，忽略劣势，这在对抗型体系中是合法的，但是如果在调停的私人的秘密会议中，这是不能接受的。和立场报告一样，口头呈送应该避免具体的解决数据，不应该强调怎样将导致最终结局，并且应该避免过分激烈的言辞。不应该在任何调停会议中一开始就这么说，“只有5千英镑才能解决问题，少一个便士也不行”。另一方当事人可能提出了所有可能的理由，说明为什么不应该是5千英镑，而不考虑前面当事人说明的案件的事实。

调停人在控制调停会议中必须始终了解所有情况，知道当事人不希望被哄骗或引诱达到某种解决方法，并且调停不应该是简单的“互相让步”。应该最终达到“双赢”的解决目的。案件说明的方法是灵活的。对于当事人来说依据可以收集到的所有说明资料都是合法的，包括视觉材料，例如当事人认为可以使用的强调重要文件和专家报告要点的照片、现场日志、现场代表记录、计划、规范、投影幻灯片，还有流程图等，如果案件涉及到缺陷工程，还包括提取的岩心和从现场清除的其他材料等。如果索赔涉及到延误和中断以及关键线路分析，还可以提交计算机图表或者简单的总图。任何现场发生的报告都可以制作成录像带。

对于调停成功没有确定具体的期限。调停是一种过程，试图满足当事人的个人需求，同时减少他们坚持的不正确立场因素。应该从那些微小的缝隙中找出、确认和分辨出共同理由和共享价值。如果这种行为是积极的，可以立即缩小争端面积，为各方当事人提供一种感觉，认为这个过程是有益的，因为他们认识到共同的理由。有些人建议为了提高效益，有必要参考行业中的某些惯例和做法。

下面是两个实例介绍了调停工作如何进行和分辨出隐藏的解决方法。

X夫妇和Y夫妇为相连的物业的所有人。两物业边缘有大片的灌木隔墙分割物业的界限。X夫妇外出度假，在他们返回时发现Y夫妇已经把灌木隔墙移走，并且建造了围墙。X 夫妇要求 Y 夫妇拆除围墙，但是遭到拒绝。X 夫妇聘请了律师，律师在开始诉讼之前致函通知 Y 夫妇，如果 7 日内围墙不移到实际边界线上，将向郡法院提起法律诉讼。围墙没有改动，诉讼开始。在此需要确定赔偿金和(或)禁止令和声明。因为诉讼将可能需要 6 年时间，所以建议寻求调停。在调停过程中，调停人询问 X 夫妇，他们希望得到什么。X 夫人认为这十分明显，他们希望得到道歉！调停人满意地在 30 分钟内解决了这个问题。

下面的实例中具体的当事人需要分辨出潜在的目的。

屋顶工人掉落到建筑物天井中，因而受了重伤。对于被告律师或保险人来说在责任确定方面不存在问题。争论的问题集中在损害数量上。原告争辩他提出 20 万英镑来修理房屋，才能满足他的要求，保险公司不同意超过 10 万英镑的赔偿。他们没有选择法律诉讼程序，而是使用调停，在这个期间他们透露由于保险单的原因，保险商不可能根据这个具体理赔项目支付 20 万英镑。然而保险商愿意提供原告另外的 10 万英镑，根据是理赔已经涉及到其他项目上面，因此损失存在。

4.10 适合进行调停的争端类型

调停已经被用来解决各种不同的活动产生的争端。最初，被推广用来解决劳工争端，后来已经用来解决社区和邻里之间的争端、公共政策方面的事件、社会纠纷、家庭事件和健康保健以及商业争端。建筑业中使用调停是近些时期的事情。

主张进行调停的主要目的是它与仲裁或诉讼相比较可以节省资金。Louis Selig[10]认为通过对过去的结果分析可以看出在调停上面每花费 1 美元，将可以节省 10 美元。Quick[11]把通过 ADR 解决的一些索赔进行了比较，并且认为仲裁和诉讼的高额费用已经在很大程度地鼓励 ADR 的发展。他还引用了澳大利亚建筑承包商联合会的一份报告[12]，他们提供了一些 ADR 节省费用以及成功率高的信息，但是问题是调停结果的可靠性，有些人认为因为这些经验证明是很难得到保护的。在通过 ADR 解决索赔问题上，尽管明显地存在一些保守思想，能够由争端人准备好进行 ADR 也并不奇怪。但是这种方法在所有行业，特别是建筑业中是否同样适用，仍然存在疑问。

在争端和纠纷发生的方面和在没有明确的框架或参考基准的情况下，有时是可以采用调停。例如，在劳工关系和家庭事件方面。大多数情况下双方当事人都有自己可以接受对方要求的准备，虽然没有必要完全根据任何预先存在的协议。促进法经常可以提供让当事人根据自己的愿望找出共同点。

产生于合同的商业争端是完全不同的，这种类型的争端在建筑业中占主导地位。它无法很好地使用促进法解决这种争端，因为经常其中存在一个合同，规定了各自的权利和义务，其他人可以指出这些规定。采用流行的合伙法，法律费用很高并且如果面对失败，其他人需要为每个人付款，这时也可以考虑使用 ADR。因此如果合同协议存在，为什么不使用它来解决争端？如果人们无法承受仲裁和(或)诉讼的费用，评估调停法似乎可以作为一条出路。这种想法是建议人们可以考虑谈判产生一个新协议，而不是根据已经达成的权利解决问题。怀疑派可能认为当事人在签署合同时很少了解他们已经达成哪些协议，后来最好通过谈判了解针对已经清楚的相关事实，合同可能起到什么作用。换言之，谈判应该发生在事件之后。但是如果合同存在，并且风险共担，已经定价，如果不使用合同规定的权利，而是进行调停，似乎不是很好。ADR 存在的惟一原因是因为确定和约束这些权利的体制对费用和时间的条款并不是十分有效。

建筑业的争端十分适合采用调停评估法。促进法调停的吸引力比较小。仲裁和诉讼在某些情况下仍然保持着优势，并且如果这些过程仍然属于主流，人们仍然需要提出很多要求，包括要求决定有约束力并且工作程序是在具体规则下面进行的内在利益。有些作者[13]相信 ADR 完全适合工程合同，因为必须按时按预算完成工程，这是一种挑战性的工作。

但是调停是否适合建筑业的所有争端？这个问题很难回答。例如，如果直接介入项目的人士可以找到变通的方法，调停是否适合进行？“这里不存在问题，工程师和承包商之间的达成的某些变通方法可以且需要促进项目平稳进行”[14]。

你是否试过使用非正式方法解决争端？你是否试过避免争端发生？这是否意味着只要考虑最佳长期利益，开发商的(客户的)合同地位将做出某些让步？在实际中，或者避免争端，或者采取争端解决方法，可以要求也可以不要求开发商做出让步。如果采取了争端解决方法，应该优先选择使用更为“正规”的调停方法之一进行裁判。如果可能，所有争端都应该在开发商代理人和承包商之间得到解决。应该避免发生让步，从诚信的观点看，这种方式的优点是没有得到提交方当事人授权就不应该存在让步。如果代理人希望采用这种方法解决主要问题，他们可以考虑使用谈判的方法作为非正式的调停技术。

因为他们会折中代表们的整体利益，或者因为这样做会产生误导，甚至是一种欺诈，所以不能采用这种方法解决的争端属于可能需要采用“正式”调解进行解决的类型。他们是否需要这么做，主要取决于争端的类型。CDRG 指出：

“……调停服务将可以适用于不太复杂的建筑项目上，它们的争端主要涉及施工质量和材料问题以及价格变更问题等。如果出现重大的结构或建筑设备使用等问题，最好采用争端顾问程序，或者在非常大的项目上，采用争端审查委员会。”[15]

争端顾问最初不是调停人，虽然其作用可能近似。争端审查委员会不是一种调停类型，并且如果争端无法解决，仍然可以进行调停。使用争端顾问和争端审查委员会可以说是一种对合同问题提供中立监督人的尝试；建筑师和工程师的常规角色常常十分明显，特别是对于承包商来说，可能存在偏见，并且他们不是独立的。CDRG 认为所有争端都可以通过调停解决，但是需要有一种干预的过程。

Naughton 建议，几乎所有的争端都可以采用调停来解决：

“我对那些看上去实际没有希望解决的争端，通过调停达到的效果印象十分深刻。我还对某些类型的争端已经通过调停得到解决的印象也很深刻。不仅仅是那些涉及数百万计金额，而且还有那些错综复杂的争端，例如石棉的使用和其他有关索赔等……，这些都涉及到或者至少需要处理超过 10 项索赔。”[16]

这些做法并不是专门针对工程的，但是对于调停可以处理争端的范围和复杂性问题可以给人们一种印象。然而有一种观点认为[17]调停不但适合解决小型争端，而且也适合问题较大的争端，这些争端在法律方面的立场十分单纯、无法确定或者不相干。如果争端主要涉及一些实际问题或者经济问题，采用调停的方法最容易解决，这时当事人十分诚心诚意地希望解决争端[18]。如果争端涉及一些先例，可能不太容易取得成功。在遇到这种形式的争端时，早期的法律建议是没有任何价值的。

Latham 指出，调停并不完全适合很多现场发生的争端，因为他们希望能够尽快解决。这就默示调停不能快速解决问题，但是很多赞成调停的人士并不这么认为。

在调停最适合解决哪些争端问题上的观点存在着分歧。调停可以潜在解决几乎所有争端，只要当事人愿意采用。然而仍然存在某些争端不太适合通过调停解决，例如独立顾问签署的付款金额被不合理扣留，或者明显的和蓄意的违约行为，或者纯粹的法律问题等，包括对合同条款的解释等。不能完全排除调停的方法，因为虽然一方当事人可能遇到无法回答的境地，但是他们也许因为其他原因并不希望通过仲裁或诉讼解决争端。

调停方法的使用和成功或者更多的其他情况不是依靠当事人的决断，而是取决于争端的性质。有些评论家[19]认为大多数成功的案例都是属于当事人自己提出建议的解决方法。所以一定应该牢记必须要有一种解决方法可以达成，并且当事人决不能在争端问题上固执己见。所以一定要鼓励解决争端的行为。

4.11 调停不起作用的情况

调停不能起到作用的情况包括下列一些争端：

* 争端更多地集中在法律问题上，而不是事实，并且确立的先例更有利于一方当事人，不利于对方。在这种情况下，诉讼包括根据 RSC 命令 14 号(CPR 第 24 部分)的即决审判更适宜。

* 一方当事人尽可能地拖延争端的解决。如果争端涉及到合同，当事人必须记住时效期限。根据简单合同，时效期限为自合同违约发生日期起 6 年有效。如果使用的是盖印合同，时效期限为 12 年。如果时效期限已经超过，再进行调停也不会有任何优势，除非仍然在时效期内。

* 任何一方当事人或者双方当事人没有做到诚信，也不能过分夸大或信赖调停人，并且不可能实现真正的争端解决。当然没有哪个当事人愿意主动承认现实，因此他们总是看到对方问题。因为过分强调争端的存在，所以会产生这种感觉，如果这种感觉占上风，调停很少能够取得成功。

* 一方当事人相信诉讼可以完全证实他们的立场。当事人的这种自行其是的行为可能使得他们更加信赖这种想法，所以应该寻求关于法律立场的独立顾问。

* 当事人之间存在的不平等的交易立场。这可能但是不一定会产生他们各自的立场。一个小的分包商可能会与大的总承包商调停争端，例如如果在调停时分包商可以依靠一种十分可靠的立场，而且总承包商在其他项目上对此十分重视，各自的商业利益可以促成立场接近，即使在建立长期合作关系的情况下，分歧也会产生，也需要解决方法，但是交易关系的不平等性会退居次位，因为他们希望保持这种工作关系。

* 一方当事人的立场会完全受到组织中某些个人(他可能担任项目的某个职位)的影响，他可能犯了错误，并且不愿意承认这个错误，他可能错误地行使自己在组织中的权利，从而不适当地进行了诉讼。

* 一方或其他当事人一直有一种习惯，延误或不愿付款。

* 一方当事人缺少资源或资金根据具体合同面对自己的责任，但是又没有充分的理由公开这个问题，他们愿意通过诉讼来隐藏自己的弱点。

* 在公共机构的情况下，一方当事人正在面对严格的审计人员，或者如果一个有保险背景的客户，他们需要符合职业赔偿保险商的要求。这种情况经常会发生，在没有实现完全通过谈判解决问题的情况下，公共审计人员和保险商需要使用诉讼方法。调停仅仅是一种精明的讨价还价方法，而公共审计人员和保险商是要求确立权利和义务(确定对错的简单方法)，并且不应该是一种商业交易。换言之，解决方法应该是一种有根据的权利，而不是有根据的利益。然而这些人选择忘却的是对于大多数争端，即使是通过诉讼，是在一种受到伤害的交易的情况下最终产生结果的，它们经常并不适合，而且没有体现任何事先确立的合同权利和义务。在保险商经常需要保护自己的情况下，现在保险商的态度是需要进行彻底的修改，以便能够在英国促使抓住 ADR 发展的契机。由于过去的一些证据建议，使得保险商现在更积极地对待调停。

* 争端属于有希望引用先例的性质，例如有关人身伤害方面的集体诉讼或者对于公共或行政法律问题需要通过裁决评价方法的时候。

* 披露保密信息，只要不会产生伤害；在 ADR 失败的情况下使得当事人在后来的诉讼或仲裁程序以及遇到法律专业方面的复杂问题中处于劣势地位。

上述所列涉及到某些问题，这说明调停并不是最佳选择，的确会遇到挫折。无论如何，存在一种或多种情况并不一定就说明调停不再可以使用，而是再选择一种方式之前，应该认真进行思考，没有协议就不可能有约束力的结果。

4.12 调停的优缺点

调停举出的大多数优点可以归纳为以下方面：

* 费用(不一定是非基本的)会适当地低于其他争端解决方法，但是不一定低于通过郡法院仲裁的非常小型的争端费用，甚至还有一些“快速”程序；

* 比仲裁和诉讼速度更快；

* 更少的对抗；

* 避免使用法律语言；

* 免除法律程序的限制；

* 保证当事人实际介入事件，因此对结果的满意程度更高；

* 改善继续的商业关系；

* 保密性。

调停的缺点是：

* 披露当事人可能的初审立场(和他们的弱点)可能会使得调停失败；

* 平等的解决方法取决于彻底了解情况，因此妨碍了早期的调停和节省费用；

* 解决方法不具备约束性质；

* 可能被作为拖延策略的手段；

* 快速解决可能更加倾向于错误和不公正；

* 在任何后来法律诉讼中应该优先披露的不确定性；

* 交易地位和代表方面的不平等性，例如个人诉讼人和有钱的保险商指定的律师等。

上面列举的优缺点并不是绝对的，因为很多争端因素可能不完全相同，因此优缺点的程度也会不同。这里还应该考虑到某些因素。

4.12.1 费用节省

使用调停方法可以节省多少费用仅仅是一种推断。然而采取调停越早，使用 ADR 提高效率的机会就更高。为了进行结果比较，人们不可能反复使用不同方法解决一个争端。此外争端解决过程(包括关键人士)的整体费用都需要考虑进来，不能仅仅计算解决费用，这只是总费用的一部分。拖延解决的机会费用也需要确定。调停涉及到重要人士的时间比诉讼短，但是很少引起重视，当然不能保证这样就可以节省费用。调停只能作为诉讼或仲裁的前端做法，每个过程对于索赔人来说都会尽量避免。因此有些调停的费用可能变成后来使用方法中的额外费用，因为他们增加了额外一层争端解决方法。

4.12.2 速度更快

调停经常可以快速解决问题，但是并不是一定可以比仲裁或诉讼要快，特别是如果采用“单纯文件”形式的仲裁，或者在法庭上采用短小法律要点方式。因此时间和费用情况一样，一定不能保证可以节省时间。在Woolf改革之前，虽然在诉讼过程中一直存在着固有的延误因素，但是这种问题有时也被过分夸张。的确也可以证明这种情况是有益的，而不是一个问题。其潜在的利益包括筹措资金、反省时间、谈判和调停等。

调停与裁决比较似乎没有什么时间方面的优势，如果存在。也有可能与有些仲裁相比调停有很少的时间优势，其中前者根据1996年《仲裁法》，涉及使用短小命令点，例如第39条规定的情况等。还应该记住调停可能被作为拖延进行仲裁和诉讼程序的一种战术。

4.12.3 较少的对抗

不属于法律方式的调停允许参与者不采取仲裁和诉讼内在的对抗程序。在仲裁和诉讼过程中，各方都在进行辩护，而不是考虑其他方面的观点，谋求解决方法。应该强调的是它是根据正规化的程序和使用法律语言。当使用调停方法时可以免除这种方式，参与者可以设计一种程序，以便满足他们的要求，并且使用日常用语。

1996年《仲裁法》在克服仲裁中存在的这种问题方面前进了一大步，它提供了一个工作框架可以在确定这个过程中表现出更大的灵活性。至于诉讼问题，法官Denning曾经讲过，这是一场战争。战争是要打败对方的，这里面将有一个胜方和一个败方，也有可能是两败俱伤。

Fisher、Ury 和 Patton[20]并不完全同意这种观点，因为他们相信法官写判决书并不仅仅是关于胜方和败方的问题，而是在解释这个判决为什么和如何作出的。然而这也许是给大多数诉讼下的一个学院式的结论。但是调停不是对抗式的，更多的是一种劝诱和谈判。似乎是让双方当事人感到他们都是胜者。

4.12.4 当事人始终介入调停

因为调停过程是为参与者设计的，所以他们没有被他们无法控制的过分正规的一些设置所限制，或者这时律师和专家参与并且进行表演(通常在当事人的默许下)。调停是当事人自身参与，集中寻找解决方法的过程(也许感到一些不舒适)。这样可以实现对解决办法的高度满意，超出了一种强加给他的判决，同时当事人可能继续保持一种商业关系。当然情况并不总是如此，因为任何争端最初都会削弱商业关系，但是有合同的约束，坚持进行对话也可以改善这种机会。

4.12.5 保密和特权

调停和仲裁一样是一种私下方式，其后果争端的细节不会被广泛传播。这对存在商业利益需要得到保护的争端(例如软件争端等)是有利的，但是争端人并不一定总是希望进行保密。有些情况通过公开的积极活动可能造成一种形象，小机构受到大型组织的压迫。但是调停和仲裁不会总是可以保密的，无论如何因为当事人可能为了保证公开性，需要传递信息。甚至在使用了保密条款的情况下，仍然可能出现泄密，很难做到保密。直到法庭或司法提供一种确定答复之前，不可能绝对地认为调停程序可以得到特权的保护，虽然公开政策是这么规定的。如果这种程序没有特权，这可能意味着当事人受到禁止或者有些披露可能最终伤害一方当事人。

4.12.6 披露

一方当事人可能使用调停作为一种策略，以确定了解其他当事人的可能情况，虽然对于大多数争端其费用问题通常与这种虚假使用调停的做法有矛盾。尽管在鼓励使用调停，信息披露仍然不可能成为一种问题，特别是法庭长期以来一直鼓励早期交换专家报告，并且后来 Woolf 也要求更多地信赖这种诉讼前的披露。

4.12.7 衡平能力和公平性

如果认为速度是解决争端的关键，那么就不必追求挖掘所有文件，法庭也有可能因为 CPR 中提到的这种隐藏披露而出现偏差。调停人不但需要根据案件的特点试图找出一种解决方案，还应该让这种方法被当事人接受。公平的实现无须进行彻底的辩论，也就无法实现公正性。然而人们必须直到只有双方的所有情况都被提出来之后，才能够找到办法。换言之，如此找出的解决方法可能只能被看作是一种便利，而不是公平。

4.12.8 调停本质上缺乏约束力

因为调停是自愿的，所以没有约束力，除非把解决方法变成法律文件。当你发现把时间都花费在使用评估调停法达成一种建议的时候，可能会认为有约束性的裁决或有约束性的专家确定更好。

4.13 调解方案

20 世纪 90 年代发展的十分有创造性的争端解决方法之一是调解得到土木工程师学会的理解，并且被纳入到他们编写的标准合同文本中。因为缺少这方面的兴趣，所以它的使用十分稀少，ICE 也不再培训调解人。

现在仍然使用的一些调解程序有下面一些，我们简要介绍其中的一些重要问题。

4.13.1 ICE 调解程序

ICE 的调解程序首先是在 1988 年 ICE 小型工程合同条件中出现，现在它使用的是 1994 年修订版，被包括在 ICE 合同条件第 6 版、ICE 设计与施工合同条件和 ICE 小型工程合同条件中。其详细程序参阅第 12 章。

4.13.2 ICC 调解原则

ICE 调解程序的精髓有很多都与 ICE 调解原则相同[21]，特别是在国际工程争端方面。这些原则规定得十分简练，没有那种多余的语言。它的前言认为：“解决办法就是一种解决国际性质的商业争端理想的方法。”

争端解决办法是通过国际商会(第 1 条)指定的 1 名调解人作出的。要求进行调解的当事人可以向国际仲裁法院秘书处提出申请，“简要阐述请求的目的同时附上审阅文件需要的费用”。与 ICE 调解程序相同，其目的是提供一种便利的解决方法，虽然根据第 3 条，当事人同意调解争端的请求应该在 15 日内通知秘书处，无论他们是否同意调解方法。如果他们同意，国际仲裁法院的秘书长将指定 1 名调解人，并将通知当事人他的指定，同时规定当事人陈述案情的时间范围。虽然第 5 条允许每个当事人都可以得到律师的援助，如果他们愿意，但这个过程超过了裁决。然而调解过程里面的指导原则规定调解人是这些程序的主管，只要他是公平、衡平和公正地行使这些原则。

以下 3 种方式标志着调解结束：

(1)当事人签署了被认为是最终的且有约束力的解决协议并且为其保密，除非它们的实施或使用要求进行披露；

(2)调解人提出一份报告指出调解失败；

(3)当事人之一在调解程序的某个阶段上通知调解人他们不再希望进行下去。

根据第 9 条，当事人有责任平摊调解费，其金额由国际仲裁法院秘书处确定。如果后来存放在秘书处的费用明显地不够，秘书处可以提出修改。当事人随之得到通知，要求额外支付同等的费用。当事人同样应该对调解费用负责，除非他们同意其他一些分配规定。

第 10 条涉及了调停仲裁的潜在问题。除非当事人同意，否则原先的调解人不能担任后来的任何形式的涉及当事人的仲裁或诉讼活动。此外根据 ICE 调解程序，当事人不同意传唤调解人在后来的诉讼或其他程序中作为证人。第 11 条规定了一些保护措施，因此法官或仲裁员在后来的任何程序中不能因为调解失败造成的任何事件而受到歧视。这些保护包括：

* 当事人为解决争端以前表述的任何观点或建议应该看作是无过失的；
* 向调解人提出的建议不应该在后来的诉讼或仲裁中被引用；
* 后来的诉讼或仲裁中不应该参考这种事实，一方当事人指出他们已经准备接受调解人提出的解决方法建议。

4.13.3 UNCITRAL 调解原则

另一个适合使用的调解体系是由联合国国际贸易法委员会(UNCITRAL)制订的调解原则。这个原则包括 20 条。原则适用(第 1 条)当事人同意的任何争端，它们都可以根据 UNCITRAL 调解原则进行调解，当然只要其原则在具体裁决中不会与适用法律有矛盾。根据程序第 2 条开始调解。请求进行调解的当事人应该向对方当事人发出一份调解书面要求，简要说明争端事件。如果在 30 日内没有接到回答(第 2.4 条)可以作为拒绝邀请调解处理。原来提出调解建议的当事人随后可以选择通知其他当事人请求调解已经撤消。

第 3 条规定应该有 1 名调解人，虽然如果当事人同意最多可以有 3 名调解人。调解人或多名调解人的指定的相关规定在第 4 条。如果只有 1 名调解人，当事人需要同意这个指定。如果有 2 名调解人，各方当事人可以指定自己的调解人。如果有 3 名调解人，除了各方分别指定 1 名调解人之外，双方当事人将同意指定的第 3 名调解人。第 4.2 条规定了由一个指定机构指定调解人或多名调解人的可能性。

第 5 条规定应该向调解人提交书面说明，其副本送其他当事人。根据第 5.2 条的规定，调解人可以要求提供进一步的副本，以便澄清具体问题，同时包括适当披露当事人用以支持自己立场的相关文件。

调解人的角色在第 7 条中规定；在这个条款中特别强调调解人作为

一个独立的中立人士在这里应该促使当事人达成协议。在处理事件时，他可以采取十分灵活的方式(第 7.3 条)，而第 7.4 条也允许他作为干预者，在这个程序的任何阶段上提出争端解决方法的建议。第 9 条再次强调调解原则的灵活性，可以让调解人举行会议或者与当事人通信，当然还可以通过电话交谈。调解过程中提交给调解人的信息应该保密，除非提供信息的当事人放弃保密条件(第 12 条)。

如果当事人达成解决方法条件，第 13 条包括了将这些条件变成书面格式的程序。这时调解人可以有创新。只要他相信存在可能的解决方法条件，他就可以向当事人提交这些条件以便商讨，结果还可以修改可能解决方法的条款。第 13.2 条规定，任何解决方法都应该以书面格式提供，无论是否通过调解人的帮助。最终调解协议标志着争端的结束(第 13.3 条)。解决协议在当事人之间存在着约束性，只要他们签署的文件完全属于法律文件。鉴于在具体国家中的裁决情况，也可以通过法院强制执行。第 15 条允许在下列 4 种情况下终止调解程序：

(1)签署了解决协议；

(2)十分明显调解过程已经失败且无法修改；

(3)当事人向调解人提交书面声明，认为调解程序已经终止；

(4)如果当事人之一对调解人确认，调解已经终止。

在调解阶段过程中，调解原则的使用造成提起仲裁或诉讼权利的暂停(第 16 条)。

如果使用其他调解方案，根据第 17.1 条的规定其费用对于当事人来说应该是联合的，并且当事人存在一些责任(第 17.2 条)，除非通过解决协议进行了修改。第 18 条规定由调解人保存费用，以保护他的进一步开支。其他类型调解方案允许达成协议的调解人在后来的程序中作为仲裁员，调解原则的第 19 条不同的是，它规定调解人不能在后来的程序中担任角色，无论是仲裁员还是法律代表或证人。进而在与 ICC 调解原则规定类似的条款中，第 20 条明确规定，任何建议、信息等在调解过程中公开的文件在后来的诉讼或仲裁中都不能得到承认。

第5章 裁决与专家决定

人们会经常用到裁决或专家决定，无论是在1999年4月26日之后的法庭程序中，这时Woolf改革已经实施，或者在未来仍然采用审判员方式的仲裁中，因为1996年《仲裁法》已经融入法律案例之中，JCT第18号修订和JCT98也规定了争端解决中的诉讼方法。争端经常涉及到很深的技术问题，而不是法律问题，并且需要一些经过严格法律训练的人士去处理和解决这些技术问题。下面的文章摘要[1]反映了行业人士对这个问题的看法：

"遗憾的是作为法庭诉讼的最后的工作还是去解决一项纯技术争端。在此是要确定Ness铁路高架桥在1989年为什么倒塌，下游的破坏是否是倒塌的直接结果。苏格兰法庭已经裁定，业主British Rail公司在两个法庭上一直抱怨，直到法官Clyde接手处理，对BR和Inverness Harbour Trust(提出索赔损失费用的公司)传唤的土木工程师专家提出的冲刷问题进行了一个月的复杂的、矛盾的并且有时还是多义性问题的辩论。

法官Clyde对冲刷破坏和横流冲击情况的分析是可以相信的，即使他已经完全拒绝了损失方有资格工程师的证据，并且增加了一个免责条款，可以根据概率而不是科学确定进行裁定。

但是作为港口工程师后来认为，应该找到一个更好的方法。有些技术性质的仲裁方法可以作为法庭辩论的替代。"

也许裁决和(或)专家决定可以提供答案，保证当事人不会花冤枉钱。

5.1 裁决

因为每个专业承包商都知道，现金流量是维持这个行业的生命血液。并且为此在1996年《住宅许可、建设和重建法》(HGCRA)实施之前，在分包标准合同文本，例如DOM/1等(第24条)(第10章将进一步讨论)和DOM/2中都规定了裁决的内容。分包商们不是通过法庭的建议就可以让一位有经验的中立人士对总承包商的扣款进行快速的审查，并且作出迅速的且低费用的判决。在Micheal Latham爵士对建筑业的评论中[2]，特别赞同采用裁决方式，即使他没有对此下定义。Latham希望能够看到裁决的作用可以从狭窄的范围中得到扩大，这在他的评价中已经广泛认识到。在新工程合同第2版(Latham极力推荐)的核心条款第90到93条中已经扩大了裁决可以使用的范围。Latham在他的评论的第9.14段中提出了5点建议：

“1. 不应该限制提交裁决人、调解人或调停人裁判问题的范围，无论是在总包合同文件还是分包合同文件中。

2. 裁决人的判决应该立即实施。如果双方当事人同意或者如果裁决人这样指示可以允许使用资金保管者。

3. 任何通过仲裁或法院的上诉都应该在实际竣工之后进行，同时不得允许拖延实施判决，除非法庭认为出现紧急且例外情况，或者发生在第4条中描述的情况。

4. 如果一方当事人拒绝实施裁决人的判决，应该立即诉诸法庭。在这种情况下，法庭可能希望支持裁决体系，同意进行阶段付款的快速程序。

5. 对于裁决人的培训程序应该进行修改。根据建议的实施论坛的支持起草相关规范。”

这个建议书的正式文本反应在环境部的咨询文件“公平的工程合同”[3]，后来成为1996年HGCRA法的一部分内容。在这个法律之前的一次环境部的新闻发布中[4]，政界赞同裁决的愿望反应如下：

“裁决

对任何当事人在法庭诉讼中都应该有一项司法权利，以便谋求独立的裁决。在发生争端的情况下，裁决可以是一种权利，而不是一种需求。有关它的条款和范围应该与仲裁议案规定紧密相连的，除非某些规定进行了修改或者增加了附录，以便对争端解决进行‘快速跟踪’来满足建筑业的特殊需要。”

这个摘要表现出对一种强制性规定的愿望，但是如果争端一旦发生，对于使用裁决是没有强制性的。

根据建筑业委员会的规定[5]：

“裁决是一种快速确定的方法……这意味着是一种粗略裁判的方法，可以快速作出决定，防止争端进一步加剧且延误工程。只要它的快速确定的性质得到承认和尊重，就应该被看作是一种有价值的过程。

遗憾的是，政府似乎并不愿意或不能理解裁决的含义。在起草本方案建议书时，裁决被看作是几乎和仲裁近似。”

1996 年 HGCRA 法在 1996 年 7 月得到皇室批准，虽然在 1998 年 5 月 1 日它才能够成为正式法律。在其中的规定中，有一些涉及付款权利的问题，第 108 条对施工合同中的广泛问题作出强制性裁决的规定，涉及第 104 和 105 条有关内容。在没有适用程序的情况下，根据这个法律，当事人应该受到工程合同法规方案的制约，我们将在第 9 章中进行讨论。

具体裁决条款的实际应用已经遇到了问题。首先，过去很多总承包商已经在分包合同文件中删除了所有有关裁决的内容。其次，已经出现了很多处理裁决的案例，其中很多对专业承包商来说是没有帮助的。

除了裁决遇到的法律问题，以及需要解释和实施具体的专家决定或裁决的规定以外，Latham 在他的报告“构建团队”[6]中并没有对这些实际问题得出满意的答案。这些问题包括：

* 裁决是否可以成为工程合同中在建筑工程实际或实质性竣工之前的专门补偿？

* 裁决是否对当事人来说能够成为最终的和有约束性的解决方法，直到实际或实质性竣工，并且只有后来通过法庭或仲裁才可以复审？

* 谁应该对裁决付款？裁决人是否成为项目开支或者只能在实际需要实施时才能进行补偿？

* 裁决人应该如何掌握信息？裁决人(如果合同开始实施时已经指定)是否应该得到所有项目文件的副本，包括“有关合同的”来往信件或者简单的阶段进度会议记录？

* 裁决人是否应该在当时就阅读提供给他的信息，或者直到在争端发生时才去阅读？

* 裁决人的法律责任是什么？

* 裁决人对于一些复杂的而且后来可能被证明存在错误的问题是否应该立即作出快速决定？

当然 HGCRA 法的有关内容对上述疑问作出回答，无论是明示或忽略。

客户对诉讼和仲裁，这种传统的以律师为主的争端解决方法提出了批评。这些方法占用的时间太长，费用太高。法官 Woolf 可能希望改变所有这些问题，但是律师、客户和所有通过“旧”体制得到利益的人士是否都准备进行这种改革？本章开始部分引用的《新土木工程师》中的内容也表明建筑业如此不能相信律师(的确就是他们)是解决他们经常遇到的技术问题争端的合适人群。很多现场情况都要求进行技术评价；对图纸和规范的解释或者工艺的审查都十分重要，它们不需要使用法律。不能简单地把这些问题放到实际或实质性竣工阶段解决，这时他们可能忽略了这些小问题，但是会发展成为严重事件，很多工程专业人士都认为更好的项目管理要求有 1 名有经验的中立专业人士在现场，在现场发生问题的时候提出解决这些问题的方案，并且一旦主要施工工程已经竣工还可能复审中立人士的决定(如果一方当事人希望这样做)。上面的内容都是 Micheal Latham 报告中的精华[6]。

快速判决可能更适合用在工程项目上面。例如，在一个新建水坝的工程中，有些争端可能需要尽早解决。工程的某些部分可能将淹没到数米深的水中，在实际或实质性竣工的时候将无法进行重新评价。

即使在 1996 年 HGRCA 法以前，很多专用合同和某些标准合同文本都包括了有关专家决定或裁决的规定，精明的诉讼律师总是把这种规定看作是对开始高院诉讼程序的一个潜在的障碍。裁决已经被用在很多案件中，例如 Dartford Tunnel 案、The Second Severn Crossing 案和运输部的 A35 货车道路计划案件中，都采用了 3 名或更多成员的争端审查委员会(第 6 章有介绍)的集团智慧方式。在英国以外，香港新机场核心计划项目(第 3 章有介绍)中的争端通过 4 个阶段解决：工程师决定、调停、裁决和最终仲裁。

裁决是一种体系，其中合同的当事人同意，一般都是在签署合同时就达成的所有因为合同或者涉及合同的争端(1996 年 HGCRA 法在这个问题上有所限制，不包括双边过失的索赔、误述等)或者前面已经提到方面的某些争端首先由裁决人进行约束性决定，并且它应该一直有效，直至争端被提交诉讼、仲裁或签署协议。裁决人或者根据合同指定，或者有当事人同意，在没有协议的情况下，可以由一个指定机构进行指定。裁决十分灵活，裁决人的决定在阶段基础上对于某些或所有问题可能是最终的且有约束力的(除非可以由欺诈、程序的不公正、存在法律无效或者没有审判权等理由推翻)。专家决定通常在所有问题上，特别是估价问题上是最终的且有约束力的。

专家决定在商业产权文件、油气协议和股份销售协议中是一个著名的原则。在某些概念上，它十分接近仲裁，但是它的最简单形式是当事人指定 1 个估价人，确定某事的公平价格。当人们需要知道专家观点，而不是根据当事人提交的文件进行判决的时候，这种方法十分奏效。对于专家的决定不能提出质疑，这和仲裁决定不能提交法庭一样，虽然有时可以不考虑这个决定，理由是欺诈、舞弊、违反自然公正原则或缺少管辖权等。

但是回到裁决问题上，在重要问题上面可以对裁决人的裁决提出初步质疑。如果一方当事人对合同存在问题有不同意见，对过失、误述、撤消、恢复或者因为违约随之造成中断等情况提出索赔情况将会如何？HGCRA 预先假定合同存在。如果裁决人的管辖权遭受威胁，通常是来自愚蠢的律师，情况将会如何？如果不考虑正式鉴定人和律师协会(ORSA)

的原则，现在叫 TecSA 原则，它允许裁决人规定自己的裁决原则，其他学会组织的原则中没有这些规定。1996 年《仲裁法》第 30 ~ 31 条强调了这个问题，并且根据假设提供了一个指导意见。随着 Harbour Assurance v. Kansa General International Insurance(1993)案件的判决，产生了一种劝导性意见，认为如果裁决人有权行事，他可以进行裁决调查和决定。

裁决的可能价值多年来得到承认，但是根据法理，并不允许这么做：

“其价值在于在实施仲裁决定之前(只能产生争端)让双方重新进行考虑。当有人要求我推荐时，我也推荐了裁决人，但是在此之后，指定的人们会致电给我，抱怨它们没有任何事情可做。我的经验是单凭作为裁决人在解决争端背景方面的知识是完全可以把这个过程十分妥善地处理好的。”[7]

表面上并且从实践的观点看，裁决有很多优点，而且是诉讼或仲裁不具备的。裁决避免了 1950 ~ 1979 年《仲裁法》的“白皮书”、“绿皮书”(可能还有新版《民事诉讼程序原则》)的强制性法律条文，1996 年《仲裁法》涉及的内容比较少。从广义的条文上看，如果裁决人不是欺诈、不公正、不胜任或超出自身管辖范围，对于当事人赋予的否定权问题上，他对自己设定的程序有全权。在他的指定权限之内，他可以提供一个即决审判的体系。有些评论家认为，裁决人不需要尊重自然公正原则，但是这种提法有些过分。

法庭在什么构成自然公正问题上难得地制订了一套刻板的原则。在 Wiseman v. Borneman(1971)案件中，法官 Reid 指出[8]：

“自然公正要求任何执行判决的审判员面前的程序在任何情况下都应该是公正的，我十分遗憾地看到这个基本原则正在退化成为一系列刻板的原则。”

很多违反自然公正的案件都涉及到公共机构在行使自己权力的情况。在 R. v. Lord President of the Privy Seal ex parte Page(1992)[3]案件中，上院法官裁决，大学中出现冗余的教师没有权力单凭事实或法律错误就要求回避法庭对大学内部质询结果。如果超出了他们的权力范围，或者只有滥用权力的大学的决定才可以复审。在 R. v. Disciplianry Committee of the Jockey Club ex parte Aga Khan(1993)案例中，正好是混淆了这个情况，上诉法院坚持要求干预 Jockey Club 的程序，理由是这里面仅仅涉及到私权，没有涉及到公共权力。

然而裁决人的责任要比法官或仲裁员在这个方面应该负有的法律义务要小。根据 HGCRA 法，虽然裁决人被认为是公正的[第 108(2)(e)条]，但是并没有规定程序，除了在第(2)子条中规定了一个指导以外。它没有明确地规定裁决人可以监督自然公正原则。尽管涉及自然公正原则的内容要比仲裁员或法官的内容要少，但是法官 Tucker LJ 在 Russell v. Duke of Norfolk(1949)案中[9]的阐述应该记住：

“在我看来，对于各类咨询和各类国内审判员来说不存在统一的应用原则。自然公正的要求必须根据具体情况而定，包括询问的性质、审判员应该遵守的原则、需要处理的主要问题等。当然我不能提供很多帮助，来理解随时可能用到的自然公正定义，但是无论用到什么标准，最基本的是有关人士应该有合理的机会介绍自己的情况。”

很多案例都已经认识到裁决的地位。目前，律师还没有完全确定裁决在法理上的性质。目前涉及到的案例法也相对很少，在适当情况下为争端当事人提供所有可能求助裁决，而不谋求使用法庭。在案例 Cape Durasteel Ltd v. Rosser and Russell Building Services Ltd(1995)[12]中，法庭将重视有真实意义的争端条款，而不是自然被归属为裁决内容的一些条款。在 Cape Durasteel 案中，正式鉴定人决定在管理性质的合同中确定的裁决条款事实上是一个仲裁条款，因为它的结果是最终的且有约束力的。在这个案例中，被告的辩护人提出了一个仲裁属性的“对照检查表”[10]，防止把某个具体条款误认为是裁决条款：

“根据过程规定或者应该规定的已经执行的(程序协议)协议，本协议必须确定执行这个过程的审判员应该对这个程序协议作出决定，并且对当事人具有约束力。

程序协议必须规定过程并应该在这些人士之间执行，他们的实质性权力应该由审判员决定。

审判员执行这个过程和决定当事人权力时做出的裁决必须得到当事人的承认，或者根据法庭命令，或者根据明确规定其过程属于仲裁的条款的立法。

审判员必须经过选择，或者通过当事人，或者根据他们已经同意的方法。

程序协议必须规定审判员应该公正地确定当事人的权力，并且赋予双方公正的公平义务。

要求通过审判员的决定裁判他们争端的当事人的协议必须试图具有法律上的强制性。

程序协议必须规定一个过程，其中审判员可以对在审判员指定时已经存在的争端进行决定。”

有些评论家建议，裁决人虽然特别规定不应该作为仲裁员行事，但是也应该遵守《仲裁法》，只要他做出了法律决定。有关专家决定的案例规定了一些指南。在过去，很多合同条款都要求指定专家，并且规定专家应该这样，但是不应该作为仲裁员，并且不必遵守《仲裁法》。然而在裁决性质和仲裁性质的角色之间可以细分的。按照法官 Ronald Bernstein QC 的话是：[11]

“合同可能规定根据它发生的争端应该由某个第三方人士解决，此人不应该作为仲裁员，仅仅是专家……涉及程序也不应该是仲裁程序，这时《仲裁法》不适用。”

遗憾的是，这种广义原则的应用并不是如此简单。根据 Mustill 和 Boyd 的观点[12]：

“协议中规定进行裁判的方式在程序特点上看并不是结论性的。因此，甚至一个要求使用仲裁处理事件的明示协议也并没有意味着当事人试图把程序作为某种类型的仲裁，并且要求根据仲裁法或者仲裁方面的普通法。例如，使用这个词汇等于试图涉及一个过程，涉及到公正实体做出的决定，但是这是在法律上并没有约束性的决定。”

Mustill 和 Boyd 进一步评论[13]：

“……主张不实行仲裁法的规定，或者规定审判员应该‘作为专家，不是仲裁员’的内容不能视为(在没有明显的与之矛盾的内容)同意把争端的裁判提交仲裁。”

在法定裁决的情况下，其特点 1996 年 HGCRA 法已经有规定。

在一个十分有用的海外案例 Sports Maska Inc. v. Zittrer(1988)中，这个案例判决在 Cape Durasteel 案之前，加拿大最高法院认为，使用语言不是决定性的。当事人描述的专家决定内容可能就是(根据客观分析)仲裁。这个案例法的细节内容规定通过立法在建筑合同中规定的正式裁决程序存在很大的潜在困难。

5.2 裁决人

一般情况下裁决人应该得到当事人(如果使用 NEC 应该根据裁决人协议)的正式指定通知，不论当事人是客户与总承包商、总承包商与分包商，还是客户与顾问工程师。指定通知应该包括裁决人的责任并且规定补偿他们的方法。裁决行为应该规定出一个非常细致的程序(指导是否需要提交案件的书面说明，裁决人是否需要检查工程，裁决人是否需要对当事人进行口头考核等)，或者指定通知可以规定出一个非常基本的条款。

除非裁决人指定中包含了一个非常具体的弃权责任，虽然不服从他的决定的理由十分有限，但是裁决人还是对当事人有职责做到使用合理的技能、照管和勤奋。他与法官或仲裁员不同的是，不能享有索赔的豁免权。他的地位十分接近传统的验收工程师或施工合同中的建筑师，尽管还是存在本质区别的。他是被双方当事人聘请的，并且对他们负有明确的职责。在 19 世纪和 20 世纪初期，很多法律判决都需要根据标准工程合同文本和其他合同文本分辨估价员和签证人的状况。这些人可以帮助进行分析，而不需要全面解释裁决人的法律地位。19世纪的很多案例建议根据建筑合同标准文本的签证人应该享有一定程度的仲裁员和法官通常享有的司法豁免权。例如，在 Hickman & Co v. Roberts and Others (1913)案例中，建筑师根据业主的具体指示延误了对承包商的付款。裁决认为业主干扰了根据合同签证人的权力，这种做法是不适当的，上议院因此进行了很多十分有益的观察。上院法官 Alverstone[14]认为：

"因此十分重要的是应该理解当建造商或承包商自身受到作为仲裁员的工程师或建筑师的管辖时，建筑师或工程师方面有十分严格的职责保证自己的司法地位。"

在一个更早的案例 Chambers v. Goldthorpe(1901)中，建筑业主起诉工程专业人员签证过失，因而造成给承包商超额付款，但是败诉。法庭裁决，在出示证书的时候，工程专业人员必须在业主和承包商之间公正行事。虽然建筑师在严格意义上不是仲裁员，但是按照法官 A. L. Smith MR 的话他应该是：

"具有在双方当事人之间起到行使司法性质功能作用人士的地位，并且因此在行使这种功能过程中对自己所为的过失不负有任何责任。"

直到20世纪70年代上院的两个重要判决之前，这种地位一直保持。第一个判决是 Sutcliffe v. Thanckrah(1974)，Sutcliffe 雇佣建筑师 Thanckrah 设计一幢房屋。后来 Thanckrah 又被指定作为工程的监理工程师，在这个过程中他向承包商签署了阶段付款凭证。在原有承包商的雇佣被终止之后，承包商破产。Sutcliffe 对 Thanckrah 提起诉讼，要求对工程证书和(或)监督的过失给予赔偿。正式鉴定人裁决 Thanckrah 的超额证明给承包商金额的行为有过失。上诉法院推翻了这个判决。Thanckrah 的行为有仲裁性质，因此他应该享有司法性质豁免权的利益。Sutcliffe 上诉到上议院。上议院推翻了上诉法院的判决，他们裁决在发布阶段付款凭证问题上，建筑师因为没有违背专门协议，他的行为是在当事人之间作为仲裁员。因此根据在估价时应该公正行事的职责，但是他没有做到这一点，所以建筑师明显地应该对过失的民事侵权行为负责。上院法官 Salmon 认为：

“这里完全确立了法官、大律师、律师、陪审员和证人都享有绝对的豁免权，对他们在审判过程中在法庭的所说所为不应受任何形式的民事诉讼。这并不是因为法律特别关照他们中间的任何人，而是因为法律承认为了保证公平，公共政策要求他们应该全部享有这种豁免权。

因为仲裁员在很多地方与法官相似，他或多或少行使着相同的功能，所以法律一直承认公共政策要求他们对他们所裁判的事宜，也应该享有豁免权。问题是这种豁免权是否可以完全地延伸到所为的仲裁员以外，如果可以，还会有哪些限制？”

答案是不能延伸。

在更近期的案例 Arenson v. Casson Beckman Rutley & Co(1977)中，Archy Arenson 是控股股东，并且是一家私人公司的总裁。他的侄子 Ivor Arenson 后来进入 Archy 的公司工作，并且得到很多股份。法院裁决在 Ivor 终止雇佣关系基础上，以公平的价格向 Archy 出售自己的股份，并且得到公司审计人员的确认。这里关键的一句话是“他的作为专家但不是仲裁员的估价行为对所有当事人来说应该是最终的且具有约束性”。审计人员后来估价股份价格为 4 916 英镑 12 先令 4 便士，但是后来透露这些股份的实际价值应该是 29 500 英镑。侄子对审计人员提起诉讼，索赔过失赔偿金。初审法官和上诉法院都裁决因为审计人员一直是执行一种仲裁性质的或者是准司法性质的功能，所以他们应该对任何过失责任有豁免权。侄子上诉到上议院。上议院裁决，一位人士或某些人士被明示指定他作为专家但不是仲裁员时，应该对在执行他们的职责过程中的任何不适合的过失负有民事侵权行为责任。上院法官 Simon 认为：

“可能会有一些标志证明估价人在作为司法性质的角色工作，例如接受对手的辩解或者证据、提交合理判断等。但是在我看来，认为他具备仲裁员性质的豁免权的基本先决条件应该是，根据提交给他作出决定事件的时间看，至少在两个当事人之间存在一种规范的争端，需要他作出决定来解决。没有充分条件说明受到决定影响的当事人存在相反的利益，仍然很少有决定处理的事件没有得到他们的同意。”

上院法官 Wheatley 分析了一个仲裁性质指定特点具备的下列性质：

“(a)当事人之间存在着争端或分歧，它们已经通过某种方式或其他方式进行规范。

(b)这些争端或分歧已经被当事人向可以解决问题的人士提出，他是以被传唤行使一种司法性质功能的方式解决问题的。

(c)如果可能，当事人必须提供一种机会提交证据和(或)提交有关各自对争端索赔的支持文件。

(d)当事人已经同意接受他的决定。”[18]

上院法官 Salmon 对这种地位总结如下[19]：

“一个专家根据《仲裁法》可能被正式指定作为仲裁员，尽管他或者需要或者聆听或者阅读当事人提交的任何文件或证据，事实上，他所依赖的仅仅是对物资的检验和自己的经验。和本案中的估价人类似，他起到的是一种纯调查性质的角色。他不具备这种功能，甚至很少使用司法性质的功能，以便最终做出对发生在当事人之间的争端或分歧的决定……。

我认为根据公共政策或其他原则，很难看到任何重要原因，为什么这种起到有限作用的仲裁员尽管是正式指定的，也应该现有司法豁免权，使得这种在辩护人位置上的所谓的准仲裁员可能不能……。”

5.3 裁决与专家决定条款

如上所述，应该知道需要认真了解裁决和专家决定条款，确定它们的真正意义和作用。它可能是这样规定的，本条款：

* 不包括在阶段基础上裁决人决定留给后者进行审查的法庭或者仲裁员的管辖；

* 为当事人规定了这种全面且最终有约束力的决定，在这种情况下，本条款如此规定或者属于仲裁或者属于专家决定；

* 虽然规定应该进行裁决，但是事实上的内容却是一个适用于《仲

裁法》的仲裁条款。

与美国和澳大利亚法院一样，英国法院在很多案例中已经确定了专家决定和裁决的程序。在这种积累下来的争端程序中最著名的实例是案例 Channel Tunnel Group Limited v. Balfour Beatty Construction Limited(1993)中涉及的法庭诉讼程序问题，这是一个上议院的判决。合同依据的是 ICE/FIDIC 文本，同时做了很多重大改动。根据合同第 67 条(争端)，规定进行裁判的三人专家委员会必须做出一致同意的决定，如果必要可以提交布鲁塞尔的国际商会仲裁。争端涉及制冷系统变更的定价问题。因为与承包商没有协议，业主确定了适用费率。承包商认为无法接受，并且威胁暂停制冷系统工程。业主提出申请禁止令的程序，在这个阶段上事件还没有提交专家委员会裁判。无论原因如何，根据合同工程师的角色实际上是由业主担任的。

1991 年 11 月，商事法院的 Evans J 判决他应该授权发布禁止令并且拒绝停止诉讼，转为根据 1975 年《仲裁法》第 1 条进行仲裁。1992 年 1 月，上诉法院判决根据 1975 年《仲裁法》第 1 条应该可以终止诉讼，但是拒绝发布禁止令，理由是根据 1950 年《仲裁法》第 12(6)(h)条不存在这种批准权力。1993 年，上议院裁决根据法庭的内在权力应该存在终止权，所以不需要确定 1975 年《仲裁法》第 1 条是否适用。上议院同意不存在根据 1950 年《仲裁法》第 12(6)条批准禁止令的权力，虽然根据 1981 年最高法院法第 37(1)条这是一种普通的权利。这种权力在紧急情况下是不能使用的。

如前所述，开发协议通常包含了由专家决定估价问题的内容，其中规定具体的争端应该由专家解决，这些人被明示描述不完全是一种仲裁员的角色或者根据仲裁法行事。上诉法院在 Norwich Union Life Insurance Society v. P & O Property Holdings Limited and Others(1993)案例中裁决，如果将争端提交专家决定，法庭不应该对在决定过程中发生的任何法律问题作出裁定，除非得到当事人的认可。以前与之矛盾的判决被推翻。在大多数情况下，不可能要求法庭的干预，推翻专家决定做出结论。澳大利亚法院似乎采取了类似的立场。Cole J 法官在 Triarno Pty Limited v. Triden Contractors Limited(1992)案例中裁决，法庭在专家决定中不应该有任何形式的干预，其效果等同于最终的且有约束力的决定。当然当事人仍然可以(根据指定时的具体弃权)根据后来的案例 Sutcliffe v. Thackrah(1974)确立的原则，起诉专家的过失。

在英格兰，专家决定条款在 Amoco (UK) Exploration Co. and Others v. Amerada Hess Limited and Others(1994)和 Neste Production Limited v. Shell UK Limited and Others(1994)案例中也被确立。这些判决说明需要一个具体的条款十分认真地分析定义法院干预权已经停止或去除。

在 Jones and Others v. Sherwood Computer Services plc(1992)案例中，被告公司同意购买原告在一个具体公司中的股份，根据合同条款还包括原告在被告公司中的很多新股的问题。这些股份的价值应该根据规定的一个公式确定出销售量，作为参考再进行计算。销售数量的报表由代表当事人的会计师事务所进行复审。如果这些事务所不能共同批准这个报表，或者达成进行调整的协议，这个事件将被提交给一个独立的会计师进行裁判，并得出销售数量，这个会计师的行为是 “作为专家，而不是仲裁员”。进而他们还同意他们的决定“在各种情况下是结论性的、最终的且有约束力的”。

上诉法院裁决，如果当事人已经同意受到专家报告的约束，这份报告无论是否包含结论性的理由，在法庭上都不能以准备报告时有错误为理由而被推翻，除非可以证明专家在实际方面已经背离了对他的要求，或者独立专家已经证明存在不诚信的情况。

在 Norwich Union Life Insurance Society v. P & O Property Holding Limited and Others(1993)案例中，原告负责提供一个商业中心的开发融资。融资协议要求具体事件应该提交专家决定裁判。发生的争端是根据融资协议“已经竣工”和建筑合同的“实际竣工”是否是一回事。Norwich Union 争辩融资协议的规定要比建筑合同的规定标准更高。根据融资协议，第四被告被指定作为决定其他事宜中同类问题的专家。原告 Norwich Union 试图申请临时禁止令，限制第四被告(专家)，而实施诉讼程序，由法院处理所有没有决定的事宜。上诉法院裁决法庭没有基本裁决权，可以推翻在专家决定过程中遇到的任何法律问题，除非得到当事人们的认可。在第一次初审时，辩护人根据担任最高法院助理法官的 Paul Baker QC 法官在 Ponsarn Investments Limited v. Kansallis – Osake – Pankki(1992)案中的观点。副大法官 Donald Nicholls 在判决时这样认为[20]，尽管他拒绝了助理法官的前提：

“尊敬的法官(Baker 法官)对(辩护人)所根据的理由进行了分析。在这种情况下，法官特别重视并且在他的裁决中拒绝了这个论点，如果专家出现法律错误，他所作的裁决和决定是无效的……法官对拒绝这个论点提出了几个理由。他提出的理由之一是：

‘其次，如果认为有些法律问题要求裁决，任何当事人都可以向法院提交申请。’”

在上诉法院，法官 Dillon LJ 认为[21]：

“我们也注意到 Hoffmann J 法官于 1989 年 10 月 13 日在 Royal Trust International Limited v. Nord Banken 案件中所作的决定，但是没有报道。”

在法院文件第 6 页中，他这样说：

“我不认为，认定法庭没有裁决权可以在专家决定之前进行宣判，除非当事人同意的说法是正确的。”

他认为，法庭有权力决定是否批准进行这种宣判并且终止程序，如果需要，在作出这种宣判的时候：

“但是无论如何，我都不能同意。专家的作用是作出决定，这不是法庭的作用，如果这种决定权已经委托给了专家。否则，如果双方当事人同意，如同他们经常这样做的那样，可以通过法院进行裁决，以便确定专家应该依据的基础，并且如果实际上需要这种帮助，法庭可以这样做。但是在此，没有这种协议。”

在香港的一个十分著名的案件中还关注到判决专家角色和责任的问题，它是 Mayers v. Dlugash(1994)。原告是 Far East Diversity Investments

Limited(FEDI)公司股份的惟一收益所有者，被告是 Common Seal Limited (CSL)公司股份的收益所有者。FEDI 和 CSL 都是 Imcor Limited(I)公司股份的注册所有者，份额相等。1992 年，原告和被告原则上同意 I 公司的商业活动、资产和负债由他们分担。根据日期为 1992 年 3 月 30 日提交的契约，当事人同意指定 1 名独立第三方解决任何分歧，并且确定分摊应该采取的形式。契约没有确定指定的第三方人士是否是仲裁员还是专家。后来对此不满意的原告因为仲裁员没有履行香港《仲裁条例》的相关内容，希望免除他。双方当事人同意法官 Kaplan J 应该在最初问题上确定第三方专家是仲裁员还是专家。根据法官 Kaplan J 的观点：

* 一名专家应该可以作出最终的且有约束力的决定；

* 这个决定只能在极为特殊的情况下才可以被推翻，例如，如果专家回答了错误的问题等；

* 如果没有达成豁免权，专家可以因为过失被起诉；

* 专家的决定不能被强制作为仲裁判决。

法官 Bowsher QC 是正式鉴证人之一，他在 Dixons Group plc v. Jan Andrew Murray – Oboynski(1998)案例中，对法庭可以干预专家决定的方式提出了看法。该案被告向原告出售了一个集团公司。销售价格部分的金额应该等于这个集团的净资产价值。这需要在交易完成之日由集团的帐目决定。如果帐目没有确定，销售协议规定“任何争端项目……应该提交一个注册会计师事务所作出最终判决，……是作为专家，但是不是仲裁员……，他们的决定应该对当事人来说是最终且有约束力的，除非出现错误”。一名会计师得到指定，并且赋予他很大的权力。他毫无理由地听信了报表，并作出估价。被告在法庭上推翻了这个决定，认为这不应该是最后且有约束力的，其理由是专家已经背离了自己的命令，在他的决定中出现了错误。

法官根据多项上诉法院的判决同意专家的决定在大多数情况下应该是最终的，法庭很少有机会可以进行干预。在没有欺诈或纠纷的情况下，通常需要表明专家在实际方面已经背离了自己的指示；还需要表明答案是明显错误的，在大多数情况下不充分。法官 Bowsher 参考了 Nikko Hotels (UK) Ltd v. MEPC plc(1991)案例[22]：

“如果他回答问题正确，但是方式错误，他的决定也不应该有约束力。如果他的回答错误，他的决定毫无用途。”

在 Dixons 案中，原告很难证明专家是在错误的基础上编制估价的。他能够分辨出或者该指示没有违约，或者自身没有违约。估价的正确基础应该来自与专家的协议条款和联合指示。协议或者指示函都没有确定估价基础。把解释协议工作留给了专家，并且对于他来说这就是估价基础问题。这个最后的稻草也毫无理由。因此很难证明他对发生的错误有罪。

被认为涉及裁决的工程法律案例整体上看参考价值有限，虽然在前言中谈到的两个涉及裁决人判决强制性的报道案例。这些案例主要都是涉及解释标准分包合同文本的具体条款问题，要求裁决抵扣事宜。也许最有指导性的案例是 R. M. C Panel Products Limited v. Amec Building Limited(1993)。总承包商没有同意裁决人的决定，因此分包商将事件提交法官申请进行即决审判、强制性禁令。裁决人被告之考虑总承包商根据 DOM/1 和 DOM/2 文本两合同对整个工程进行抵扣的有效性。裁决人提出了做出决定的理由，法官在考虑这些理由时并没有相信它们的有效性，并且感到这个决定在后来的仲裁中很可能会被推翻。因此他避开了分包商申请的问题，裁决中断人提出的理由已经超出了中断权力，即超出了根据 DOM/1 合同的第 24.3.1 条赋予的权力。

因为法庭已经探讨了专家决定的内容，所以有理由相信英国法院应该同样会“停止”法庭诉讼程序，如果合同中包括了合适的裁决内容。首先，法庭具有固有权力可以禁止他们认为不应该继续下去的任何诉讼行动。其次，有些评论家会提到 Dunn LJ 法官在 Northern Regional Health Authority v. Derek Crouch Construction Company Limited(1984)案例中的说明作为依据[23]：

“如果当事人已经同意机制问题……作为争端解决办法，对法庭来说就不应该干涉且替换使用自己的过程来处理当事人同意的合同机制问题。”

Kerr LJ 法官在 Tuberworkers Limited v. Tool Construction Limited(1985)案例中也采取了相同的观点[24]。

专家决定或裁决可能会遇到强制性问题，虽然参考前言中的案例可以澄清涉及 HGCRA 法的法律内容中的一些问题。如果失败的当事人不理睬或拒绝接受决定所坚持的内容，可以有两种直接方法可以试图赋予决定强制性。首先是可以申请法院的禁止令，执行专家决定或裁决的观点。其次，特别是在建筑业的争端方面，这时裁决通常涉及到被扣留的资金，并且裁决人决定应该支付，赞同分包商的观点，他就可以把裁决人的决定作为证据获得即决判决权，或者阶段付款。

很多涉及分包合同标准文本中非常具体的措辞的决定在法律分析上十分复杂。即使承包商扣留资金的权力被提交裁决，大多数工程合同传统上都保留承包商的终止诉讼的共同权力，但是不涉及裁决程序的权力。现在通知索赔之前的要求包含了所有交叉索赔，包括终止诉讼的索赔，如果能够满足 HGCRA 法(第 111 条)的要求。在 Acsim (Southern) Limited v. Danish Contracting and Development Co. Limited(1989)案例中，法庭裁决承包商有权对分包商的索赔进行辩护，根据是分包商因为行为恶劣，只能得到比他要求要少的付款。这个案例使用的分包合同是 NFBTE/FASS/CASEC 内部分包合同(1978 年版)(所谓的“蓝皮书”)。

第 15 条要求承包商在付款到期之日以前，对扣款应该有适宜的通知。分包商相信承包商没有完全满足第 15 条规定的扣款程序，因此分包商有权要求得到被扣留的 221 018.03 英镑的款项。承包商则认为无论是否违反任何扣款程序，属于分包商的应付款项的真正价值为 36 952.00 英镑。上诉法院裁决，第 15 条仅仅确定了当事人的扣款权。根据第 13 条，分包商只能有权在申请之日 14 天内要求得到他的“根据已经完全实施的分包合同工程的总价值”(包括保留金和任何折扣)每月的阶段款项。因此承包商有权对阶段付款索赔进行辩护，证明索赔金额包括了分包商无权得到的项目，无论是因为某些工程没有完成，还是因为分包商违约使得工程失去价值。

在 Acsim (Southern) Limited 案中的判决还明显涉及到其他分包合同文本，包括 NAM/SC 和老版本的 DOM/1。承包商依据终止诉讼可以使得分包商希望通过对举证的不公正扣款进行裁决的愿望无效。在 A. Cameron Limited v. John Mowlem and Company plc(1990)案例中，根据 DOM/1 分包合同指定了裁决人，他认为承包商的扣款应该无效。随即承包商拒绝服从裁决人的决定，上诉法院判决承包商可以对属于分包商的金额提出疑义，理由是包括在工程款中的价值分包商并没有"完全实施"。DOM/1 的第 21.4.1.1 条授权分包商得到"在现场上已经完全实施的分包合同工程的总价值"的付款。终止诉讼的提出权在承包商。HGCRA 法已经修改了现代合同中存在的很多多余的陈旧理由。

Cameron 案的判决必须同时考虑正式鉴证人在 Drake and Scull Engineering Limited v. Mclanughlin and Harvey plc(1992)案中的决定，这也是一个关于 DOM/1 分包合同文本的案例。分包商将扣款争端提交裁决。裁决人要求承包商支付 149 451 英镑给信托金保管人，以便进行仲裁。承包商没有照此办理。在后来的仲裁中，分包商希望法庭颁布强制禁止令，以便使裁决人的判决有强制性。承包商提出来抵制禁止令申请的理由之一是这里面没有这种建议，如果法庭没有批准禁止令，分包商应该承担风险。正式鉴定人的结论是批准禁止令的做法适宜，这是为了使当事人维护签署分包合同时的意图。

也许更有趣的且没有要求正式鉴证人确定的问题是是否能够得到禁止令，来确保维护裁决人的决定，要求向分包商支付费用。虽然答案还不明确，有些评论家已经建议，分包商另外还可以申请即决判决，以便使裁决人的决定有强制性。在此可以明确的是根据 1996 年《仲裁法》第 66 条，裁决人的决定不能被注册为高等法院的判决而产生强制性。然而在这种情况下分包商还是有一线希望的，特别是在他们存在潜在风险总承包商可能破产的情况下。

1996 年《仲裁法》第 9(4)条规定可以强制终止针对仲裁条款进行诉讼程序。因此，仲裁条款的存在导致了法庭裁判权，决定裁决人的判决是否具有强制性(例如，通过即决判决或者通过禁止令)；然后再把事件提交仲裁。商事法院裁决其自身不能逃避强制终止，这种情况在上诉法院以 2：1 比例勉强通过[案例 Halki Shipping Corporation v. Sopex Oils Ltd (1998)]。1996 年《仲裁法》可能有助于强制执行裁决人的决定。除非当事人另有约定，第 39 条允许临时裁决，类似高等法院中的阶段付款，并且第 48(5)条允许仲裁员批准禁止令。这样认为裁决人决定对自己有利的索赔人可以立即开始仲裁，以便在中间阶段上面求得仲裁员的帮助。机构规定的原则可以处理在仲裁条款环境下裁决决定强制性受到“限制”的问题。

第6章　争端审核委员会和争端顾问

很多建筑业的专业人士和律师都相信没有约束力调停方式的ADR可能妨碍了工程项目的正常竣工，如果希望项目能够在实际或实质性竣工之前竣工。为此Micheal Latham爵士在他的“构建团队”的报告中[1]认为裁决是有吸引力的。尽管如此，在大型国际工程项目中，使用争端顾问，或者更多地使用争端审核委员会，这已经变得司空见惯了。FIDIC的文件中有关争端裁决委员会的内容就是一个例证。然而争端审核委员会的情况在国内合同中很少使用，并且随着1996年《住宅许可、建设和重建法》的实施，现在可能很少会出现这种情况了。顾问或者顾问委员会在需要得到迅速、高效且“有约束力”的(见下列内容)争端解决方法方面也许没有价值，因为他们可以被看作是一个工程的团队，可能由不同民族组成，以便实现公正。争端审核委员会和争端顾问的角色有很多灵活性；它可能不同于简单地提供有约束力的专家决定的咨询。CIC认为它们以前就起到这种作用，它把争端顾问看作是[2]：

“一位中立的当事人，仅对一个问题或潜在争端提供咨询，这些问题需要进行澄清，找出解决问题的最佳方法。有时他们还被叫做早期问题解决顾问或者早期专家评价员。”

6.1　争端审核委员会

争端审核委员会通常由3名专家组成(也可以使用1名专家)，他们可以在签署合同时指定，但是一定要在争端发生之前就指定好。选择的成员主要考虑他们的知识和技术方面的经验，以及对发生问题项目可能发生事件范围的熟悉程度。这就是说专家可能在项目开始的时候已经参与到其中了，需要定期访问或检查现场，可以接触项目文件等。业主和承包商各自指定1名争端审核委员会成员，第3名成员由双方当事人指定，或者在没有协议情况下，由指定机构指定。一般情况下，争端审核委员会的成员可以拷贝所有合同文件、进度报告和其他与工程进度有关的文件。

在施工过程中，一旦争端发生，现场层次上或者使用传统的合同机制(例如工程师决定)无法解决，争端将被提交给争端审核委员会。委员会会考虑这些问题，根据一个十分灵活的且可以根据当事人利益做调整的程序向业主和承包商提出建议。这个建议书需要得到当事人的接受或拒绝，它在预先规定的日期内是有约束力的。作为选择方案，在提出反对意见的最初机会过去之后，当事人可以同意争端审核委员会提出的建议具有约束力，一直到项目实质性或实际竣工，这时他们可以把问题进一步提交仲裁机构进行讨论。

争端审核委员会的方法比较新，首先这种机构是在1975年~1979年之间在Eisenhower隧道项目和克罗拉多的Second Bore项目上正式使用。从这时起，委员会在美国已经被很多业主采用，涉及合同金额超过530亿美元。这些机构包括阿拉斯加电力管理局、加利福尼亚运输部[3]、马塞诸塞州水利资源管理局、美国工兵部队和华盛顿州运输部等。管理和运行争端审核委员会过程中存在着费用的问题。根据美国的统计数据，一个委员会的费用为每个成员每一天会议的费用在1 000~2 000美元之间。这主要取决于委员会成员的工作地点、他们到达项目的距离、他们的参与程度以及费用支出情况等。在整个合同执行期间一个争端审核委员会的所有费用大约为合同总额的0.04%~0.51%[4]。根据早期的10个合同计算，它们都在合同基本金额中占据了十分高的比例，这个统计数据不能令人满意。项目平均费率达到0.17%[5]。情况是作为承包商现在更加相信争端审核委员会的能力，可以处理、减少和解决现场纠纷，维持争端审核委员会的费用可以抵消(至少是部分)，因为承包商提交的标价很低，他们这时就不必再去支付诉讼或仲裁方面的费用了，虽然实际上这种情况可能十分理想化，除非是在十分大型的专业化工程项目中。

争端审核委员会采取的任何程序都需要由当事人以及未来的指定人一同来决定。然而一旦争端在施工现场发生，也许它们没有其他解决方法，就可以遵循下列模式：

* 受害方当事人向委员会阐述自己的状况，或者口头陈述方式，或者根据以前的书面文件口头陈述；

* 其他当事人陈述他们的公开立场；

* 当事人提供更为详细的说明，涉及他们认为对证据的某些内容十分关键的部分。对方当事人和委员会成员可能只能进行有限的交叉检验，以便澄清并且尽快了解问题关键；

* 双方当事人进行结论性说明；

* 委员会单独讨论这些观点，提出建议，最好应该根据预先规定的时间表。根据听证的具体情况，这个时间可以从 4 天到 1 周不等[6]。通常一旦委员会提出建议书，只要他们允许任何当事人立即提出接受或反对意见，但是在这个预先规定的时间内没有得到正式拒绝说明情况下，建议书对当事人来说将成为最终的且有约束力的。在大多数情况下，委员会在作出决定时尽量做到一致通过，但是对于三人委员会，大多数同意已经足够了。

由有经验的国际工程师组成的工程争端解决组织(CDRG)一直在积极地推广争端审核委员会。CDRG 出版了一个小册子[7]，介绍了采用调停、争端审核委员会、争端解决顾问和高效低费仲裁方面的一些十分有用的工作程序。在得到 CDRG 某些许可的情况下，可以使用下列争端解决条款和争端审核委员会指导意见。这个条款和指导意见提供了可能需要的有关内容。

6.1.1 争端解决条款

"D.1 当事人应该在达成协议签署合同的 30 日内指定一个争端审

核委员会，旨在缩短时间，尽力解决在工程实施过程中可能发生的索赔和争端。

D.2　委员会包括1名由业主选择的成员、1名承包商选择的成员和一名由双方共同选择的成员。双方当事人不能接受的人士不能作为成员。如果对选择任何成员存在不同意见，应该在后来的30日内，根据任何一方当事人的申请，由工程争端解决组织指定选择人员。

D.3　委员会有权进行询问。委员会应该根据当事人的建议定期访问工程现场，并且答复任何要求紧急进行干预的请求。

D.4　委员会成员可以提出辞职。可以根据第2条规定的程序重新指定替换成员。

D.5　委员会所有3名成员的费用和开支应该由业主和承包商平分承担。承包商应该在出示对帐单30日内支付委员会成员的所有费用，并且得到业主的补偿。

D.6　业主应该为每位委员会成员提供所有合同文件、进度报告和其他涉及委员会活动的文件的副本。承包商应该提供他自己掌握的涉及有关内容的文件副本。

D.7　业主应该满足委员会的所有需要，使他们可以举行现场会议，包括车辆安排、办公设施、会议设备、秘书和复印服务等。

D.8　如果承包商拒绝接受业主的任何行动、决定或指示，他应该向业主提出书面通知，明确详细地说明拒绝理由。业主应该在接到通知的30日内书面作出答复。

D.9　在要等待业主的答复和整个争端解决过程中，承包商应该继续实施工程，执行相应的决定或指示。

D.10　如果承包商同意业主的答复，且当事人无法友好地解决这些分歧，任何当事人都可以向委员会提出上诉。

D.11　每个当事人都应该向委员会提交完整的涉及争端的状况文件。

D.12　在委员会已经开始考虑提交给他的事件并且向各方当事人书

面提出建议书之后，各方当事人应该在接到建议书 70 日内通知其他当事人和委员会他们接受或者拒绝建议书。不能提交这种通知的行为应该理解成为接受建议书。

D.13　当事人之间通过谈判和委员会帮助无法解决的任何争端可以根据合同有关内容提交仲裁。委员会的所有记录在仲裁时应该承认可以作为证据。

D.14　委员会的职责可以根据业主和承包商联合决定和向所有委员会成员 30 日的书面通知在任何时间内终止。”

6.1.2　指南

“1. 当一方当事人提出索赔或主张，其他当事人拒绝并且这个拒绝又无法被当事人接受，这时争端产生。为了使当事人之间的关系不会恶化，被拒绝的当事人应该立即向争端审核委员会提出申述。

2. 一般情况下，不会出现特别紧急要求解决的争端，但是有时会出现需要委员会尽快提供援助的情况，目的是保证导致争端的事件不会消失，例如因为需要浇注混凝土，在这些状况没有消失之前，检验地下混凝土结构的基础状况的情况等。

3. 委员会可以应邀定期访问现场，一般每三四个月。委员会在前一次访问现场的时候，应该确定好下次访问的时间。在他们访问现场之前至少 14 日，应该向委员会的每个成员提交有关新近产生的文件，特别是阶段进度报告等。

4. 如果当事人已经向委员会提出申述，他们可能会在委员会的每个成员访问现场之前，被要求提供进一步的书面文件和论点。

5. 每次会议包括圆桌会议讨论和工地检查，以便使委员会成员可以补充已经得到的书面信息的内容。可以通过对工程进度、遇到问题和解决办法的一般性讨论开始讨论每个争端。委员会的第 3 名成员一般可以担任主持会议的主席。

6. 提出反对意见的当事人可以首先解释自己的情况，接着是另一方当事人。各方都有进行反驳的机会，委员会成员可以提问，以便澄清问题，获得进一步数据，指导他们对需要的所有证据感到满意为止。

7. 委员会将单独举行会议，鼓励达成一致同意的决定。如果决定不是一致同意的，反对的成员应该提交少数报告。作出决定的理由和建议书都应该以书面形式提交给当事人。它们不具备约束力，但是报告(如果存在还包括少数报告)在后来的仲裁中可以承认作为证据。

8. 最好不要对委员会的功能作用设定任何限制。全部过程都应该是灵活的且非正式的。委员会将定期访问现场，即使没有提交争端需要裁判。”

6.2 争端顾问

有时项目规定指定一个完整的委员会，聘用一名争端顾问可能更合适。CDRG 也有一个这种指定的示范条款和指导意见。其具体规定如下：

6.2.1 争端解决条款

“A.1 当事人应该在达成协议签署合同的 15 日内指定一个争端解决顾问(DRA)，旨在缩短时间，尽力解决在工程实施过程中可能发生的索赔和争端。

A.2 DRA 由当事人联合挑选。如果挑选中存在不同意见，应该在后来的 15 日内，根据任何一方当事人的申请，由工程争端解决组织进行挑选。DRA 的指定和报酬应该得到当事人的联合同意。

A.3 当事人应该在 DRA 指定后的 21 日内，会见 DRA，确定他访问现场的频率以及工作程序，应确保一方或双方当事人请求，迅速行使自己的职责。

A.4 DRA 可以在向当事人提出通知的 30 日后提出辞职或者在当事人联合提出通知之后，终止他的职责。可以根据第 2 条规定的程序重新指定替换成员。

A.5 有关费用和开支应该由当事人平分承担。应该在出示对帐单30日内全额支付提供服务、有关杂费和所有开支。

A.6 当事人应该满足 DRA 的所有要求，使他可以发挥自己的作用，包括车辆安排、办公设施、会议设备、秘书和复印服务等。

A.7 下列情况之一可以视为争端发生：

(a)如果当事人认为如此；

(b)一方当事人提出的索赔和主张被对方拒绝，且这种拒绝没有被接受时。

A.8 在争端发生 7 日内，当事人可以请求 DRA 的援助，但是只有到 DRA 下次定期访问时，才能对问题进行讨论。如果事件的讨论被拖延很久，当事人可以试图记录影响达成协议事件的时间。

A.9 当事人应该全力协助 DRA，寻求找出双方当事人都可以接受的解决争端方法。如果事件属于 DRA 的能力范围之内并且可以采用双方当事人承认的解决程序进行干预，DRA 可以作为调停人，具有全权采取上述工作程序。

A.10 如果 DRA 认为通过独立的第三方人士的干预可以得到最佳的解决办法，他可以通知当事人，寻求达成协议，指定 1 名当事人可以接受的人士，或者在没有协议的情况下，由工程争端解决组织进行指定。

A.11 所有争端和分歧在争端发生 60 日内无法解决，应该提交仲裁，由当事人同意的 1 名人士进行最终决定，或者在一方当事人致函另一方当事人要求指定仲裁员之后 14 日内，没有达成协议，可以根据任何一方当事人的请求由工程争端解决组织指定 1 名人士。”

6.2.2 指南

“1. DRA 程序不但应该假定当事人应该做到诚信，而且还应该可以提供方法，在 DRA 的指导下让当事人自己寻找出解决方法。

2. DRA 应该在指定开始 21 日内会见当事人，达成访问现场的频率和他与当事人在争端发生时应该采取的措施。DRA 同意当事人为其提供文件，以便在每个阶段上能够让他得到充分的信息，使之行使自己的职责。

3. 当一方当事人提出的索赔或主张被其他当事人拒绝时且这个拒绝没有被接受，争端发生。为了保证当事人之间的关系不至于恶化，拒绝方当事人应该立即申请 DRA 的干预。

4. 拒绝方当事人应该确定争端是否能够立即引起 DRA 的注意，或者他的解决办法是否能够等到下次例行访问现场。DRA 和其他当事人应该在争端发生 7 日内得到通知。

5. DRA 应该定期访问现场，通常应该每 6 ~ 10 周一次。每次访问的时间应该在前一次访问现场时，由 DRA 确定。所有对 DRA 有帮助的有关文件应该在访问之前至少 14 日内提交给他。

6. 告之 DRA 争端发生的通知应该同时附带反对方提出索赔的简要说明。对方当事人同时或者尽快让 DRA 知晓拒绝索赔的原因。

7. 与 DRA 举行的会议是非正式的，讨论时各方当事人出席人数不得超过 2 名代表。会议的目的是确定解决争端的最佳途径。通过讨论完全可以导致产生解决方法。在 DRA 看来，他可以引导当事人得到解决方法。首先在当事人之间作为调停人进行干预以达成协议后，他可以继续进行下去。

8. 如果 DRA 的调停不适合，或者当事人没有达成协议。DRA 可以建议或提议其他方式，只要争端可能解决。这可以包括聘请 1 名专家对该问题提出自己的观点，由具备所需要的经验的第三方中立人士进行即决调停或调解，或者进行即决仲裁。

9. 根据 DRA 的忠告，当事人可以选择解决程序中下一个阶段。如果没有程序可以进行，如果调停、调解或仲裁可以被延期到后来进行，DRA 将充分调查事件，以便记录在以后争端决定时可能使用的事实。

10. 如果 DRA 被要求提出对这个问题的观点，应该在请求提出 7 日内对当事人提出这个观点。在当事人同意提交争端给中立第三方人士解决的情况下，可以使用该人士同意的程序。”

6.3 争端审核委员会的改善

在美国，对争端审核委员会进行了两项改善，以便提高委员会的工作效果。地下技术委员会的合同实践技术委员会在合同规定中分三个部分进行规定：

(1)待条件完成后转让的投标文件应该采用促进财务谈判的方法；

(2)岩土设计总结报告(GDSR)可以确立不同现场条件的基准依据；

(3)争端审核委员会。

处于待条件完成后转让状态的投标文件包括所有涉及成功投标人报价确立的费用项目。待条件完成后转让意味着文件明确进行了辨别，密封以便进行正式过程。文件保存着承包商的财产，但是它们在项目过程中需要待条件完成后才能转让，并且可以在业主和承包商之间进行协商，根据任何一方的请求，协助进行变更项目、不可预见的地下条件等原因的价格调整的谈判。一般情况下，争端审核委员会的成员也应该可以得到这些文件。

岩土设计总结报告是对预计的现场条件的一项说明；它可以作为分辨现场条件不同情况和岩土要求条件变化的明确基准点。通常，岩土设计总结报告属于合同文件，没有条款包含对不准确或缺少全面性的任何责任的弃权内容。一般可以通过争端审核委员会进行一般性的帮助。

作为工程项目的主要发展商，世界银行在争端解决方法方面采取的方法值得参考。例如，世界银行的投标示范文件：工程获得参考了 FIDIC “红皮书”中的内容，但是做了大量修改。后者具有强制性、参考性或选择性。世界银行主张对第 67.3 条进行仲裁的内容修改为：

“在大型项目中，IBRD(国际重建与开发银行)鼓励业主考虑把争端审核委员会(DRB)纳入合同争端解决程序中。这个委员会或者可以代替 FIDIC 基本条件的第 67 条中的工程师，或者可以审核工程师根据第 67 条作出的决定。在两种情况下，双方当事人后来有权请求把委员会的决定可以最终作为根据争端解决协议程序的仲裁决定或法庭判决。银行职员准备审核把委员会纳入到第 67 条中的规定草案。”

1996 年 FIDIC 公布了对 FIDIC 第 4 版“红皮书”的补充文件，提供了把争端裁决委员会作为争端解决替代方法的新规定。我们还将在第 12 章中详细讨论 FIDIC 土木工程施工合同条件的内容。FIDIC 规定包括一些前面介绍的 CDRG 规定的类似内容。

Andrew Pike 以前曾建议[8]一个替代 FIDIC “红皮书”第 67 条和第 68条的内容，但是他公正地认为如果这样做，争端审核委员会将是对“大型”项目(可能耗费数以百万、数千万计英镑的项目)的惟一适合机构。他建议对于次重量级的项目使用裁决人的方法。他还建议如果合同中没有这种规定，可以成立争端审核委员会，但是他还提出在各种情况下采纳他的建议时应该特别小心。他解释应该鼓励使用下列条款内容[9]:

* “作为专家决定的程序，《仲裁法》没有提供细节内容，也没有可以使用的标准原则”；

* “在专家决定被后来仲裁审核的时候，委员会或裁决人的决定对一方或双方当事人都是绝对关键的，因此必须保证各方当事人有合理的机会说明和宣传自己的情况”。

虽然争端审核委员会继续在大型和复杂国际项目中承担重要角色[10]，但是相关费用在工业工程项目上一般都是很高的。使用索赔审核委员会的方法也是十分理想的，例如在洪都拉斯的 EI Cajon 合同中，该合同详细规定的混凝土拱桥的施工[11]，还有其他一些大型项目，例如海峡隧道项目或 Second Servern Crossing 项目等。在运输部秘书和 Second Servern Crossing plc 之间的特许协议第 5 条中规定了附录(4)中的运输部秘书许可类型。自从 HGCRA 法的通过，可以看到英国的项目会越来越多地使用裁决，但是也有很多项目没有纳入到该法律范围之内。我们将在第 5 章和第 9 章中讨论。项目中可以使用的其他争端解决程序没有被纳入到这个立法中，只能够使用争端审核委员会和专家决定等方法。

裁决被选做一些项目中的争端机制，例如在 Darford River Crossing 项目中[12]，这是一个建造、拥有、运行和转让项目(BOOT)。BOOT合同存在自己特有的缺点[13]。例如它们通常缺少独立的合同监督人员。在一些设计工作完善性等情况下争端可能发生，因为没有有效的合同解决机制。Darford River Crossing项目文件规定指定一名对斜拉桥设计、施工和相关合同争端有经验的裁决人。裁决人还应该全面理解Darford River Crossing Limited和运输部之间的特许协议。施工合同和特许协议涉及的裁决协议是根据1983年ICE《仲裁程序》的简短程序第20条设计的。排除法律陈述。当事人需要承担各自的费用，并且分担裁决人的费用，以及在超出他的严格的经验范围时的一些技术问题上面需要使用的顾问费用。有趣的是虽然HGCRA法不适用，裁决仍然可以使用，只要认为这种方法合适。进而，可以自由选择适用哪种裁决程序，但是在这个法律中是有区别的。

第7章　其他形式的ADR

7.1　小型审判

有人认为小型审判是ADR更为正式的方法。有时也作为执行裁决。小型审判中双方都会将问题提交给双方的高级行政官,而高级行政官的背后是一位中立主席。双方可以有律师参加，但不必总有律师到场。主席也可以不必是律师，他可以提示可能的诉讼结果，但对双方并无约束力。问题摊开以后，行政官们便会开始试探性地谈判以期找到一个解决方案。一旦成功，该方案就会变成为具有法律强制性的文件。重要的一点是，参与该过程的行政官必须有权力了解此事。

小型审判并不是真正意义上的审判，只不过是解决问题的过程中将一个法律争端变成商业问题。此目的在于将对阵的双方直接拉入解决纷争中，以期双方都会作出让步。现在小型审判技术在英国并不常用。

小型审判的优点为:

* 采用简单方式取代了耗时的听证;

* 每一方当事人的案情都经过专业评审，但可以不必遵循正式规则或提交证据;

* 那些最终有决定权可以决定争端是否应该结束(如果如此，根据哪些条件)的人可以有机会得到更有威信的更为客观的人的指点;

* 案子可提交给那些足以有权力判决争端案的人的机构;

* 解决争端的机构的高级行政官，有必要的话，在后来也可充当谈判者。这样可以在解决争端时，加进一些调解或是不同的想法。由于他们在前期并没有介入，这对他们来说是优势，因为他们不带任何偏见,

对执行合同中违约而此时又想掩盖其愚蠢行为的一方不会站错立场；

* 专门解决争端的机构可进行长期调查，其中纵横交错的业务往来明显的是双方共同的利益，而这些利益是应该受到保护的；

* 小型审判中有大公司人员的参与意味着争端的解决可由他们来控制，他们通常能处理好贸易规则及技术事务方面的争端。

小型审判的缺点为：

* 较为复杂的技术及法律问题有可能被过于简化；

* 一方有可能并无真意解决争端而只是简单地使用该程序将另一方牵涉进来；

* 小型审判对个人信誉争端并不适用。小型审判，最小程度地借助于由询问和实际文件这种直接证言得来证据，不适合用来检验所称述的事实的精确性，也不适宜用来评价个人情况的真实性；

* 与其他无约束力的 ADR 类型一样，如一方并无真意解决争端，同时审判程序偏袒一方时，采用该程序也注定无法取得成功；

* 高层管理用于小型审判的时间，相对于较小的争端来说，成本效率是不合算的。

尽管许多的优势与劣势并不能牵扯到小型审判，但有一些对其他类型的 ADR 却是适用的。

首例小型审判据说是发生在 TRW 与 Telecredit Inc. 之间[1]，是在 1977 年，为了解决电脑终端专利侵权案。这是一个特殊的案例，刚开始在解决争端的过程中并没有采用小型审判。双方已进行到被告必须要对有关事实或文件做出披露的阶段，并已开始有重点的谈判。明显的是双方已各付出了 50 万美元的费用。面对继续诉讼便会有更巨大的费用发生，并且对认输的一方来说已是徒劳无益的过程，双方代表达成如下共识：

* 除小型审判所必须的以外，被告不再对有关事实或文件作出披露。双方同意，取得概括性的证据证言即可，如有必要也可在稍后的日子再进行祥述；

* 小型审判成立和准备的时间不应超过 6 周，在此期间，如有争端

应提交中立的顾问以得到他的建议，但他的建议并无约束力；

* 双方同意指定小型审判的主席，可能的候选人的选择范围包括了来自美国的前最高法院法官及助理司法部长。最终在专利法方面富有经验的人被指定为主席；

* 双方同意共同负担保持中立的主席的费用及开支，并同意如果并没有达成解决方案，而进行了审判，对最终失败的一方的费用要进行确认；

* 确定进行小型审判前应提交给主席的文件材料；

* 双方所有要正式提交的证据应事先提交对方和主席；

* 双方应事先提交书面的开场白；

* 进行小型审判前，主席可将书面问题提交给双方的技术专家；

* 抛弃证据原则，双方应以良好的信誉行事；

* 应提交审判团的材料，范围没有限制。主席可要求澄清问题，但不允许明示应提交材料的具体范围；

* 小型审判程序是在诉讼系统之外，不能向法院提出申请。为小型审判准备的书面格式以及材料不能再在后来的任何审判中使用；

* 主席不能参加以后的任何诉讼程序；

* 如任何一方试图向法院提出申请，或让主席作为证人，那么，不论审判结果如何，将由此方承担主席的费用和花费；

* 双方均有同等的时间进行辩论，并对对方进行反驳。时间分配如下：

Telecredit 的开场介绍——4 小时

TRW 的反驳陈述——1.5 小时

Telecredit 的反驳陈述——0.5 小时

问题与答复——1 小时

TRW 介绍情况——4 小时

Telecredit 反驳陈述——1.5 小时

TRW 的反驳陈述——0.5 小时

问题与答复——1 小时；

＊ 陈述主要由双方律师进行，但是一旦小型审判结束，律师便完成了使命，不再参加高层间的商谈；

＊ 高层间无法协商达成解决方案，主席则有权提出可行的结束诉讼的建议。主席的意见并无约束力。

很明显，高层管理只需 30 分钟便可遵循小型审判程序取得解决方案。

另一起采用小型审判程序的案例是 TRW 公司与 Automatic Radio 公司之间关于产品谁应负责任的争端。Automatic Radio 公司起诉 TRW 公司，称其从 TRW 购买的电路板失灵，因而造成其收音机的销量在几个月内不断下降。Automatic Radio 公司在汽车收音机市场的销售额是 1500～1800 万美元。Automatic Radio 公司还称因此而导致了他们公司将被挤出市场的后果。预计诉讼将会转向涉及到电路板及制作工艺等复杂的技术问题。同时，如果胜诉，Automatic Radio 公司的损失也还需测定。双方主要关心的一点是要保证秘密性以避免在以后的诉讼中泄露提交给小型审判团的信息。既然小型审判只是解决争端的一种谈判形式，因此就不应该牵涉到任何的法律问题，假设双方都本着诚意的话。TRW 和 Automatic Radio 两公司便理智地在文件中将问题呈交给了小型审判团。他们提出了下列保密性条款：

"1. 诉讼过程中不应该复制或录音。有关该咨询性的诉讼的所有情况，包括无范围限制、任何书面的材料或口头陈述材料，凡是为此诉讼提交给双方或第三方以及顾问的材料均对所有人员保密(不应外泄)，包括审判员、包括不管指责的目的为何、悬而未决的民事行为或任何诉讼直接或间接地牵涉到双方。然而，如果没有进行该咨询性的诉讼便是可接受的证据，不应因为提交给了该诉讼而就被认为是不可接受的。审判员应得到明示，受理此诉讼的材料内容应严格保密，任何信息不得作为交换，泄露给第三方。审判员不得为任何一方以及双方的其他争端作证人、顾问或专家。如有发生，其在该诉讼或牵涉到双方的其他争端中的建议，不管目的如何，都是不可接受的。”

TRW 与 Telecredit 之间进行小型审判时的协议也包含了一条保密条款：“任何一方违反这些规则都会严重地损害另一方，并造成审判无效或诉讼申请的不合格。”

另一起美国著名的采用小型审判的案例是 1982 年数百万美元的 NASA 争端案。此案也牵连到 TRW 公司，同时还有 Spacecom 公司。两年前便进行了审判前的诉讼，当时担心一个特别跟踪及数据中继卫星系统将无法按时发射，双方便同意进行小型审判。只用了 1 周时间，他们便通过会谈成功地解决了该争端以及他们之间的其他争端。小型审判只用了 1 天时间。NASA 小型审判的最显著特点是，一个政府机构参加了进来，它也许有钱、也许没钱支付审判员的费用，并还要受到公开的审计。这些问题都被克服了，双方基于相互交换的书面材料进行诉讼。高级执行管们参加了小型审判。他们是来自 Goddard 太空飞行中心的董事长，NASA 跟踪数据系统的助理官员，Spacecom 总裁及 TRW 的部门副经理。没有传唤证人，只是 4 位高级执行官问了些问题。

小型审判技术也用在了 Texaco 与 Borden 的争端中。1980 年 5 月，Borden 公司起诉 Texaco 公司，就路易斯安那州的一份天然气合同反托拉斯诉讼，要求赔偿 2 亿美元。在披露事实的过程中，Texaco 的律师提供了 30 多万页的文件。为解释合同条款，还进行了预备审判。预备审判开始的几周前，Borden 的法律顾问提议 Texaco 的法律顾问采用小型审判程序。提议要求双方律师各用 1 个小时在双方的执行付总裁面前陈述案情。每一方都由技术顾问代表并由 1 个中立的第三方做协助。问题在两周时间里得到了解决，接下来是交换信息。双方共同拟订了新的天然气供给合同，该合同在原来的案子中就不会成为问题。

类似的技术还被用于 Wisconsin Electric Power 公司与美国 Can. 公司的争端中。Can. 公司就其将工业废料卖给 Wisconsin Electric Power 公司作为锅炉燃料，而以后者违约为由起诉要求赔偿 4 100 万美元。Wisconsin Electric Power 公司则反诉对方因燃烧废料而造成额外费用，要求赔偿 2 000万美元。很显然，这里面的技术问题过于复杂。1名法官被选做第三方中立人，并规定案情提交时间只有3天。法官表明了他对案情结果的分析，3个月后达成了解决方案。据估计双方至少节省了75天的审判时间和许多个月的拖拖拉拉的真相披露、案情文件调查，还有更多的审判员费用。

其他有名的采用小型审判解决争端的例子还包括联邦合同[2]。Yarn引用了美军工兵部队的第一次小型审判为例，该案例涉及加快在军队服务局合同上诉庭(ASBCA)中被拖延的一个索赔案。原63万美元赔偿费的要求在3天内以38万美元得以解决。美工兵部队的第二次小型审判涉及到5 560万美元的赔偿费，是关于田纳西Tombigee排水项目在施工中现场条件变更的争端。小型审判进行了3天，接着又进行了另一个为期1天的小型审判，并最终以赔偿1 720万美元结案。Yarn列举的另一个例子是关于美国仲裁协会亚特兰大办事处的小型审判，其中涉及到6百万美元的索赔与反索赔，起因于建造一个造纸厂。小型审判庭由1位退休的联邦法官及2位高级执行官组成，经历了2天的起诉及后来数月的谈判，才最终解决。

所有类型的ADR，包括小型审判的最大问题之一是：程序是什么时候开始的。由于小型审判是解决争端的无约束力的形式，其价值要在正式的诉讼或仲裁进行之前得到评估。但是，小型审判的真正价值体现在争端已经发生，正式诉讼已开始，辩论已相互交换，而此时争端的确切性质已定并已被认为小型审判是可能最为有效的解决方式时，才显示出来。这样就产生了一个问题，一旦正式诉讼或仲裁已开始，就很难改变(这种情况律师最为反对)不是敌对的而是本着长期互利的让步程序。对涉及的两方来说，要让他们自己迈出大步开始小型审判程序也是不太可能的，这时受到ADR支持的一方也许采用ADR组织的其他服务会更合适，如CEDR或CIArb程序，并讨论针对另一方进行小型审判的可能性。

由于英国使用小型审判的经验还很少，因此很难就国内组成审判庭情况从而形成这是快速有效的资料。因此极有必要看看在此方面确有经验的美国的做法。只是凭经验挑选执行官的做法是不妥的，他们必须是好的听众，反应敏捷，会在自己一方暴露出缺陷时及时作出让步，并能就事实找出问题。他们还必须在其公司享有一定权力足以作出有约束性的决定并在需要让步时有权作出必要的让步。

至于挑选中立的主席则是另一个问题。倾向是指定1位法律界人士，他具有组织才能，能使程序有效进行，并对法律方面的问题负有经验。这一点在需要中立的第三方提示双方可能的诉讼结果时显得尤其重要。如双方希望讨论最佳解决方案时，这样对主席是有不利影响的。根据美国的经验，在小型审判中双方都偏爱将退休法官作为第三方主席。

尽管偶尔也会有双方自己设计他们的小型审判程序，美国的公共资源中心与美国仲裁协会都出版了自己的小型审判程序。在英国，类似的有1990年《皇家仲裁员协会的小型审判程序》[3]。《皇家仲裁员协会指南》指出：

"信誉良好的双方，他们大多数对诚意的争端是能够达成共识的，他们本着商业目的，因此至少减少了法律方面的费用、时间的损失并避免了有价值的商业关系的恶化。

这样的解决方案通过采用一定结构的步骤更容易取得，因为它保证了受权的管理层代表呈现出的是事实，是从双方立场来看的，因此可在调停、调解和仲裁技术方面负有经验的中立顾问的指导下进入谈判阶段。"

下面是解释说明，其中包括5条规则：

(1)程序；

(2)交换信息；

(3)正式面谈；

(4)谈判；

(5)费用。

有帮助的是，小册子在最后提供了一份双方准备进行小型审判时使用的协议草案。

在美国，公共资源中心在其ADR程序模式中，设计了一个小型审判程序[4]，但看起来多少有些更复杂化[5]。模式中的小型审判程序包括规则及要开始进行小型审判诉讼的书面协议。规则包括了小型审判团的组成(规则 2)，中立顾问的指定(规则 3)，文件披露(规则 4)，提交给中立顾问的简要陈述及例证(规则 5)，双方交换信息(规则 6)，管理层代表间的谈判(规则 7)，保密(规则 8)及法庭诉讼(规则 9)。

其中一些规则应予以更仔细的考虑。例如，规则 4.1 强调，必须有一个要素，即双方的“座位牌”。但是，应避免诉讼中被告被迫对有关事实或文件作过多披露。因此，双方的责任是努力善意地同意做适当和必要的披露。规则 4.2 清楚地表明，双方可在小型审判不成功的情况下，在以后的诉讼中恢复传统的事实披露要求。规则 6 强调，每一方都有机会陈述自己最好的方面，而另一方则有权进行反驳。陈述及反驳的顺序及时间的长短是协议中规定好的，或者如果没有协议，中立的顾问官有权作出决定。采取怎样的陈述和反驳形式可灵活运用。程序允许传唤证人及专家证人。小型审判团可对显现的事实提问以澄清案情，尽管不采用严格的证据规则。除了非正式的通知，程序中不做任何记录。随后的谈判包括在规则 7 中(规则 7.3)，该规则指出，一旦达成协议，适用的书面协议必须经过签字。

规则 8.1 包含了非常重要的条款：

“所有提议、保证、处理及陈述，不管是口头的或是书面的，不管是任何一方，包括其代理人、雇员、专家及律师以及中立顾问，凡是在诉讼过程中出现的都是保密的。这些提议、保证、处理及陈述在任何适用的调解特许条款下享有特权，并且不能向外界做任何披露，不管要求披露的目的如何，其中包括双方小型审判的诉讼及其他诉讼。”

依据其他的解决争端的案例，规则 8.2 条明确指出，中立的顾问在以后的诉讼或仲裁中不能充当任何角色。小型审判程序的使用也起着阻止诉讼开始的作用，直至该程序完毕。如双方早已存在诉讼，当小型审判开始时，他们可要求审判员保持小型审判诉讼，但先不下结论，也可要求审判员下令保密小型审判的所有细节并禁止双方在已有或以后将进行的诉讼中同时使用小型审判的任何要素。然而，同样重要的是，给予保持小型审判程序及保密的命令并不能成为继续小型审判诉讼的条件。规则 10 条规定，如双方不在书面解决方案协议上签字或是在已作出结论的 30 日前不交换意见(如同意延期则可以)，或任何一方书面通知另一方及中立顾问官取消诉讼，则该程序终止。根据大部分的解决争端案例，中立的顾问官是不能被起诉的。他受到规则 11 条的保护。

特免事宜，使用 ADR 阻止仲裁或诉讼的开始及 ADR 程序的终止将在第 8 章中充分讨论。

7.2 调停仲裁(MedArb)

一些律师及建筑业人士很看不起调停和其他无约束性的 ADR 技术，原因仅仅因为它们是非约束性的，因而被认为对快速、有效的争端解决作用很小。而许多的美国律师并不这么认为。据一项美国调查，被调查人数中占 85%的人认为采用 ADR 并不是弱的表现[6]。

对无约束性的调解有担心，对此的解释方法之一是调停与仲裁的混合使用技术。其目的是约束双方。通常是通过合同中的一个条款，以保证解决争端的方式来继续 ADR 程序。假设争端的双方刚开始是试图通过谈判解决争端，如不成功，他们才会着手调停，但如果达不成协议，调停人将变换角色，成为仲裁员，有权对双方做出有约束性的解决方案。对此许多人表示过疑问，尤其是律师，调停仲裁是否会不可避免地在法律上削弱了中立人履行裁决的作用，并同时削弱最初的调停功效，而在最初时调停人是应该努力创造一种信任的气氛，并愿意在高层会议中给予信心的。还有一些其他的实际考虑。如果双方在原合同谈判中同意，如有争端发生时，他们将采用调停仲裁方式，这时也许很难确定的是何时调停应让位于仲裁。只是简单地将责任赋予调停人来决定双方何时进行调停，何时进行仲裁是不适当的。

调停仲裁的价值很难评定。这种技术还没在英国大量使用。即使是在已有较长经验记录的美国，这种信息也是很少的。Douglas Yarn 总结说[7]：

“从实际的目的来看，在建筑业争端中，也只有少量几份调停仲裁的详细报告。因此，大部分现有的关于这种混合程序的评价都是推测的，也是很好笑的。”

附注中的解释是这样的[8]：

“……一个提议者估计说：‘也许大约有上千个案件……’，但是，他的(提议者)的定义是如此的广泛，它包括了非正式参加的第三方的意见，在调停失败后，有约束性或无约束性的意见。C.J.Gnaedinger 之调停——仲裁：将争端在庭外解决，见建筑说明第 54 号(1985)。”

如调停失败，调停人在同一争端中被随后指定为仲裁员显得很引人注目。如果按照高等法院的诉讼一样进行，仲裁费用是很高的。大部分仲裁员按小时计费，如果仲裁在听证前处理完毕，仲裁员还将收取撤消费。同样，如果争端完全进入了仲裁程序，律师团和专家证人将会登台亮相。任何能减少费用的主意对双方来说都是好主意。仲裁员，尽管在此前的调解中并未成功，却早已对事实耳熟能详，但作为重被指定的仲裁员并不应该有同样的思路。这样的中立人比一般的仲裁员应对争端有更深了解，并在高层讨论会中会更容易道出一些他自己的对某一方案情的强、弱之处的印象来。这有助于双方更容易对仲裁员是如何最终结案的得出结论，随着案情轮廓得逐渐清晰，他们会采用较为简单的仲裁程序，而不是通常的仲裁，这种仲裁要求仲裁员要对每一方的案情都明察秋毫。也许是在调停阶段就已解决了大部分，但不是全部问题，这时中立顾问官可就未决的问题作出约束性的决定。如果实行了仲裁员有权裁决，也许会使调停仲裁在谈判解决争端时会比单独进行调停更有效。

只闻其声便认为调停仲裁很引人注目，是很肤浅的。调停不同于诉讼或仲裁，成功是因为它是基于交流与信任。调停人不必为了接受一方的案情而不得不拒绝另一方。调停程序的目的是要将双方从讨价还价的地位中解放出来，通常与法律一起为确立某些权力相联系，同时再次以利益为焦点寻求解决方案。由于双方的尊敬和信任，调停人可获知他们之间的保密性的交流，也能真正了解到他们在争端中所处的位置及他们极想达到的目的。一个好的调停人能够区别出每一方真正想获得的是什么，从而支持他们努力寻求并最终取得解决方案。调停的成立，并不是由于受到了强制性的压力，而是为了让双方在没有司法强制的情况下达成一致。这种程序通过灵活的类似贸易交换的方式越过法律获得解决争端的方案，而这是法律所无法提供的。

调停是双方两厢情愿的也是在司法以外的程序，而仲裁就要面对法律并且已是法律程序的一部分，也许混合的调停仲裁已有严重的缺陷。因为由于调停人时间紧迫，他也可能在调停阶段强迫双方达成协议而这种协议也许不是双方希望的。再者，知道该调停人也许在后来会成为他们的仲裁员，双方因此而不会太坦率。懒惰或是经验不足的中立顾问官也可能会引起一些问题，当调解显然进入死胡同时，可能导致时机还未成熟时便进入了仲裁阶段。由于受到调停阶段的信息的影响，作为仲裁员而不是调解员下结论时，有可能是带着调停阶段的认识而不是仲裁阶段证据规则下的认识作出的。不管反对意见如何，中立官不可能或者是很难无视双方在调解阶段为了达成解决方案而将保密作为让步，并转而作出基于合法评价权力也许是合理的不妥协让步的结论。

美国司法工程师学会就调解仲裁作出了下列提议，但并不是因为实际的或是法律的难点使他们如此做的：

"就此协议履行中或是违背此协议所产生的任何争端，双方诉诸仲裁前应本着诚意首先进行调停，并应在美国仲裁协会按照建筑业调停规则指导下进行。此后，如有任何未解决的矛盾、协议有关的索赔、履约或违约行为应在美国仲裁协会按照建筑业仲裁规则进行仲裁解决，仲裁员的判决也由此可进入法庭享有司法裁决。惟一的仲裁员应是原调停员，他是根据有关调停规则选出的。"

在美国，已对调停仲裁就使用一个中立官的基本形式所形成的难点进行了数项修正。最一开始，调停——仲裁，调停人和后来的仲裁员是不同的人。仲裁员，由于对前阶段的调停并不知情，就不会受到不成功的调停中的讨论及材料的影响。虽然解决了同一人的问题，但却增加了解决争端的时间和成本。被指定的仲裁员与其他仲裁员一样具有同样的思路。为减少费用，仲裁员也许在调停开始时就已被提前选定并参加开庭陈述。不利的显然是双方应支付仲裁员在调停阶段的时间费用。尽管技术上，对有足够信心的一方有利，即调停阶段不会解决所有问题，但最后对双方都会没有吸引力，因为此时有可能引起调解与仲裁联合会议的召开，不合作的行为只是为了给未来的仲裁员留下印象。

另一个已被修正的调停仲裁方式是，在调停过程中，一方可提议调停人作为仲裁员来解决剩余问题，前提是另一方也同意这么做。如任何一方反对，仲裁便需另择时机再进行。提议者建议应鼓励各方要求调停员在调停阶段就解决那些棘手的问题。当然不是说持反对意见者由于在高层会议时表现欠佳，而在调停变为仲裁时就会感觉良好。不过，美国辩论协会已就此类争端的解决程序制定了一项标准。

另外还有两种极为不同的调停仲裁方式。咨询调停仲裁，这种形式的仲裁结果是无约束力的，显然也与其他程序的费用及所需付出的时间一样。对赞成中立官所建议的可能出现的结果的一方，他们可能不会满意将剩余问题留待仲裁时解决。调停——仲裁的方式，即一种咨询调停仲裁的方式，经过调停后，调停人会作出大概的结论，陈述其对结果的意见。如争端处在完全的诉讼状态下，在中立官最终结案前，双方均有机会反驳，这时他们可就明显的错误进一步提出争辩及证据。如果双方都接受裁决，那么裁决就是有约束力的。如果裁决不被接受，那它具有咨询意义。如一方接受裁决，而案子后来又进行了仲裁或诉讼，拒绝接受裁决的一方应支付双方的法律费用，如果诉讼裁决也与前一个裁决一致的话。

调停仲裁在英国和威尔士面临的困难是，它必须符合普通法及1996年《仲裁法》。1996 年《仲裁法》对英国《仲裁法》进行了修改，除46节下要求指定和解人规定外，调解仲裁提出的问题不必在委员会中提出。随着仲裁的进行，仲裁员非常清楚，根据1950年《仲裁法》23(1~2)节的规定，如果结果是任何裁决都因为有缺陷而被弃之一旁，他们可能会有被指责为由于行为不端而被解职的危险。再就是，根据1950年《仲裁法》及1996年《仲裁法》第24(1)节的规定，法庭可废除仲裁员的权力，由于他并不公正，并且：

"当提出申请的一方在制定协议时便知道或是应该知道，仲裁员由于与某一方的关系或是与事件有联系，而可能是不够公正的。而这不应成为拒绝申请的理由。"

1996年《仲裁法》第33节(1)(a)条明确规定了法庭的责任是"在双方之间公平、公正地执法，给予每一方合理陈述案情及与对手力争的机会"。仲裁的"行为不端"已被广泛地提到，包括对通用法自然公正的违背，使许多仲裁员遭到攻击，他们忠实但误导，试图缩短程序，并减少或取消应披露的文件以及对这些文件应进行的检查，或是采取任何他认为有利于取费并能尽快解决争端的行为。1996年《仲裁法》在调停仲裁缺少具体的法律规定时，也许显得很宽大，但时间会说明一切。

律师们担心调停仲裁条款会违背自然公平原则。许多与自然公平有关的定案，要么与民事自由有关，要么就是太久远。总之，他们对当今的《商业仲裁法》感到失望，并对双方希望争端能又快又便宜地解决而随时准备牺牲一些法律及程序的事实视而不见。他们认为，程序的保护绝不能被完全忽视。个人知识的丰富也可能造成不能认真听取双方各自的观点，这样就是误导。现在，自然公平规则已发展成为解决争端的服务体系，这在行为上是相对的，但在有第三方参与的情况下，程序的公平是最基本的。不管是法官还是仲裁员都不应在仲裁之前或是仲裁过程中对证人的可信度或是真实性发表议论[9]，也不应对争端的是是非非发表评论[10]。测试是否有偏向的标准[11]，是测试"由于所谓的偏向，是否真有不公平发生"——司法的"真正的可能性"[12]。

拉丁语 audi alteram partem(听取双方之词，且任何人不得下令不听取证词)，描述了自然公平的另一个主要特点。双方都应有合理的平等的机会阐述自己的最有利部分，并相互检验对方的证言。这就解释了为什么仲裁员应该小心谨慎地对待双方有创造性的处理方法，特别是当讯问证人的机会有限并且在被告被迫对有关事实或文件作出披露以及核查文件的过程缩短的时候，尽管此时法庭是支持法官限制文件披露、文件核查及无数的证人讯问的[13]。

今日独断的程序也可能成为明日不满的失败方的上诉根据。调停是把双方保密的信息在调停阶段揭开。如果调停人(仲裁员)在取得裁决时受到了这些信息的影响，失败方将无法全面了解到对其不利的方面，并且无法知道裁决是依据参考资料而不是依据证据作出的。调停阶段披露的某些证据，其目的也许是为了仲裁阶段的，这是绝对不可接受的。提供的保密信息经不起讯问，这对于任何一方来说都是很令人反感的，特别是在中立官要依赖这些信息作出决定的时候。

仲裁员必须经过评价证据后，再从司法角度作出判决。尽管某些司法官鼓励仲裁员采取询问调查的方式，1996 年《仲裁法》[14]也已对此给予支持，但“和解人”作为英国仲裁案例的一部分已受到很大怀疑，在 1996 年《仲裁法》第 46 节中也有暗示性的说法。

在讨论调停仲裁时有两个问题被常常提及：

(1)可否不包括自然公平规则?

(2)调停仲裁协议与公共政策相矛盾吗? 即使对方原来都是支持公共政策的?

这是 19 世纪放任政策原则(不干涉政策)的发展，根据这种原则商业合同给商人以极大的自由，怎样合适就怎样签合同。为避免蛮横的讨价还价，法庭已长期以来给予管理上的影响，近期更是以法令进行控制[15]。再就是法庭希望仲裁是实际的、合理的。Mustill 和 Boyd 在其主要的教科书[16]中曾指出：“……双方已明确同意了的步骤，法庭就应承认是一个适当的步骤，实际上惟一的适当，指的就是提交委托”。

法庭的宽容越来越大，有时会允许在法律上是不可接受的证据，并允许一方在其他法官不在场的情况与某一个法官交流。仲裁员与专业人士都知道，许多的商业仲裁中都有这种不正规的情况存在。在这种情况下，仲裁是基于半讯问的基础，程序规则，如果它们确实存在，也是概括地以很灵活的方式起草的。

一般来讲，不应违背自然公平的规则。有人认为[17]某些不合规定的规则，其结果已严重到根据事实本身已构成对公平的否定。然而，如果双方确有详细的调停仲裁条款，现在的英国商业法庭不会轻易忽视双方意愿的表达。

对于调停仲裁条款的支持者来说，也许能在国外得到些支持与安慰。例如，ICC 调解选择规则第 10 条规定，在该规则中不包括指定前调解员作为同一争端的仲裁员之规定。

作为律师很容易夸大调停仲裁过程中的困难。律师本身是保守的，经过训练又是谨慎的。调停仲裁的价值在于其能推定出的错误——现在似乎对中立官有很强的需求量，中立官能够在同一个争端中既可以在调停阶段也可以在后来的仲裁阶段起到有效作用。调停仲裁可以支持调停阶段处于较弱地位的一方。处于强势地位，但经济上已处劣势的一方，也许会觉得受到了压制，因为调解花去了大量时间和金钱，却必须接受一个不甚满意的裁决，如果公正处理，会有一个比现在的裁决更好的结果。调停人从简化作用到裁决作用的转变可能会在仲裁时将中立官置于他是了解双方的情况者这样一种状况下，从而帮助了较弱的一方。

即使这种手段连明显的法律难点都没有完全解决，如果裁决阶段没有受到 1996 年《仲裁法》的控制，它依然可以支持较弱的一方，不过取而代之的是裁决中立官是作为专家到场的。也许，最好的解决方案是对那些提倡大量使用调停仲裁程序的人，建立一种对中立官和争端的双方都适用的相互联系的行为法典。无论如何要允许中立官使用已披露给他的保密信息。如果这些保密信息是在裁决时要特别提到的，应赋予中立官一种义务，这种义务可使中立官在发现自己由于在调停阶段所披露的保密信息无法公平行使权力时解除自己的权力，最重要的是要有明确的规则来确定调解结束的时间及仲裁开始的时间。需要考虑的是，由中立官作出这种决定是否适当，是否需要双方共同的决定，又或者是否可在最终调解会议结束，经过为期数天的平静后，只要求一方单方作出这种决定即可。

有趣的是，尽管英国一些律师强烈反对调停仲裁这种做法，但在其他的司法程序中却未发现这种敌意。Alan Shilston[18]曾提到百慕大 1993 年《国际调解与仲裁法案》，自从颁布以来，一直包含有重要的调解规定。为便于理解的目的，调解在法案中包括了调停："调解规则"指的是 UNCITRAL 调和规则：

"双方书面同意指定的调解员应该也可以作为后来的仲裁员，如果调解失败未能达成双方可接受的方案，不能拒绝其作为仲裁员，不能以他在以前已是调解员已了解了许多有关情况而拒绝接受他的仲裁程序或裁决。"

同样地，香港有一个动议允许调停不成紧接着进行仲裁，如果双方都表示同意。Shilston[19]认为：

"在一些司法中，如在德国，法官愿意积极尝试再调解。据了解他们并不像美国那样举行高层会议。在亚太边缘地区，文化的取向是在调停或调解阶段将第三方参与进争端中。欧洲承包商在此地区业务很频繁，尤其是英国，应该很了解该地区的背景，说明现存的法律是允许调停或调解与仲裁混在一起的，这应该是双方希望的。解决地区争端的中心机构，如香港、百慕大及新加坡，其政府通过颁布法令成了推进者，提供了调停仲裁可进行的背景。"

新加坡也有类似的情况发生，允许先调停后仲裁。Shilston[20]特别参考了新加坡 1994 年《国际仲裁法》，其中的条款包含了下列内容：

"调停人的指定：

16.(1)在任何情况下，如协议中规定，由争端双方以外的人员来指定调解员，而该人员拒绝指定或未在协议规定的时间内指定，如果没有时间规定，而是双方根据协议要求在一个合理时间内指定，当职的新加坡国际仲裁中心主席可在任何一方提出申请时指定一个调解员，他享有根据协议指定的调解员的一切权力来进行调解程序。

(2)如果大法官认为合适，他可在报纸上发布通告，指定任何人按照(1)条的要求行使新加坡国际仲裁中心主席的权力。

(3)如仲裁协议中提出了指定调解员，又提出他可在调解未能取得双方可接受的解决方案后作为仲裁员——

(a)不得拒绝这样指定的仲裁员，包括其仲裁行为，或只因他在此前是调解员的缘故；

(b)如果他拒绝作为仲裁员，任何其他的被指定作为仲裁员的人员不应要求先作为调解员，如仲裁协议中有相反的规定。

(4)如相反的规定在协议中出现，有指定调解员规定的协议，应包括这样的条款，即如调解不能在4个月内取得双方可接受的解决方案，如果这样长的时间是双方同意的，4个月的时间从调解员指定日算起，或从协议指出调解员的名字，或他已收到书面的争端通知算起，此时调解程序即告终止。

作为调解员的仲裁员的权力：

17.(1)如果所有方对所有的仲裁程序书面同意，并且很长时间内并无一方撤消他的书面同意，仲裁员或仲裁者可以作为调解员。

(2)作为调解员的仲裁员或仲裁者——

(a)与各方一起或单独协商仲裁程序；并且

(b)对提交给他的一方的仲裁程序资料信息保密，除非该方同意不这样做或除非按(3)条要求做。

(3)仲裁员或仲裁者在调解程序中收到一方的保密资料，而调解程序由于对争端的解决并未取得成功而终止，仲裁员或仲裁者应在仲裁开始时，向各方披露他认为对仲裁程序有意义的所有信息资料。

(4)不得拒绝接受此前是调解员而现在是仲裁员的仲裁行为。”

类似的还有，调解仲裁在新南威尔士和阿尔帕塔地区得到了承认，并经历了两个国外的司法案例。

7.3 聘请法官

聘请法官体系在加利福尼亚曾盛行一时，尤其在洛杉矶很盛行。这是对长期要求进行审理的反应。也是基于加利福尼亚法律的两大特点。民事诉讼法典第 638 节指出根据争端双方的协议，法庭可“指定一鉴证人来进行争端的解决或按照事实或是法律进行仲裁。”一旦法官已指定某人作为鉴证人听证，那他就可以决定听证会的日期和地点，并行使审理法官的所有权力。这里采用的程序与加利福尼亚审判庭所使用的程序一模一样。法庭书记要在场并作记录。鉴证人需在听证会后的 20 天内向法庭提交书面报告，阐述他所发现的事实及依据法律条文作出的结论。这些所发现的事实即成为法院发现的事实，并如同基于双方协议作出判决。双方有权对鉴证人的决定进行上诉。上诉可以是要求不接受鉴证人的报告，也可以要求在低级法庭重新审理，或是从法律的角度向受理上诉的法院上诉。

加利福尼亚法的另一特点是宪法的第 21 节第 6 条，根据第 6 条，法院可由一临时法官审理，他应是州审判团的一员，宣誓并被赋予权力直至案子最终结束。临时法官具有一般法官的所有权力，包括指责某人蔑视法庭的权力。进行宪法程序而不是司法程序的优点是隐私性。法院记录只是包含了指定临时法官进行争端裁决，并不要求向法庭陈述详细报告，也就不会成为法庭记录的一部分。

CEDR 以聘请法官为题发表了自己对司法评价的构想。利用高级法律顾问和前法官在英国发展 ADR 的角色。进行规划的成员包括前高级法院法官，他能提供较为快捷的途径，通过这种途径诉讼当事人或是将要成为诉讼的当事人可以通过向 CEDR 的高级律师联合陈述，寻求另外不同的评价。双方可选择是继续谈判还是调解取得解决方案。规划的使用者可将该评价视为有约束力的。或者使用者可将此评价作为分析案情的辅助手段通过捋顺问题为将来的判定服务。英国的构想产生于美国司法及仲裁、调停服务有限公司(JAMS)的首批案例，JAMS创始于1979年，有将近200名前美国法官组成陪审团。他们每年通过美国的20家办事处处理将近10 000个案子。JAMS是一家大企业，1992年的收益是2千万美元。其市场总监将90%的成功率归功于前法官的信誉和经验，他们有经验地评价事实并不失中立地坚持法律原则。

7.4 其他ADR技术

另外还有很多其他早已讨论过的ADR技术或更精练的技术，这些技术在美国比在英国更得以发展，可能还将颁布有特色的英语版本。其中包括：

7.4.1 新泽西医疗实践小型审判

这是用于新泽西的医疗事故的责任已经界定的争端。保险公司和索赔者共同选定一位退休法官来简短听取案情。如有必要也可听取一下证人证词。陈述案情的最后，法官向双方提出自己的评价和建议。很显然，他的建议几乎就是裁决的结果，并且根据新泽西的程序，退休的法官的决定在法院是可接受的。

7.4.2 秘密听众调停

双方可指定一个秘密听众并告诉他，他们最高和最低的可接受的数额。应有协议规定，一旦这些数字重叠，双方只简单地通过分担差值就行了。如果数字不重叠，该听众将数字报告给争端的双方，他们可再来一次。

7.4.3 “世纪城”小型审判

这种情况在西洛杉矶经常发生，并且是对简单的小型审判的修订。争端的双方必须先将他们的争端提交给一个三人陪审团。陪审团包括来自双方公司的最高级别的官员，包括1位公正的主席，通常由退休的法官来担任。当辩词陈述完毕后，双方公司的官员先试图取得一致。如果未能达成一致，主席口头或书面提出建议，表明如果让他作为法官他会作出怎样的决定。这可能会使大家把精力集中在可能达成的方案上，否则只有进行诉讼。

7.4.5 合同式的小型审判

当争端发生时，不仅是简单地同意采用小型审判的程序，双方还可以同意，正如他们同意一条仲裁条款一样，在小型审判时制定某项条款作为诉讼的条件。Hancok参照了一位美国法律教授在特殊案件中的意见。合同的每一方都应指定1名公司副总裁级的官员在争端产生时出面。如果副总裁级别的执行官不能解决问题，他们将协议进行首席执行官的解决争端的再次尝试。如果仍未取得成功，这时双方才可提起诉讼。该教授还进一步建议，应考虑制定这样的条款，即要求各方本着诚意参加标准的小型审判，并对在小型审判中失败，并已开始法律诉讼且未取得成功的一方开出罚金。

7.4.6 MEDALOA

这是调停与最终提议仲裁的结合。不论何时争端涉及到价值或金钱索赔的问题，双方都可提出他们最后的要求，并向中立的仲裁员提出最终提议，仲裁员有权选择一方或是另一方的提议。美国仲裁协会提出了两条可行的条款，以使双方能取得如下成果：

“涉及金钱争端的双方向美国仲裁协会(AAA)根据其商业调停规则提出调停，如未能达成解决的数额，他们同意将争端提交中立官，中立官由AAA指定，他从他们最终谈判的结果中选择一个，这种选择对双方是有约束性的。”

另一条可供选择的条款是：

“如果金钱争端产生于或与此合同有关，双方同意先将争端提交美国仲裁协会(AAA)按照商业调停规则进行调停，如果就数额不能取得一致，再将争端提交中立官，中立官由 AAA 指定，他从他们最终谈判的结果中选择一个，这种选择对双方是有约束性的。”

美国仲裁协会建议 MEDALOA 也许就是解决调停仲裁问题的答案。

“MEDALOA 相对于被称为调停(仲裁)的类似程序更可取，调停(仲裁)是调停与有约束性的仲裁的结合体。MEDALOA 之所以更可取，是因为它限制了仲裁员，使其只能在双方最终提议之间作出选择。MEDALOA 鼓励双方继续进行谈判。”

第8章　采用ADR解决争端的实践与法律因素

8.1　实际因素

许多客户在走进他们律师的办公室的时候，都似乎相信诉讼能解决他们的一切问题。这种客户对自身的位置显然没有客观地评价。他们明白他们希望得到怎样的结果，如何陈述事实，但却不愿接受事实所揭示的现实。在这方面，他们通常会得到他们律师的支持。大多数律师希望他们对客户有帮助并希望突出客户案子有利的地方，但是如果不能同时指出客户的弱点或问题因素，这种律师也不是好律师。那些指出客户弱点的律师被指责为是消极的，可能会受到客户的欺侮，因为客户希望他的律师是与他肩并肩地、毫无异议地支持他。

如果在争端发生时，只是抱着“先提交文件，然后看看会怎么样”[1]的态度，是很容易得到答案的。这种方法经常会得到过分简单的答复如“大多数案子都会解决的”。确实，大多数案子在审判前的某个阶段会得到解决，但许多的类似的案子能得以解决是因为已经发生了高额的法律费用，而可谈判的范围却越来越小。当真是要认真解决争端时，律师和专家证人的实际费用就会成为双方争论的焦点，成为双方需决定承担各自部分的争端。

有些人认为，只有失败者才认为诉讼常常像拔出手榴弹的栓然后又让手榴弹炸掉自己的脚一样。他们会转向特别的例子，这些例子都证明诉讼是非常成功的。如前例类似的情况常常发生。人们的确会在法律上赢得审判，但常常是经过了长期的、残酷的战斗，相反的法律却是产生出了重大失败者。诉讼就像玩六合彩：最终每一方都有可能失败。通常，诉讼是在认定对方完全没有道理，已经无法与对方谈判的情况下才使用。不管在怎样的情况下，索赔是一个原则问题。有经验的律师会建议客户绝对不要就原则诉讼，而是就法律来诉讼。诉讼确在法律原则清楚的问题中起着重要的作用，尤其是对某一方有利。而争端的中心是事实，只是事实，诉讼就不是解决争端的最好手段。任何争端中最初的顾问是律师，这就需要一位有经验、不自私的律师，他会阐明争端具体需要的是技术评价而不是法律诡辩术。

传统上来讲，不能通过理智而且温和地解决争端的情况，会自动趋向于争端诉讼。有幸的是，调解成为进入诉讼之前或是在简单地取得一个解决方案，而这个解决方案并不令人满意的情况下提供了一个折中方式，也可能是一个很合适的方式。在评价争端是否适宜调解时，下列因素也许会有助于一方作出决定，是进行调解还是进行诉讼：

* 双方有并愿意保持商业关系；

* 双方都愿意尽快解决争端；

* 双方都认识到诉讼可能浪费时间，成本太高并且不可预见；

* 双方都不愿由于诉讼而使其暴光；

* 双方都认识到调解有可能在庭上提供给他们最好的选择，还能以最经济的方式进行；

* 双方在其他争端中已领略过诉讼和调解，已认识到了调解的价值以及诉讼的弊端；

* 也许会有提供证人的问题，但应尽可能避免审判。

那么争端的一方怎样开始调解程序呢？不能只是简单地发布文告就行了，因为调解需要得到双方的同意，调解可能在以下 3 种情况下发生：

(1)依据合同条款，该合同条款中不包括使用诉讼。不过适当采用 ADR 的方法除外，尽管上述条款的合法性很受怀疑。

(2)即便在合同中没有调解的条款，双方也可在争端发生时同意进行调解而不是在法院仲裁或诉讼。

(3)诉讼或仲裁已在进行中，双方后来决定尝试通过调解来解决他们的问题。最好的时间是在被告答辩结束时考虑是否进行调解。这时双方已交换了陈述、答辩及反诉，对答辩进行反驳和对反诉进行答辩，并已完成了互相交换问答和辩论的进一步的资料。即便是被告的资料已披露，调查已开始进行，这时考虑使用 ADR 依然为时不晚，但需在为证人和进行审判的准备发生了巨额费用之前。

组织进行调停的最简单形式是通过合同条款的规定事先制定协议，并附有详细的条款内容和解释，比如像 CEDR 规定的那样。合同式的调停条款中有这样一种形式：

"如果与合同有关发生了争端或是分歧，双方无法在平和的谈判中在……星期之内解决，双方同意在进行诉讼之前，先本着诚意根据……颁布的调停规则解决争端或是分歧。如果没有签订指定调停人的协议，调停人将由争端解决中心(CEDR)指定。双方同意平均分摊调停费和调停人的费用。双方还同意各自承担自己的费用。调停地点设在(伦敦)。"

尽管双方可以选择采用他们预想好的调停程序，比如，或是按照合同条款或是自选方式，但要规定好要采用的程序或是按照已有的标准调停程序进行，比如 1990 年《皇家仲裁员协会指南》调停与调解部分(见第 4 章)。

虽然 ADR，包括调停，从客户的角度看显得很值得推荐，在某些方面呼声会上去，"那么律师参加进来，有什么用呢？"许多法律界以外的人不认为律师们已牢记住了《圣经》的要求："保佑乞求和平的人们：因为他们被称为是上帝的孩子"。[2]对于这样的人，律师的真正感觉接近于(不开玩笑)高级诉讼员对其中一个作者评价的那样："不进行诉讼的诉讼客户有什么用呢？"

然而，法律是一种客户服务，客户对其律师所能施展的范围越了解，客户要求得到满足其补偿的压力就越大。繁忙的商人应渴求的是解决方案而不是无效的花费巨大的法律战斗。因此，诉讼律师不能忽视ADR的成长及其对商业社会的吸引力，如果没有保险，就无法负担诉讼费。

同样地，现在许多大的保险公司支持 ADR，许多支持性的法律条文也包含了调解及其相关技术。技术与工程法院律师协会(TecSA)正在起草用于技术与建筑法院的 ADR 草案。

如果律师准备积极地看待调解，他们就会有下面的机会：

* 争端中，他们可就最重要的一个因素对客户提出建议，如客户的合法权益；

* 给客户选择、建议合适的争端解决程序；

* 帮助客户准备 ADR 论据；

* 代表客户参加调停会议和小型审判；

* 帮助客户准备和完成合适的解决协议，这种协议在法律上是强制性的；

* 帮助客户起草合同，合同中要包含更多的设想解决争端的条款，而不是过时的处方，即所有争端都通过高院的诉讼来解决或是通过仲裁来解决。

律师也可协助处理下列事宜：

* 哪个 ADR 技术最合适用于解决争端；

* 需完成提交 ADR 资料的时间期限；

* 上述协议缺乏的情况下，应如何选择调停人，他是否具备特别的资质；

* 调停会议前应准备和可能交换哪些文件；

* 调停人能够作出的建议，无约束性或有约束性的；

* 如果调停失败，调停人提供书面报告陈述其建议；

* 从争端的解决方案中分析争论者的目的和争论的兴趣所在；

* 分析法律问题，将它们从实际问题中分离出来；

* 决定采用何种方法向调停人陈述；主陈述人是否要在技术上或法律上具备一定资格？

* 分析争端是否已很具体化，对方的文字材料是否足够做出对 ADR 价值的评价？

* 客户的专业赔偿保险公司对事件是否有兴趣，因此要最先通知他们？

* 如果事情必须进行诉讼或是仲裁，对大致结果进行的风险评价；

* 是否有总的政策的考虑，或是法律惯例的要求，而按照这种要求在高院进行诉讼会对客户有更多的好处？

* 如果要以传统的方式进行诉讼或仲裁，各方是否有证人的问题——证人也许现在国外工作或受雇于其他公司，证人也许对前顾主怀恨在心，证人的合作需付出大笔费用，以及证人在法庭的表现是否恰当？

* 文件资料的混乱或缺乏完整性在追加诉讼或仲裁时，是否不合适宜？

运用 ADR 而不是诉讼或仲裁，是一种不可避免的要作出适当准备的手段，即便是 ADR 更快的节奏可能导致比之整个审判程序更有限的准备。在调停会议上能有效地陈述案情，商讨合适的解决金额或是根据案情进行物物交换，都要求不论是中立的提供建议的人还是双方各自的高层管理者，要完全理解争端所产生的问题。对于律师来说，最基本的是：

* 确认调停会议所必须的资料；

* 从双方的观点完全了解争端的事实，收集必要的证人证词编入自己的观点文件中，进行核对并完全理解；

* 确定并分析重要的或是受到争端的法律问题；

* 完成客户争端的强、弱风险分析图表，如果可能，也对对方作同样的分析；

* 确定由谁代表客户参加调停会议，保证这些参加的人员在公司里具备足够的资力并具备足够的权力，能够达成协议，作出让步及进行必要的物物交换；

* 与客户代表联合确定，在承担责任方面，最有利和最不利的地位，如果可能，确定对方那些可能引起观点改变的问题的分量；

* 根据调停会，起草谈判计划，该计划提出客户最终乐意接受的提

议或要求；

* 在调停会召开之前确定是否有不便让对方了解的事实，以便准备好在高度机密的情况下告知调停人；

* 完全明了为了诉讼员喜欢的“时刻准备着”的立场，而只是控制些信息资料是毫无价值的；

* 与客户一同考虑与调停人、对方进行的联合会议的公开地址是由客户确定还是由律师确定。

8.2 法律因素

8.2.1 时效期限

无论何时可能成为索赔者的人在考虑如何最好解决其争端时，他和他的律师都必须记着时效期限的重要性。如果索赔要通过法庭诉讼或是通过仲裁解决，索赔必须在法规规定的时间期限内开始。被告总是要求坚持有关的时效期的规定；时效期限的问题也可能成为他辩护的一部分。1980年《时效法》是最初的就时效期限规定的法律。其中规定：

* 简单合同产生的诉讼必须在违约之日起的6年内提出；并且

* 根据按照契约方式执行的合同的索赔必须在争端产生之日起的12年内提出。

矛盾激化的日期即为合同违约争端产生的日期。这种情况在建筑业索赔案中很难评定。比如，如果索赔是基于工程有缺陷，那就极难于确定具体工程实施的日期。因此，工程合同的违约通常是按照实际的或基本完工之日算起。但这并不排除其他可能的日期。例如，如果承包商未能按照指示弥补缺陷，在承包商一方就构成了二次违约。的确，承包商只能在缺陷责任期或维修期满后才是最终完成了其职责。因此，他在整个维修期期间都负有责任。在界定上诉期限时更复杂的情况来自1980年《上诉期限法》第32节。该节是为了处理被告故意隐瞒方面的。在这种情况下，上诉有限期的开始时间一直要到索赔者发现了被告隐瞒情况或是他通过自己的努力发现了被告的隐瞒情况算起。

许多索赔案中律师称被告方面违约，同时又作为民事侵权行为的起因。一度有人建议索赔者与被告之间已经存在详细的合约，不能同时又以法律过失来对付被告[3]。然而，法庭再次根据法律效力，坚持认为现存的正式合同并不能排除在民事侵权行为中同时具有的权利，这种情况在某些时候也许更广泛[4]。显然，索赔者不管如何争得索赔，他不能获得双倍赔付。

1980年《时效法》对民事侵权行为索赔相对于合约类型的索赔具有不同的影响。《时效法》第2节规定基于民事侵权行为的索赔自争端产生之日起超过6年便不得再提起。这里所指的日期是指损坏发生之日。这也许是在违约发生之后很久的事。这意味着索赔者有一个更长时期提出索赔。当损坏发生由此而产生民事侵权行为的事实对原告可能是不公平的。有可能存在这样的状况即索赔者虽然自己没错，但却不知道事实上他已遭受了损害。上院对 Pirelli General Cable Works Limited v. Oscar Faber & Partners (1983)案例的判决就是上述情况。

Oscar Faber，一家著名的咨询工程公司，设计了一个大烟囱，并在1969年修建。根据专家证据，1970年烟囱靠近顶部的地方出现了裂缝，例行的维护中并未发现。直至1977年才发现有损坏。1978年发出了传票。尽管上院认识到那时的法律是不令人满意的，但仍然认为原告民事侵权行为是1970年产生的，因此诉讼已失效。Pirelli 案的判决所产生的后果是议会颁布了1986年《潜在损坏法》。

这项法案将新的条款14A和14B引入了1980年《时效法》。这些都是对旧法律的有决定性的改革。有一位原告，在损坏发生的6年里没有进行起诉，如果他在最初的6年里并不知道损坏已发生的解释合理的话，他们允许他在知晓发生损坏的未来3年里可以进行起诉。另外，为给被告一些确定因素，议会还制定了长达15年的停顿期，这有效地取消了原告索赔的权利，日期从被告最后一次被称为产生民事侵权行为开始算起。

认可法律上诉有效期限的重要性不能被夸大。没有被告会引起可能成为索赔者的注意力，他会在起诉失效之前，将其索赔提交法庭或仲裁。在讨论 ADR 解决方案时，这种考虑会变的更为关键。没有哪个索赔者能负担得起在 ADR 程序中不考虑时间所产生的混乱，采用一套保护性的诉讼程序以避免起诉失效会显得很关键而不只是很谨慎。相反地，它可能会对有些玩世不恭的被告很有益，他可能会作出要与索赔者一起寻求一个 ADR 解决方案的姿态，但并无意要认真对待；只是将它作为一种拖延战术以期索赔由于索赔者的迟缓而流产，或更有吸引力一些，在后来成为诉讼失效。

在某些建筑合约中，更为复杂的情况是必须要遵循典型争端案例和按照各种标准格式提供的案例来解决问题的机械性。ICE 第 6 版合约条款的典型案例是按照第 66 条中规定的时间表严格执行的。同样地 JCT80 和 JCT98 也给出了时间期限。

尽管 1950 年《仲裁法》第 27 节中规定高院有权延长随时开始仲裁程序的期限，而在建筑行业案例中行使酌情处理是不可靠的。在这一点上，有两个房屋案例和一个土木工程案例。两个房屋的案例都是按照 JCT80 执行的。第一个是 McLaughlin & Harvey v. P & O Developments Limited(1991)，商业法庭认为根据 1950 年《仲裁法》第 27 条规定考虑到最终证书的问题，可延长开始仲裁诉讼的期限。在近期的案例中，Crown Estate Commissioners v. John Mowlem & Co.Limited(1994)，上诉庭认为在 McLaughlin & Harvey 案例中的决定是错误的，因为根据 1950 年《仲裁法》第 27 条并没有允许延长可开始诉讼期限的特权。后面这个决定在 Christiani and Nielsen Limited v. Birmingham City Council(1995)的案子中却不甚愉快。在这个案子中，有两个问题，包括：66(3)(A)项下的 3 个月开始仲裁的期限是否可以根据 1950 年《仲裁法》第 27 条延长。考虑到特别案例情况，法官不必考虑问题的细节。但是，他表示如有必要他会批准第 27 条延长期限之规定。案例法早就认为 1996 法案第 12 条更有限制性

Fox and Widley v. Guram and Another(1998)和一些航运案例包括 The Catherine Helen(1998)和 Grimaldi di Compagnia di Navigazione SpA v. Sekihyo Line Ltd(1998)。

8.2.2 ADR 程序的确定因素

ADR 不断受到的一个批评是，即使是取得成功，如果有一方食言，任何协议都难以得到执行。如果调停成功，会有一些确定因素，如双方将其解决方案以书面形式列出，并且不需要再在法庭上讨论便可强制执行。这方面的事宜律师可以协助办理。第一，尽管法庭还未做出判决，但协议书可以先起草好，以便后来的协议可能成为强制性协议，这样，如有必要，法庭就可根据要求进行强制执行。这类协议可按照被称作 Tomlin 条例起草，该条例经常用于带有复杂条款的诉讼中。它们是根据 Tomlin J. 命名的，出现在 CPR 第 40 章，被称作赞同条例。在注释中[5]，他解释说，凡双方已同意妥协，并有意向表明法庭的裁决肯定会按照条例执行的，协议应按如下文字起草：

"凡原告与被告双方同意附于方案中的条款的，应发布如下命令，所有就此行为的进一步诉讼都应停止，除非要采取执行这些条款的行为。双方都享有请求执行这些条款的自由。"

诉讼中，如果已同意的条款遭到违背，强制执行中会要求按照"请求自由"条款首先恢复原来的行为，然后再进行强制执行。第二，如果该命令本身遭到违背，法庭就可能采取强制执行措施。如果已达成 ADR 解决方案，并且在此之前已发出了传票，就可采用 Tomlin 条例执行。如果在此之前并没有发生诉讼，双方就应该起草一份特别的协议，协议中应包括下列内容：

* 当事人的身份；

* 所发生争端的详细陈述，争端是指有过调停，并已就下列条款取得了解决；

* 解决条款；

＊ 制定一项条款使协议看似对双方具有同等效力,如同协议是法庭诉讼达成的结果一样,其中任何一方认为对方违背了协议条款都可向指定的法庭申请必要的命令来保证违背方按照协议条款执行。

第二种协助强制执行的办法是声明，协议应被认为具有仲裁所取得的结果效力，该仲裁指的是 1996 年《仲裁法》。如有必要，强制的结果可按照 1996 年《仲裁法》第 66 章做出：

"仲裁协议的结果，如果高院或法官允许的话，应被看作与判决或命令具有同等效力来执行，如果允许的话，判决既是结果。"

"(1)按照仲裁协议由法庭作出的判决，如果法庭许可，应被看作与判决或命令具有同等效力来执行。

(2)如果许可，判决既是结果。"

通常来说，人们可能不知道调停将怎样结束以及双方是否能达成协议。如果达不成协议怎么办呢？调停人会有推荐的解决办法吗？失败的调停终止后会发生什么，双方诉诸法庭或要求仲裁前是否需要冷静一下？

8.2.3 特权及要求提供证据

特权及要求提供证据的规则可能会在 ADR 的使用中出现很多问题。某些困难由于缺少直接的司法指导而得不到帮助。包括如下问题：

＊ 如果调停失败，双方又重新回到法庭或再度仲裁，虽已失败，那么为调停，而准备的文件资料如何处置？在后来的法庭或仲裁程序中是否会泄密？

＊ 仲裁员是否会在后来的法庭或仲裁中被叫回代表任何一方出示证据？

＊ 调停人是否可在非公开的高层会议上对其所作的评价保持沉默？

＊ 不管调停成功与否，在后来的诉讼中如任何一方认为前面的调停中所发生的是与目前诉讼中所发生的有关，并且都想利用调停使用的文件，或是要求在调停中出席的人员在诉讼中也出席怎么办？

虽然双方多次明确表示，他们会不带“任何偏见”地执行那种没有约束性的调停，即使调停程序没有明确表示出不带偏见，但律师们会如此处理。没有约束性的调停与双方在寻求诉讼时举行的会谈有很多共同点。“没有任何偏见”这个词的意思是如果协定的会谈不成功，由此做出的结论将具有特权性，在后来的诉讼或仲裁程序中不可再论及。在 Rush & Tompkins Limited v. Greater London Council(1989)的案子中，法官 Griffiths 曾认为[6]：

“制定排除一切谈判的规则的真正目的在于达成协议，不管是口头的或是书面的，而不必提交证据。一个称职的律师总能够使任何谈判与‘不带任何偏见’相一致，并真正阐述清楚如果谈判不成功，在后来的审判中不可再重复提及。不过，规则的使用不是依赖于使用‘不带任何偏见’并且如果情况表明双方都在准备妥协，那么，谈判的证据内容，一般来讲，不能在审判中出现并且不能够用于建立可信或是部分可信度。”

结论中基于“不带任何偏见"所制定的特权是双方的结合点并可引申用于双方的律师[7]。只有在双方都允许的情况下，它才可被放弃。

从婚姻案例中可以得到某些帮助，这些婚姻的案例必须是调停解决的。如果谈判是有调停人或是法律顾问出席的，并且通过中间人将提议及建议转给了当事的双方，这些谈判就是特权性的。它们与调停中作出的结论一样受到保护。在一个与此有关的很早的案例中，McTaggart v. McTaggart(1949)，根据“不带任何偏见”的原则，期间安排了夫妻双方与见习官的会面。上诉庭认为夫妻双方均有权反对将其所说的在以后的审判中做为呈堂供证。然而，由于特权是当事双方的，如果双方放弃结论中的特权，见习官不能反对。法官必须许可它们在审判中作为证据。现代法律，至少是在婚姻诉讼中指出，如在 D v. NSPCC(1978)案子中[8]：

“考虑到日渐增加的离婚及婚姻破裂数量的大量增大，伴随着贫穷和道德败坏，社会逐渐认识到，用 Bulkmill LJ in Mole v. Mole 的案子中所说的：‘在婚姻争端中国家也是感兴趣的一方；它对和解更感兴趣而不是离婚’。这是公众的兴趣导致了类似的‘不带任何偏见’的特权掩盖了婚姻调停的交流（如 McTaggart v. McTaggart；Mole v. Mole；Theodoropoulas v. Theodoropoulas 案），很明显地是法律的延伸，教科书将其作为相关证据的另一类，而这些相关证据法庭也许是要拒绝的。也不能像传统的‘不带任何偏见’一样分类，将其分为‘有助于诉讼的特权’……”

调停中也会出现类似 Rush & Tompkins v. Greater London Council 案子中的状况。原告起诉二被告，但最后与第一被告庭外和解。第二被告揭发了原告与第一被告之间的“不带任何偏见”的谈判，这显然与原告和第二被告之间的行为有关。上院驳回了上诉庭的决定，并支持原法官，认为原告与第一被告之间的“不带任何偏见”的谈判符合特权的规定。根据 Griffiths 大法官，上院法官中出现的观点，并不能用来建议说一旦谈判成功，“不带任何偏见”的特权已达到了目的，就可以被忽视，这是站不住脚的。

特权的问题，出现在美国和澳大利亚的调停听证会上。澳大利亚的立场在第三章中有总结。在美国，纽约南区法院规定 ADR 程序中的所有文件应受到保护，并按照律师 - 客户特权及行为规范，不在以后的法庭程序中披露。这条规则在 North River Insurance Co. v. Columbia Casualty Co.(1995)的案子中执行。North River 称根据与 Owens - Corning Fiberglass 公司的一条保险原则，在石棉防护设施成本上发生了损失。按照 North River 与 Owens - Corning 之间的 ADR 程序，North River 被要求支付 Owens - Corning 防护设施费用。North River 于是起诉了其他分保人，包括 Columbia Casualty 公司，以弥补防护设施费用的损失。Columbia Casulty 争辩说这部分费用并没包括在 North River 与 Owens - Corning 公司之间的条款中，因此不受分保协议的约束。Columbia Casualty 公司要求披露所有 North River 与 Owens - Corning 公司之间有关争端的所有文件。North River 要求南区法院根据 ADR 程序内容及律师—客户特权及行为规范发布保护文件不被披露的命令。法庭发现 Columbia Casualty 与 North River 不是同一个辩护人，不分担诉讼费，也不愿采取协调诉讼的策略，因此缺少共同的兴趣。

1969年4月[9]，美国宾西法尼亚州生效了一个法律，对大多数通过调停实现的沟通授权法定优先权：

“调停沟通和调停文件的披露可能不需要或强迫通过发现或任何其他程序。调停沟通和调停文件不应该被认作是任何诉讼或程序，包括但是不局限于法定的、行政性的或仲裁性的诉讼或程序。”

根据这个法律，宾州的目的是鼓励进行调停，避免任何风险，使法庭可能传唤当事人或调停人以便获得文件和信息。该项法定豁免有：

* 可能导致推出诉讼以便强制解决的解决文件；

* 刑事诉讼中的有关证据涉及的任何沟通或行为；

* 在调停中产生的欺诈性沟通，变为诉讼的相关证据以便强制或搁置调停协议的一种欺诈结果。

为了保护调停人免于承担风险，卷入任何后来的诉讼或仲裁程序，大多数调解原则都规定根据当事人合同聘用的调停人明示免于在后来的任何诉讼或仲裁中受到传唤作证。在任何情况下，大多数调停人都采取了实际措施，保证减少涉及文件传唤或任何其他法庭程序的可能性。当事人一般都能够同意调停中的或准备的任何文件，包括调停人的说明，在程序终止时能够予以销毁。

在英国，因为调停仍然是相对比较少使用的一种技术，尽管正在成长，所以基本上没有来自法庭上的直接的案例涉及因为这种方法的使用而可能产生的一些问题。比较突出的一个已经书面化的问题是调停条款的强制性问题。

8.3 ADR条款的强制性

如果当事人中有一方决定不按照规则去办，情况将怎样？

如果ADR是一项合同义务，但是急迫的当事人试图绕过合同机制，立即开始诉讼，法庭的确有固有权力，可以阻止被认为是不应该继续的任何行为：

“如果当事人已经达成解决争端的机制……对于法庭，就不能干预和使用自己的程序替代当事人达成的合同机制。”[10]

在法庭赞同非法庭基本程序以及“关闭”法庭申请问题的范围上面，英国的权限是有限的，除了所谓的专家决定以外。美国和澳大利亚的情况就不同了。在 Hooper Bailie Associated Limited v. Natcom Group Pty Limited(1992)案例中，工程争端的双方当事人已经同意为了加快争端解决的进程实行调解。新南威尔士最高法院裁决，特别是因为当事人已经同意进行调解，所以法庭有权力命令终止仲裁，直到调解程序结束。在 Elizabeth Bay Developments Pty Limited v. Boral Building Services Pty Limited (1995)案例中得出了相同的结果，虽然根据案件事实，因为缺乏确定性，具体的调解协议没有强制性。

在 Public Authority Superannuation Board v. Southern International Developments Corporation Pty Limited and Another(1990)案例中，在悉尼建造一购物中心过程中的有关争端应该提交给一名专家进行裁判。承包商对变更工程发生的额外费用提出索赔，并且提出请工程专家裁判索赔。业主反对，但是法庭裁决赞同条款。美国法庭已经赞同争端解决替代方法条款，只要这些条款是当事人之间的合同组成部分，将此作为提请任何诉讼或仲裁之前的首要的必要步骤。俄勒冈地区法院在 Haertl Wolff Parker Inc. v. Howard S. Wright Construction Co.(1989)案例中特别批准以前在 Southland Corporation v. Keating(1984)案例中的裁决有效：

“规定了争端解决替代方法的合同应该具有强制性，一方当事人不应该回避合同，而过早地求助于法庭。”

在 Allco Steel (Queensland) Pty Limited v. Torres Strait Gold Pty Limited (1990)案例中，昆士兰最高法院反对美国和澳大利亚裁决的基本做法，拒绝了违反调解条款，延期开始诉讼的申请。其理由如下：

“……(合同)只是规定了调解的协议(作为有别于提起诉讼)，因此它们与其中包含的有约束力的协议是分开的。换言之，尽管我认为在原告方明显地违反调解义务，但是法庭管辖权不能被剥夺的原则应该支配任何要求原告执行合同义务的其他任何原则。

对法庭固有裁决权利提出上诉，要求授权禁止令，没有遇到发生诉讼过程的先决条件，即或正当调解。在我看来，即使这种补救方法是存在的，仍然必须拒绝这种任意决定的补救方法，因为这时非常明显地当事人已经采取了一种地位，有效地免除了和解和调解……”。

在后来的一个案例 AWA Limited v. Daniels and Others(1992)中，新南威尔士最高法院明确反对 Allco Steel 案例。Rogers J 认为开始不符合合同关于调停规定的正式诉讼是一种滥用过程。

有关没有约束力的调停的问题更有意思，要比有约束力的调解或专家决定存在更多的问题。当事人采取了这种 ADR 形式，他们就应该明确这个程序并不是必然意味着是一个成功的结果。这是一个陈旧的英国法律原则(与任何美国或加拿大的情况不同)，它认为签署进行谈判的协议是没有强制性的。例如 Denning MR 法官在 Courtney and Fairburn Limited v. Tolaini Borthers (Hotels) Limited(1975)案例中指出[11]，这种协议是“过于不确定的，因此没有任何约束力”。在澳大利亚也承认英国这种观点[Coal Cliff Collieries Pty Limited v. Sijehama Limited (1992)案例]。

按照某些评论家的观点，这是一个倒退的决定，上议院在 Walford and Others v. Miles and Another(1992)案件中并没有采纳这种态度。夫妻被告是一家公司和房产的业主，在那里从事图像处理业务。1987 年 1 月，开始与第一和第二原告以及第一被告进行出售公司和房产的谈判。1987 年 3 月 17 日，第一被告口头同意只与第一原告进行交涉，并且终止了被告与其他所有潜在购买者之间后来进行的所有谈判。其惟一条件是原告提供一封“安抚信”，确认他们已经从其银行得到必要的资金支持，可以完成任何收购。这个条件得到满足。尽管有这个“协议”，被告后来还是选择与第三方交易，并且完成了这项交易，其中不包括原告。原告起诉违约。上议院裁决 3 月 17 日的协议没有包括有关与原告进行谈判义务范围的条款，并且没有有关要求被告终止谈判的规定。任何诚信谈判的职责是无法操作的，并且与谈判各方的地位完全不符，因为谈判各方是可以自由地在任何时间内，以任何理由决定终止谈判。至于原告和被告之间的协议是不确定的。仅仅是进行谈判的协议，按照法官Ackner的话[12]：

“进行谈判的协议不涉及法律内容”和“……一旦卷入谈判，诚信对于不同地位的当事人来说完全是不一样的。”

在某些方面看，Walford和后来上诉法院的一个裁决Pitt v. P.H.H. Asset Management Limited (1994)案之间表面上是相似的。都涉及住宅的出售和购买的案件。当事人同意一项“锁定”安排，其中原告应该有机会在收到草案2周内交换合同，期间被告不能与第三方进行谈判。上诉法院支持Pitt案中的“锁定”安排，因为它有具体的期限，因此不能认为是不确定的。在Pitt案中，Peter Gibson LJ引用了法官Ackner在Walford案中的判断，参阅本书第8.1节中有关内容[13]。

“在英国合同法中明显地没有理由说明为什么A作为良好的补偿，不应该得到一个有强制性的协议，而B同意在确定时间内不与除了A以外的任何人谈判其出售房产事宜。”

然后，

“……B同意在固定期限内不与当事人进行谈判，就是自我锁定了这种谈判。他在法律意义上没有将自己锁定，不与A进行谈判。A这里已经得到的是一段固定期限的专有机会，试图并与B达成协议，这是一个可以得到良好补偿的机会，除非他签署了这个协议。”

十分明确，因为英国案例没有任何明确的指导，所以对于这种没有约束力调停的规定，设定时间限制，其过程需要执行，法庭可能相当难裁决在法律上是有约束力的。比较之下，有绝对的理由可以相信法庭应该支持这种不是基于法庭的争端解决裁决方法(前面介绍的)，只要或者设定了希望达到结果的明确时间限制，或者可以导致赋予当事人一项有约束力的决定，即使这属于一种临时性质，有待于法庭今后进行确认。

第9章　裁决与“建造”法

9.1　施工合同的立法

在本书撰写期间，Latham作用开始显现出来。Latham的报告“构建团队”(Constructing The Team)已经初次触及到建筑业很多方面的发展问题，包括裁决。

1995年5月，环境部(DoE)公布了一份咨询文件，题为“公平的工程合同”，文件试图征求建筑业对一些问题的观点，包括裁决。英国政府曾表现出一些立法的愿望，如果能够在行业内得到基本支持。结果在解决方案方面没有达成基本协议，除了形成了一种思路，希望立法能够解决建筑业遇到的一些问题。似乎不存在逻辑上的理由需要把这个行业与其他行业区别对待，并且如果这么做将表明这是反其道而行之。尽管缺乏有关立法需求和性质上面的真正协议，但是政府仍然注意到需要提出立法的建议，如果不是强迫。这似乎运行程序已经开始，并且无论对有关立法方面存在哪些怀疑，仍然更容易地达成包含和体现这种反应的思路，而不是反对这种介入。后来，《住宅许可、建造和重建议案》以立法的形式提出来了。

《住宅许可、建造和重建议案》第2部分包括了工程合同，其中在其他一些内容以外还加入了使用裁决来裁判争端的权利。该议案还建议产生一项二级立法，形式为《工程合同裁决纲要》(Scheme for Construction Contracts)，它适用于合同中没有适当的裁决内容的情况。按照DoE的国务秘书Robert Jones的观点，公布了一个“形象的”裁决方案草案，表明如何把一级和二级立法结合起来。虽然议案吸引了代表行业各个方面实体的正面关注，但是裁决方案因为十分详细且存在一些争端内容，没有引起更大的关注。裁决方案的规定势必成为立法内容，它们将适用于所有工程合同，因此减少了当事人在合同中制订适合自身裁决规定的自由。

议案在通过立法程序阶段中得到行业主要集团的认真思考。它进行了大量的修改，最后的版本仍然存在很多不确定性，直到成为法律。实际上一些新内容是在 1996 年 7 月加进来的，这时议案已经成为议会的法律。

9.2　1996 年《住宅许可、建造与重建法》

虽然这个法律在 1996 年 7 月得到皇室批准，但是有关裁决的第 2 部分直到“本部分开始实施”时才可以使用。这个时间是 1998 年 5 月 1 日。法律的运行取决于《工程合同裁决纲要》的存在，因为如果合同存在问题，裁决方案将成为替代文件。裁决方案实施的命令是在 1998 年 3 月 6 日做出，比《住宅许可、建造与重建法》(后简称 HGCRA 法)早 8 周。HGCRA 法运行拖延的主要原因是让环境部起草的《工程合同裁决纲要》还可以修改，因为 HGCRA 法第 114(2)条要求进行适当的咨询，并且国务秘书要以立法形式批准裁决方案。

第 2 部分完成实施的拖延还可以给合同管理机构留出时间，让他们根据自己的需要进行修改，保证他们的标准合同文本符合 HGCRA 法的要求。结果裁决方案的作用可能有限，虽然很多工程合同都是使用非标准格式的。有些合同没有规定立法要求的裁决，或者不适合 HGCRA 法的原则，这时裁决方案将适用。进而不是所有的管理机构已经修改了他们的标准合同文本，以便在开始实施日期满足 HGCRA 法的要求。

政府表明其愿望，希望成为“最佳”业主，并且利用这个时间修改其合同文本。然而不是政府的所有部门，特别是国防部，都愿意修改其程序。JCT 加入裁决规定的考虑在裁决方案咨询阶段中已经十分超前，但是他们似乎并不希望在裁决方案得到批准之前公布其修订内容。JCT 认为裁决方案规定了使用 HGCRA 法的途径，因此合同起草者十分敏感地处理它们。

虽然 HGCRA 法不适用于在第 2 部分实施之前签署的合同，但是合同的当事人可以通过协议采用裁决。进而，根据 HGCRA 法还有一些例外类型的工程，并且它不适用于英格兰、苏格兰、威尔士和北爱尔兰以外的工程。在第 11 部分开始实施之前签署的合同上面可能有争端，并且在 HGCRA 法开始实施前后签署的总包合同和分包合同中也可能存在一些问题。

有关工程合同内容的第 2 部分包含了一些有关裁决和付款内容的条款。第 108 条涉及裁决问题，这个条款与 4 个基本条款和 4 个附录条款一并规定了一些立法的内容。

第一个问题是合同中包含的有关裁决的内容是否适用于 HGCRA 法。如果一方当事人根据裁决方案的内容，而不是合同明示规定，可能会有延误，并且因为复杂的争端将会失去快速解决的可能性。这个问题在裁决方案草案中得到关注。第 19 条指出“裁决方案裁决员的第一职责是保证自己满意地认为没有有效的裁决协议，可以满足合同条款条件……”换言之，除非存在某些正式批准裁决程序的过程符合立法要求，否则裁决的过程有可能会中断。虽然修改后的裁决方案包含了不同的措辞，问题仍然存在。这似乎是使用合同管理机构承认的裁决程序要比依靠预先制订的裁决规定要更好一些。然而，不能保证这种合同在这方面起草的更好。对于 HGCRA 法这方面更官僚的方法可能还有编制一些规定批准合同管理机构制订的裁决规定。

9.2.1 工程合同

HGCRA 法专门针对工程合同，第 104 条有定义。HGCRA 法定义的“工程合同”是从事工程运作，安排或提供实施工程劳务的协议。它还包括了从事建筑、设计或勘探工程的协议，以及对与工程运作有关的建筑物、工程、装饰或园林咨询方面的内容。这个定义涉及的范围十分宽泛，还包括了聘用顾问工程师的合同。此外定义可能还包含了涉及工程运作的保证，虽然没有人能够完全肯定。然而，HGCRA 法没有包含 1996 年《就业权利法》(Employment Right Act 1996)含概的雇佣合同，但是可能影响了“真正的”包清工的分包合同。在协议包括了正规的工程运作和其他活动的情况下，HGCRA 法基本可以适用于整个合同，虽然不能不产生一些怀疑。

HGCRA 法特别排除了与房屋占有者签署的工程合同，其内容在此不适用。第 106(2)条试图明确这个含义，认为这种合同是“专门涉及在住宅上面的运作，其中合同一方当事人作为居民将占用或试图占用”。其中“在住宅上”的句子是建议在可以排除之前已经事先存在了。反之还对“住宅”一词进行了定义，这意味着或者是一个住宅建筑或者是住宅单位，当然没有包含属于两者的建筑物。现在与议案相比其措辞已经有所变化，“在合同涉及的有关运作的所有部分或任何部分上面”，什么可以作为排除在涉及住宅工程以外，以及哪些可以包括在住宅本身的内容方面，这些都已经产生变化，使之根据严格解释，明确排除了这些可能性。

第 117 条涉及了皇家工程上 HGCRA 法的应用问题。第 2 部分适用于由代表皇家签署的工程合同，否则属于私营性质。

在第 104(7)条中，施工法规定“本部分适用，不论在本合同上面英格兰和威尔士或苏格兰法律是否属于适用法律”。这里存在两层含义，首先，它是适用法律，无论两种法律体系是否适用该合同；其次，它可以包容在这些区域上工程项目的所有合同，无论适用法律是什么。后面的定义更明显地是正确的。海外公司在英国的建筑工程，甚至是在使用基于不同法律体系的合同的时候，都将受到 HGCRA 法的约束。

9.2.2 工程运作

第 104 条涉及工程运作(参阅第 105 条)同时提供了什么属于工程运

作，什么不属于工程运作的一个广泛的定义。按照惯例定义工程运作的做法是危险的，尽管在其他立法中已经这么做。在议案阶段这个定义已经经过一些修改，考虑了很多内容，包括在安装工程行业中的表述，以便排除设备和机器以及有关钢结构工程。

工程运作包括成为或准备成为土地一部分的建筑物或构筑物的施工、修改、修理、维修、扩建、拆除或拆卸，包括任何整体的准备工程。它还包括具体范围的土木工程、机电工程和其他设备、粉刷和装修工程。这个定义还包括在与建筑物和构筑物有关联的施工、修改、修理、扩建或恢复中的清理工程。HGCRA 法还提供了不包括在内的一些内容。

主要不包括在内的活动涉及钻井和抽提工程以及设备和机器工程，如果现场的主要活动属于安装工程。工程材料和构件的供应商不希望他们的合同被立法包含在内，所以后来的 HGCRA 法没有包含这些合同，诸如制造和运输到建筑物现场、工程构件、设备、材料、机具、采暖、照明、空调、通风、供电、排水、卫生、供水、防火、安全或通讯系统的部件等。然而，如果合同还规定了有关安装工程，仍然属于 HGCRA 法的范畴。

现场以外装配问题是一个争论的主要问题，有些人认为将这部分内容排除在立法范围之外是错误的，因为现在在现场以外施工已经是工程的重要部分。

雕塑品、壁画以及其他工程的生产和(或)安装，这些完全属于艺术品性质，也都没有包括在工程运作范围之内。在议案中还包括另一个限制，但是 HGCRA 法没有采纳，这就是标志板和广告的书写和架设、安装和维修。现在它们基本上都属于立法框架的范畴内了。

这些定义的相对复杂性意味着在实际中可能会产生争论。

9.2.3 协议性质

第 11 部分只能适用于书面合同，同时采用了一个很大范围的定义，以便保证不会有合同被排除在外。它对什么是“书面形式”的定义做了阐述，如果存在一份协议，无论是否签署或者使用书面通信交换，其书面协议都将存在，或者是有书面证据或可以根据书面条款裁判的协议。这是一个范围广泛的定义，此外协议还可以有任何方式或第三方在得到当事人许可的情况下记录。

如果存在书面提交有关裁决、仲裁或诉讼的文件交换，并且一方当事人举证否则存在书面合同，同时回答时没有被其他当事人拒绝，可以构成协议有效。

9.2.4 裁决

第 108 条阐述了裁判争端的司法权利可以裁决“争端”，包括合同发生的任何分歧。这个条款的作用是工程合同应该包括一个满足第 108(1)～(4)条规定的裁决程序。如果合同没有满足这个要求，工程合同裁决方案的规定将作为合同的默示条款具备了可操作性。HGCRA 法第 108 条规定了一个立法框架，并没有排除引入其他实施裁决规定的可能性。的确需要在一系列的裁决原则中能够看到这种规定。这个程序不应该违背 HGCRA 法的要求，只要能够简单地满足这些要求即可。

虽然根据第 108(1)条各方当事人有权力在合同发生争端的情况下提出裁决，但是他们是否就一定需要使用这种程序解决争端？他们可以后来同意有选择地使用其他方法，包括争端解决替代方法。立法的整个目的是试图提供一种衡平的和快速的争端解决方法，但是如果当事人选择不按照规定做，而使用其他方法，这是他们的事情。然而，任何合同在争端发生之前提供了这种可能性将违背了 HGCRA 法，因为他们规定了某些内容与 HGCRA 法的作用和(或)精髓相背离。如果这种情况发生，裁决方案的裁决内容将具备了可操作性。

这个规定包括合同发生的所有争端，无论争端的性质如何，但是仍然存在一些困难。假设可以包括误述、撤消、过失、侵占以及可能还有判例法的赔偿金等。这些争端都无法包括。同时可能还不包括根据

1975 年《财务法》(Finance Act 1975)涉及的增殖税或法定减税等争端。

HGCRA 法规定的下列所有要求都必须加入到合同中，只要 HGCRA 法规定实用，这些都是起草的最完善的。第(2)子条规定，合同应该加入下列广泛的规定内容：

“(a)使当事人在他有意图的任何时间内下达通知，裁决裁判争端。”

这十分明确，在任何时间内都可以实施裁决，不受实质性竣工、修复缺陷、真正得到决算证书等情况的约束。然而必须做到，一旦争端发生，必须发出通知。

通知的格式可以由当事人决定，如果没有决定可以使用任何有效方式[第 115(1)～(3)条]。法律没有规定什么构成了“有效方式”，但是第 115(4)条的确规定了通知通过使用预付邮寄方式送达最新地址，或者送达公司注册所在地或总公司的地址上，就是有效的。虽然 HGCRA 法中包含了通知的格式和送达方式，但是并没有专门要求一定要加入到合同之中。然而，如果当事人同意通知采用的某种格式，他们可以将此包括在这方面的具体规定中，可能包括标准格式的使用以及通知送达时的具体日期。

这可能是针对当事人之间发生的争端以及所下达的通知，而不需要让项目的任何顾问工程师知晓。因为争端是因为他们的行为所致，所以提供给他们通知副本通常是一种行之有效的方法。尽管这么做不违反 HGCRA 法，但是裁决不能因为顾问工程师需要审核任何相关决定而拖延，因为这么做是与 HGCRA 法相悖的。

“(b)提供旨在妥善聘用裁决人为目的的时间表，并且要求在这种通知下达 7 日内由裁决人裁判争端。”

这项规定可能设想了一个单独行动，来下达意向通知，裁判争端。这里涉及两个独立且重要的内容。第一，事先聘用裁决人的做法应该符合建造法；第二，这项规定应该能够与下达通知裁判争端同时实现。问题是第 108(2)(b)条是否要求在争端之后聘用裁决人的规定符合实际的观点，认为使用现成裁决人要比事先选择裁决人的做法好。

似乎在此至少存在一个争论，争端发生之前做好安排不符合 HGCRA 法的要求。如果第 108(2)(b)条按照第 108(2)(a)条的顺序实施，事先聘用的做法可能无效，但是这里面没有任何有关禁止在合同中提出时间表的规定，以及有关具体裁决人的规定，只要时间表要求争端应该按照第 108(2)(a)条规定应该在通知下达 7 日内裁判。要求在合同中指定裁决人或者之后指定的裁决方案采纳的立场似乎也确认了这个观点。

如果没有使用任命的或事先聘用的裁决人，HGCRA 法的确要求需要有一个加快进行聘用的过程。后来的草案中又增加上开始裁决的阶段，并且认为如果希望尽快解决争端，这是一个基本要求。然而，在规定的时间内没有签署裁决人协议也不会多灾多难，只要合同根据 HGCRA 法的要求，规定应该在 7 日内进行聘用。在下达裁判争端的意向通知方面，特别是在没有任命或事先聘用裁决人的情况下，还可以在争端小结同时提供有关文件和其他依据信息资料。这样做有利于裁决人的正确聘用，因为可以使用标准格式的裁决协议。这两个方面的内容在 HGCRA 法中都没有涉及。

我们遇到的另一个问题是裁决人是否可以在裁决协议达成之前聘用。如果假定这是单独进行的，且因此聘用可以在签署裁决协议之前实现，这里不存在问题。然而，需要分析的具体情况可能是在裁决协议签署的时候，还没有聘用，因为到这时还没有可以解决争端的裁决人。如果如此，且合同中没有其他有关规定，对于当事人来说有可能妨碍了裁决协议的实施，这样将违背了 HGCRA 法的主要目的。如果裁决人是按照仲裁员指定方式指定的，情况就不同了。有关第二种情况，这似乎是不存在能够阻止同时下达意向通知和裁判争端的情况。

“(c)要求裁决人在 28 日内做出裁判决定或者争端裁判之后当事人同意的更长期限。”

裁决人必须做出决定的 28 天期限是由下达裁判通知之日开始计算的，并且根据第 116(1)条应该自该日期开始立即开始裁判。第 116(3)条认为应该不包括公共假期和节假日，但是没有排除周末。通知日期通常是收到通知的日期，但是因为当事人可以确定怎样构成发出通知，因此不必遵守这种固定规定。在合同中没有规定什么构成下达的情况下，HGCRA 法规定当通知递交时，下达有效，但是这不需要考虑当事人实际收到的情况。

根据当事人的协议这个 28 日的期限可以延长，但是只有争端已经开始裁判之后。达成的延长时间可以是任意的。尽管如此，在争端裁判之前签署协议方面不存在问题，因为这是无效的，毫无疑问，因为这样做失去了加快速度的真谛。根据 HGCRA 法，规定裁决人做出决定的整体参与的最长时间范围是 35 日，同时有些观察家相信这个时间太长，不能体现出很多争端人所希望达到的快速水准。然而，即便如此因为聘用裁决人失败，这个期限还是可以适当延长的。

允许裁决人不作出决定的做法是不适当的。如果裁决人没有提供决定，或者宣布其决定是他无法作出决定，裁决程序可以开始聘用一名新的裁决人。

除了在规定的 28 日内做出决定的要求以外，HGCRA 法还敏感地规定鉴于有关得到费用方面的留置权，然后裁决人将立即与当事人就决定问题进行沟通。这么做可能造成延误，超过了 28 日的期限，但是根据第 2 (c)子条款没有这种要求，这时决定必须作出和沟通。其结果似乎是裁决人可以在决定作出之前要求支付裁决费用，除非裁决协议中另有规定。这方面涉及了商业问题。

“(d)允许裁决人延长 28 日期限，在得到争端裁判的当事人许可情况下最长为 14 日。”

裁决人可以要求更长的期限，以便作出决定，因此如果得到裁判当事人的许可，将可以得到延期许可。有趣的是有些观察家采取的观点是裁决人不需要得到涉及争端的当事人的批准。尽管如此，这条规定并不奇怪，它仍然保证上述期限有效，除非感到伤心的当事人自愿延长这个时间。如果当事人不希望延长期限，不需要提出理由，但是在坚持这么做之前，应该考虑可能产生的后果。假定裁决人没有很好的理由不希望延长时间。在任何情况下，裁决人的决定不应该被认为是无效的，仅仅因为决定作出超过了规定期限。应该记住，申请人可以决定自己的时间，在提出通知之前准备申请，这似乎使对方当事人可能在满足时间表方面处于某些劣势。

“(e)赋予裁决人公正行事的职责。”

要求裁决人的行为除公正以外应该或能够还有其他要求的想法的确是难以置信的。没有要求裁决人是独立的，但是在实际中是最基本的要求，否则可能需要聘请合同监督员。在存在潜在利益冲突的情况下，甚至这种提醒可能不足以减轻对可能产生的偏见的担心，并且可能在后来会产生对决定的挑战。对裁决人的公正性和独立性的要求，在当事人的眼中与事实本身同样重要。

“(f)裁决人在确定事实和法律时能够发挥其创造性。”

裁决人可以以调查员方式行事，不应该受到提交报告当事人的限制。这些要求援引 1996 年《仲裁法》(Arbitration Act 1996)。裁决人在试图确定事实和法律中享有广泛的处理权。裁决人不是依靠自己的技术经验进行裁判，虽然在实际中这种情况经常发生。在这种情况下，他应该通知当事人并请他作进一步的说明。裁决人可以设立应该遵守的程序。专业原则可以举例一些示例，说明裁决人能够做什么。

规定进行裁决的任何合同条款必须明确，且不能解释成仲裁条款。它不应该是最终且有约束力的。因此，理想的是在任何合同中能够说明裁决人应该根据 HGCRA 法第 108 条行事，而不是作为仲裁员，避免任何可能的混乱，虽然法庭可能会解释这个条款的含义。

第 108(3)条规定裁决人的决定是最终且有约束力的，直到争端最后按照协议规定或另有约定通过诉讼确定或通过仲裁确定，除非当事人接受裁决人的决定是最终的。

建筑业委员会(Construction Industry Council)曾经反对这个议案，它规定裁决人的决定是最终且有约束力的，最后促成了修订，将其从立法中删除。此外，把法定的裁决系列做法与仲裁区分开来。“最终且有约束力”的性质被作为是仲裁，并且这种观点得到证实，鉴于这种事实，“裁决方案”的草案(但不是批准的版本)使用了裁决人“裁决”，而不是“决定”，这样将默示(可能是正确的)这种裁决的形式只是另一种提法的仲裁。虽然这种特殊的影响已经过去，但是有些并不满意的行业成员仍然在使用 1996 年 HGCRA 法的第 2 部分第 108(6)条的内容时参考《仲裁法》，并且把两个概念合并考虑。

根据 HGCRA 法，裁决人的决定是临时有效的，直到争端最后被法律诉讼程序、仲裁或经过当事人认可所确定。这最后一点使当事人把裁决人的决定放到一边，只要他们愿意这么做。

根据 HGCRA 法，没有限制对确定裁决人的决定何时可以进行挑战。并且鉴于建筑合同中的任何限制，这可能或者在实际竣工之前或者在其之后；的确在裁决开始之前，裁决人的司法权利可以受到挑战。

在 HGCRA 法中没有明示要求，裁决人的决定不应该执行，或者没有达到预期效果。尽管如此，其决定是有约束力的，直到挑战成功。此外最为基础的是应该知道如果没有得到裁决人的决定，还可以利用其他措施。

9.2.5 裁决人的豁免权

第 108(4)条要求合同规定裁决人对其履行工作时所做任何事宜或疏漏不负责任，除非有失信。它还要求裁决人的任何雇员或代理人应该同样受到保护免除其责任。在这条规定的作用下，裁决人潜在的责任实际上已经在减少，因为他们得到对错误决定的保护，无论是否有过失。然而，这种豁免权规定成为合同机制的一部分，尽管这是指 HGCRA 法中的裁判，并且不能扩大到提供法定豁免权。法定豁免权也许是很多观察家希望看到的一定目的，但是也是主要争论点，因为没有某种豁免权，可能很难聘请到裁决人，这一点得到政府的采纳。

9.2.6 议会裁判和工程合同裁决纲要

议案建议议会赋予某些权利给国务秘书，能够命令增加、修改或撤消构成“工程运作”的项目和修改对“住宅”的定义。然而在得到上议院分别批准之前，无法下达这种命令的。这个立场体现在 HGCRA 法中间，但是也扩展包括了增加、修改或撤消构成工程合同的协议内容。后来又作出的豁免命令，这将在下面的章节中讨论。

议案提供的进一步权力是对于大臣可以推出类似裁决纲要形式的(如施工项目裁决纲要)授权立法，同时考虑与“他认为适合什么人士”进行咨询。HGCRA 法相应地规定这种法规应该分别由上议院批准。这样为建筑业提供了一种方法，不会被强加不受欢迎的要求。HGCRA 法中没有明示内容确定增加、修改或撤消裁决方案的内容，但是可以利用法规来编制裁决纲要的能力毫无疑问地被完全包括进来，以期得到两院的咨询和批准。

建筑业的很多部门以及很多方面都关注着裁决纲要的最初草案，并且这种关注促成了对这个规定的完整评价，尽管通过在合同中对裁决的充分描述能够且仍然可以回避它的应用。

9.3 豁免命令

1998 年 3 月 6 日，法定文件第 648/1998 号公布，根据第 1(1)条将在 8 周之后，即 1998 年 5 月 1 日实施。这个命令针对 HGCRA 法第 106(1)(b)条和 146(1)条作出，适用在英格兰和威尔士，同时在苏格兰发布了类似命令。这个命令的作用是在 HGCRA 法第 2 部分操作中排除了某些类型的合同，并且 HGCRA 法可以分辨具体 4 种类型的合同协议：

* 根据成文法的协议；
* 民间主动融资(PFI)；
* 融资协议；
* 开发协议。

这样包括了相当广泛的合同，并且随着 PFI 的增加使用将在未来排除很多建筑业活动。令人震惊的是资助项目的数以百万计的资金由于它们的特殊问题没有排除在外。

9.3.1 根据成文法的协议

这里面只包括了非常小部分的成文法，它们已经在第 3 条中进行了说明，应该是指 1980 年《公路法》(Highway Act 1980)第 38 和 278 条、1990 年《城镇和乡村规划法》(Town and Country Planning Act 1980)第 106、106A 和 299A 条和 1991 年《水工业法》(Water Industry Act 1991)第 104 条。此外还排除了根据 1997 年《国家保健服务(私人融资)法》[National Health Service (Private Finance) Act 1997]第 1 条的外部融资开发协议。

9.3.2 民间主动融资

第 4 条规定的根据民间主动融资签署的工程合同不包括在内。对于被认为属于 PFI 的合同，必须符合第 4(2)(a)(b)条规定的很多原则。此外，合同一方当事人必须是政府、政府的一个部门或第 4(2)(c)条规定的当局或组织。

9.3.3 融资协议

主要涉及为工程融资方面内容的协议不包括在内。这种协议包括保险合同和其他主要目的是组建或解散公司、社团或合伙企业的合同。证券转让、资金借贷或作为保证人的行为均不包括在内。

9.3.4 土地开发协议

属于命令中土地开发协议的工程协议也不包括在内。这些合同涉及了主体工程运作发生和合同涉及的土地的受让或转让。这包括自由保有土地的转让以及租借土地的受让，其期限至少为合同涉及工程运作完成之后一年以上。这意味着交钥匙合同和某些设计施工合同将从 HGCRA 法规定中被排除出去，其中在土地租赁或开发协议中涉及到工程运作。

9.4 得到批准的工程合同裁决纲要

1996年秋季，DoE公布了一个咨询文件，名为《工程合同裁决纲要的制订》，旨在向建筑业咨询将在英格兰和威尔士使用的裁决纲要的内容，目的是配合将在1997年初生效的HGCRA法。然而，发生了延误，对建筑业利益集团的事先咨询以及后来的基本咨询阶段都延长了。DoE没有进一步咨询行业的意见便起草了裁决方案的最后草案，并且按照HGCRA法的规定得到了立法机构的批准。1998年《工程合同裁决纲要法规》于1998年3月6日制订，同时启动了HGCRA法的第2部分。

9.4.1 裁决纲要申请

如果工程合同不符合HGCRA法的要求，便可以使用裁决纲要。然而，裁决纲要的应用方式并不取决于是否符合HGCRA法第108条涉及的裁决问题或第109~111和113条涉及的付款问题。任何不符合HGCRA法第108条裁决要求的情况意味着裁决方案第1部分全部内容适用。少许不能满足有关裁决的合同规定的情况意味着全部裁决规定都无效，因此裁决纲要的规定将适用。相形之下，不符合付款规定的内容意味着只有裁决纲要第2部分的有关部分适用。在合同包含了无效的付款规定内容的情况下，裁决纲要简单地可以填补空白或者替代违法的规定内容。

裁决纲要起草得并不完善，有些复杂和冗长，如果可能最好不要使用。例如，它并没有涉及到一些事宜，例如，如果时间阶段不符合要求应该怎么办，它没有有关纠正决定错误的规定，对方当事人也没有明示权利进行回答等。

9.4.2 第1部分：裁决

裁决纲要使用了26个段落阐述了如果工程合同不能符合HGCRA法第108条规定，应该适合哪些情况。第1部分包括了4个主要方面，包括谋求裁决的通知、裁决人的权力、裁决人的决定和决定的有效性。

9.4.3 谋求裁决的意向通知

裁决方案确认了工程合同任何一方当事人将事件提请裁决裁判的权利并且要求应该下达通知给合同的所有其他当事人。合同当事人应该属于受到合同约束的人士。他们不应该包括监理官员，即使可能希望提供通知副本给执行这个职责的人士。该书面通知被视为“裁决通知”，并且应该阐述争端的性质和细节、希望得到的补偿等，包括争端当事人的名称和地址。

裁决通知一旦发出，要求裁判争端的当事人应该开始现场选择裁决人的程序。这可以通过当事人之间的协议，但是经常是通过向合同确定的人士发出通知的方法确定。如果没有指定人士或者他们无法执行职责，应该使用合同规定的指定机构进行聘用。如果合同中没有这种规定，要求裁判的当事人应该向指定机构申请裁决人，以便进行选择。现在裁决人指定机构还没有提供得到批准的名单，虽然这是最初的目的。裁决人指定机构可以是帮助公众进行这种指定的任何组织，只要不是争端的一方当事人(参阅附录 3：指定机构一览表)。这样提供了选择的自由，并且还可以防止发生要求批准名单进行更新，避免资料过于陈旧。

如果需要裁决人指定机构选择裁决人，其决定必须在接到申请的 5 日内向提出裁判的当事人进行沟通。如果没有做到，提出裁判的当事人可以向其他指定机构申请，以便进行选择，或者有选择地得到对方当事人达成一致意见决定什么人应该承担这个责任。一旦申请生效，裁决人必须在 2 日内指出是否接受聘请。没有这么做，或者如果以前任命的裁决人指出不愿意承担责任或者不能承担责任，提出裁判的当事人可以根据第 6(1)条开始程序。这时的选择有：申请具体的指定机构，使用任何其他指定机构，或者请求合同中具体的其他人士作为裁决人行事。如果需要，可以选择任何选项。

选择作为裁决人的人士必须认真行事。第 4 段要求裁决人必须发挥自己的能力，不能成为争端任何当事人的雇员。因此公司不能被指定作为裁决人，但是在冲突中存在利益的人士可以作为裁决人，只要他们进行了披露。没有规定如何进行宣布，但是裁决人应该谨慎地通知所有当事人，否则会有风险，后来可能出现对决定的反对意见。如果当事人拒绝指定某一具体人士作为裁决员，其指定不但是无效的，而且裁决人作出的任何决定也将无效(第 10 段)。

根据第 7(1)段，提出裁判的当事人应该在裁决通知的 7 日内，请求裁决人裁判争端，如果是根据第 2、5 和 6 段进行选择。其规定涉及裁决员的选择和拒绝接受，因此争端的裁判在知晓裁决人是否可以履行职责之前可能会经常发生。进而，争端只能在已经作出选择的情况下才能进行裁判，所以因为种种原因，往往自裁决通知起会超过 7 日界限。当裁判通知发出时，应该包括所依据的所有有关文件，以及应该发给其他当事人的通知副本和文件。

当事人可以同意裁决人能够根据合同处理多项争端，或者根据单独合同处理有关争端。他们还可以同意延长作出决定的期限。

9.4.4 裁决人的终止

裁决人可以在任何时间内辞职，并且如果争端与已经裁决的争端相同或实质性相同就必须辞职。这项后来加上的规定是避免在当事人可能坚持进行裁判争端，以期得到不同决定的情况发生。在因为争端与进行裁判的情况完全不同，裁决人不胜任时，也应该停止履行职责。

在裁决人选择辞职的情况下，提出裁判的当事人可以提出进一步的意向通知，以期裁判争端，然后应该根据前面讨论的程序申请指定新的裁决人。如果需要指定新裁决人，他可以要求提供以前裁决时提供的所有信息副本，并且可以要求当事人提供这些信息，只要可行。当事人可以同意在任何时间内终止指定。

9.4.5 裁决人的权利

裁决人可以采取初步步骤来确定争端，并且采取符合合同条款和适用法律的任何相应程序。这就是建议裁决人必须根据法律行事，并且不应作出任何不符合法律的决定(他不能作为和解人)。在决定程序时，裁决人必须避免发生不必要的费用；其前提必须是如果不必要的费用发生，当事人是不能撤消这些费用的。也可以说如果当事人认为可能发生了不必要的费用，他们应该告诉裁决人并且寻求可以选择的方法。

虽然裁决人可以适当方式行事，第 13 段仍然规定了具体权利。这个列表包括了一些明显的内容，例如：

* 要求进一步文件和书面支持说明或者其他辅助文件；
* 得到认为必要的陈述；
* 经过通知当事人，指定专家等有关人士；
* 进行现成访问，进行试验；
* 下达有关时间限制的指示。

可以认为访问现场和检查以及进行试验和实验的能力应该得到第三方的许可。

其他方面的权利包括了下面一些能力：

* 决定裁决使用的语言，是否需要对任何文件进行翻译；
* 举行会议并且询问任何合同当事人及其代表；
* 考虑当事人同意的其他事宜，尽管这些事宜没有列入到裁判通知中；
* 根据合同考虑任何被认为是“与争端必要地有关联的”事宜；
* 重提、复审和修改根据合同作出的任何决定或签发的任何证书，除非它们属于最终的且结论性的。

语言问题不太容易经常遇到，但是随时可能发生，然而 HGCRA 法适用于英国的所有建筑工程项目，除了少数例外，不论一方当事人或双方当事人是否来自海外。

裁决人会见任何当事人或他们的代表的权力时很有趣，因为他们可以询问一方当事人或单独询问各方当事人。这种程序在 ADR 中是常见的，但是不太实用，因为这是一种“准司法”程序。根据裁决方案使用裁决的做法是否得当还将有待于今后考验，但是如果是使用已经发布的信息，还是应该能够得到“欢迎的”。当事人仍然有寻求顾问帮助的机会，除非当事人协议中禁止这么做。在裁决中使用顾问方面仍然存在着一些相互矛盾的观点。这样可能增加争端解决的费用和复杂性。使用过多的顾问并不好。很好的裁决人应该有权力控制好争端解决过程，此外还限制代表一方人士[第 16(2)条]，这样避免了出现费用增加和复杂化的问题。

重提和复审决定的情况只能限于合同管理人士作出的决定上，不能扩大包括裁决人所作的任何决定[第 9(2)段]。

当事人必须遵守裁决人的指示和其他要求，并且如果在没有合理理由的情况下，他们没有这么做，裁决人仍然可以继续进行裁决。绝对不可能去满足提出反对意见的一方当事人的最大利益，因为裁决人需要关注这种情况，不论按照他的观点这些做法是否公正。

第 18 段要求裁决人在裁决过程中不能披露任何信息或提供的文件，除非裁决本身需要。然而当事人应该知晓这只能适用于文件以及当事人已经要求需要保密处理的有关资料。如果当事人不希望后来披露某些信息，他们应该在每份文件上面标注上“保密，只限裁决使用”或者其他字样。

裁决人以及任何他们的雇员和代理人将免于承担他们在执行裁决职责过程中所做的任何事宜的责任，除非他们的所为是失信的。因为这项豁免权是通过授权立法规定的，所以可以扩展到第三方当事人，在这个方面完全与裁决方案没有包括的其他某些类型裁决不同。

9.4.6 裁决人的决定

如前所述，裁决人根据合同涉及的适用法律必须作出决定。即使当事人没有按照裁决人提供信息的要求去做，裁决人仍然可以根据已经提供的信息作出决定。在信息提供延误的情况下，裁决人可以封存这些信息，只要他认为这种做法适当。

裁决人的决定必须在第 19 段规定的期限内作出。这个期限通常是裁判通知日期 28 日，但是如果提出裁判的当事人同意可以延长到 42 日。双方当事人可以同意把这个期限任意进行延长，但是只有在提出争端通知之后才能这么做。如果裁决人不能满足决定的最后期限要求，任何当事人都可以重新发出争端通知，重新开始全部程序。在这种情况下，新的裁决人可以要求提供以前进行裁决时提供的所有信息副本，并且只要需要就可以要求当事人提供这些信息。这时在前任裁决人已经辞职之后，新任裁决人可以以相同方式行使职责。

裁决人的决定应该包括裁判通知中要求裁判的争端有关所有事宜，并且也可以对争端的每个方面分别作出决定。这些决定可以在不同时间内作出，但是必须分别都满足根据第 19(1)段或以此达成的裁判阶段。决定本身可以是对合同管理人员作出的任何决定、证书的复审，或者对有义务进行付款以及任何应付利息和利率人士的决定。关于付款的决定还可以确定根据第 111(4)条的要求，什么时间应该进行支付以及最后的付款日期。任何当事人也可以要求裁决人提供决定的理由，同时如果有人提出这种请求，裁决人有义务提供。可以要求裁决人作出决定，但是必须是针对提出裁判的事宜；裁决人作出的决定不应该有诸如要求提供“进一步信息”等类似的形式。根据过去某些合同，裁决人可以决定向股东进行付款，但是现在不再作为一种方式，因为不可以作出这种决定。这种方式如果提出也超出了 HGCRA 法的范畴。

一旦裁决人作出了决定，就应该通知给当事人，并且在收到通知之后就应该立即执行，除非裁决人另有要求。其决定应该是最终且有约束力的，只要该事件被法律诉讼或仲裁确认，当事人就必须遵照执行，如果合同或协议如此规定。

第 24 段规定 1996 年《仲裁法》第 42 条经过适当修改将适用于《工程合同裁决纲要》。这意味着法庭已经赋予裁决人可以作出命令要求执行终审命令的权力。裁决方案修改了这个条款，删除了第(c)字段的第(2)和(3)子条款，这样保证法庭权力不能因为当事人的意见而被取消。进而，第 2 个修改意味着在法庭采取行动之前申请人已经实施裁决过程，而法庭对此并不满意。虽然裁决人享有广泛的权力可以处置不服从决定的当事人，但是可能是采取的补偿方式对于问题解决是不适合的，并且可能需要法庭提出监禁的权利。

9.4.7 对裁决人支付

根据第 25 段，裁决人有权要求支付裁决中发生的合理费用和开支，并且当事人应该联合且分别承担这笔费用的任何责任。裁决方案允许裁决员确定自己的费用，但是为了谨慎起见，应该至少在聘用裁决人之前确定按照小时计算的费率。十分明显，这可能有一些困难，因为提出聘用期间的时间十分紧迫。在双方当事人都对费用不满意的情况下，问题可能会简单一些，但是如果只有一方当事人不愿意，裁决人实际上将处于非常优势的地位。应该指出的是缺乏费用方面的结构，无论是在任命裁决人阶段，还是保证指定机构已经有参考方法。

在裁决人被要求辞职的情况下，仍然可以得到费用和开支的支付，因为争端已经确定或者在裁决人不能行使职责的情况下，因为争端的情况可能与裁判情况完全不同。在当事人自身决定终止裁决人聘用的情况下，情况也一样，除非这种终止是因为裁决人自身的错误或渎职所致。在后一种情况下，裁决人不能得到裁决中发生的任何费用或任何开支。

9.5 裁决涉及的其他法定要求

根据合同提出的索赔能够导致要求付款，因为有些人被认为有错，并且可能涉及在项目上工作的顾问工程师，不仅仅因为他们自己与客户签署的合同需要按照 HGCRA 法执行。有关裁决方面的法定规定适用，并且如果实际应用，他们可能导致损失发生。遭受损失的人士可能希望寻求专业赔偿保险的保护，但是如果这种“损失”是通过裁决确定的，是否能够得到赔偿？这个问题需要从多方面考虑，并且需要花费一些时间来解决，因为在某些方面存在着一些不确定性。首先，裁决人根据HGCRA法做出的决定是否可以产生一种责任？这种决定只能是“暂时的”，这时其争端可能根据合同后来被提请仲裁或诉讼裁判。尽管如此，在过程之中可能遭受了损失，即使后来有决定进行修改。其次，裁决人是否能够作出商业方面或技术方面的决定，而不是依据法律依据？如果达成的是商业决定，不同的保险商将采取什么态度？因为达成决定缺乏时间，很多情况下裁决实现的仅仅是一种粗放快速的解决方法，而没有超出法律设定的附加范围。如果《工程合同裁决纲要》适用，其地位是明确的，这时裁决人需要“根据涉及合同的适用法律”作出决定，但是其他裁决原则另有规定。值得怀疑的是裁决是否可能属于一种额外司法。如果当事人同意这么做，将可以停下来进行裁决。

保险商可能在保险单中书面规定不包括因为裁决或具体形式的裁决造成的损失范围，因此需要在履行自己职责和安排保险时十分精明。比较起来，保险商可能要求裁决人的决定在他们要求被保险当事人根据保险单进行赔偿之前必须进行“上诉”。保险单的类型及其措辞十分重要，并且每个可能涉及裁决的人士，不论方式如何，都应该确保保险单能够提供适当的保险。很多保险单都要求有可能导致索赔的事件通知，在这方面，需要十分谨慎地向保险商下达通知，即使在争端提交之前，因为有可能出现反索赔。

第10章　JCT建筑工程合同标准文本及其有关分包合同文本

10.1　概述

本章开始简要介绍JCT1980年版标准合同文本和JCT1981年版承包商设计合同文本中有关争端解决内容的发展过程。接着评述1998年发布的JCT修订，这个修订使合同符合HGCRA法的内容。本章后面部分讨论与JCT80有关的分包合同，包括一些JCT仍然没有公开的分包合同。此外我们还简要介绍“绿皮书”和“蓝皮书”分包合同文本，因为这些合同在发展过程中起到十分重要的作用。

10.2　JCT建筑工程合同标准文本(JCT80)

1980年，联合合同审判庭(JCT)公布了一个十分重要的经过修改的建筑合同标准文本，包括了这个标准文本的很多变形版本。然而尽管合同已经做了很多重大修改，但是在争端解决方面除了仲裁以外没有其他的规定。我们再看一下这个合同文本的前身JCT63，其中也没有争端解决替代方法或者要求裁决的规定。ADR是直到近十年的后期才在英国得到特别关注的，但是仍然不过是JCT第18号修订(JCT80)或第12号修订(JCT81和IFC84)的部分内容。

在它的早期版本公布的时候，建筑合同的争端，特别是在客户和承包商之间的争端和现在比较起来并不常见。当争端发生的时候，一般都可以解决，不必诉之诉讼、仲裁或其他正式解决方法，毫无疑问通常都可以接受建筑师这个领导者角色的判断。从历史上看，当这类争端发生时，建筑师可以起到一种调解和裁决的作用。如果这么做失败了，还可以把争端转到正式场所，所以合同中只保留了仲裁的内容。

合同文本第5条中的争端解决实际上与1963年版的第35条并没有多少区别。这个条款限制了仲裁开始的条件，除非预先规定事件的情况发生，否则只能等到工程竣工之后。当时占主导地位的思想认为并不是所有问题都需要尽快解决。在那些需要尽快解决的问题和可以等一下的问题之间是存在区别的。其区别在于问题的关键是除非某些问题能够得到解决，否则合同无法完成。的确任何争端都应该立即解决，避免不利的工作环境扩大。问题是JCT并没有采取一种程序，让建筑师能够按照类似ICE合同文本[1]的规定那样解决这些争端。

1987年7月JCT80公布了第4号修订，其中包括很多涉及争端解决规定的修改内容。第5条实际上被删除，替换一个新条款第41条。第41条规定了有关指定仲裁员的内容，并且在当事人不能达成指定协议的情况下，可以通过附录中规定的RIBA、RICS或CIArb的主席或副主席指定。这个变动扩大了指定组织的选择范围，这也许对这些组织的发展更为有利，而不是真正给用户提供某种选择。尽管如此，这些选择的真实存在毫无疑问地会影响到仲裁的性质，简单地说是有更多不同专业背景的仲裁员参与进来了。如果当事人没有在附录中选择，并且不同意指定的仲裁员，RIBA的主席或副主席将成为指定人。

仲裁员的裁决对双方当事人来说是最终的且有约束力的，但是根据第41.6条，还允许任何当事人向高等法院提出上诉，以确定仲裁过程中或者在判决过程中(1979年《仲裁法》第1(3)(a)条和第2(1)(b)条)发生的法律问题。

从1987年7月的修订中看到了着重审核有关争端解决方面的规定。后来在1988年7月对JCT80的第6号修订公布，修改了其中仲裁条款的部分内容。对第41.1条的修订要求任何当事人在他们认为需要将争端提交仲裁裁判的时候，都可以书面通知其他当事人。在这个修订之前，第

41.1 条规定“指定仲裁员需要有书面申请”，但是不要求提供开始仲裁的通知，因此实际进行仲裁的时间表是无法确定的。此外在第 41.2.1 条中有一个新规定，要求仲裁应该根据 JCT 仲裁原则实施，这个原则在 1988 年 7 月 18 日首次公布。可以看出来 JCT80 的做法并不符合 HGCRA 法第 108 条中有关裁决的要求，联合合同审判庭后来对它进行了修订(本章后面将讨论)，以便避免需要使用《工程合同裁决纲要》。

10.3　1981 年 JCT 建筑工程标准合同文本(承包商提供设计)(JCT81)

这个合同文本在争端解决方面与 JCT80 十分类似，直到 1988 年推出“补充规定”。1988 年以前，JCT81 只规定争端应该提交仲裁裁判，除了没有包括合并规定的内容以外，其他规定都与 JCT80 十分相近。

1988 年 2 月，第 3 号修订公布，同时包括指导说明。因为来自外界压力的结果，其中包括英国房地产联合会(BPF)，这个修订包括了一些可以选择的补充规定。公布的补充规定包括 S1 ~ S7 条，但是在第 S1 条中有关裁决的内容是涉及本书的惟一规定。在第 S1 条的介绍中，虽然是可选内容，但是这是联合合同审判庭的一个新尝试，在它的总包合同中专门规定允许把裁决作为争端解决方法。遗憾的是，这种裁决的使用和处理方法并没有扩展到其他 JCT 标准合同文本中。

为了使用这个补充规定，必须在附录中专门说明，并且如果这么做，就要删除“不适用”一词。如果这个规定不适用，需要删除“适用”一词。使用上述任何条件需要当事人去做，并且如果因为某种忽略没有这么做，将会出现一种不明确的状况。在这种情况下，似乎补充规定不再适用，后来试图使用的任何企图都会遇到矛盾。然而，无论如何都不能妨碍当事人在出现忽略之后，又决定采用裁决，只要他们同意这么做。

裁决规定的目的是在施工过程中如果争端发生，通过专家的介入可以加快争端解决的速度。BPF 和其他机构认为这个规定是有益的。从此不再因为需要把很多争端提交仲裁裁判，而一直等到实际竣工。进而还可以避免采用仲裁正式程序，而选择使用更简单且更便宜的程序。这样在实际竣工之前，只要当事人同意，没有什么可以妨碍进行仲裁了。也许这个规定的最有趣的内容是这时裁决人是一名专家，而不是仲裁员，这样使得可以使用专家自身的知识和经验。这样可以找出一种实际解决争端的方法，避免受到法律证据方面的正规约束的限制。这个决定没有仲裁员判决的作用，但是采用了相同的强制程序。

在第 S1 条补充规定适用的情况下，对涉及争端解决办法的第 5 条规定的使用方法作了修订。第 S2 条给出了一个“裁决事件”的列表，规定如果任何事件在实际竣工或举证实际竣工、工程终止或举证终止或放弃之前发生，应该提交裁决人进行裁判。

如果争端或分歧发生，任何当事人可以向对方发出通知，表示他们希望让裁决人决定争端事宜。然后在 14 日阶段中，裁决人必须对需要决定的事宜作出说明。在接到该说明的 14 日内(或者得到同意的其他期限内)，裁决人需要确定作出决定的日期。为了作出这项决定，裁决人可能需要进一步的信息。合同中没有预先规定获得信息或者作出决定的时间表，仅仅要求提供一个希望的时间，并且如果当事人同意，这个时间还可以延长。如果当事人没有提供要求提供的信息，尽管没有这些信息，裁决人也可以作出有效决定。

裁决人的决定可以认为是合同规定，并且被作为“进行裁决的规定”，应该对当事人具备最终且有约束力，除非提交仲裁裁判。在进行裁决的规定与其他合同规定有纠纷的情况下，进行裁决的规定优先考虑。如果一方当事人有不同意见，必然会考虑提出仲裁。因此，裁决人的决定具有合同的作用，如果决定不能接受，任何一方当事人都可以在接到决定的 14 日内将事件提交仲裁裁判。尽管如此，裁决人的决定仍然可以作为合同规定有效。仲裁通常是在实际竣工之后进行，但是可以立即指定仲裁员，避免发生任何无谓的拖延。一旦仲裁员指定，任何一方当事人都可以请求下达命令和指示，以便在竣工之后尽快促成听证。如果当事人要求，听证本身可以在实际竣工之前进行。在后来进行的任何仲裁听证中，都可以传唤裁决人作证。

进行裁决的规定本身也可能产生争端或分歧，只要这种情况发生，仍然可以使用补充规定和仲裁规定。

选用的裁决人被列在附录中，第 S1.5 条规定，如果附录中没有规定裁决人名单或者指定的裁决人不愿意或不能执行工作，可能发生什么情况。裁决人的费用应该平分，可以要求在决定作出之前支付。进行裁决的所有其他费用应该由提出进行的当事人承担。

1981 年 JCT 建筑工程合同标准文本——承包商设计文本中补充条款的推出是一个标志，这是 JCT 合同第一次规定对所有各类争端可以使用裁决人。这些规定广泛地符合 HGCRA 法的精神，但是这个修订是由 JCT 公布的。

10.4 JCT 建筑工程合同标准文本(1980)修订第 18 号

在 HGCRA 法之前和实施之后，联合合同审判庭认为他们有自己的合同文本，应该做的仅仅是使它们符合法律要求。这种观点持续了很长时间才达成一致，因为 JCT 希望保证他们的规定能够站得住脚，同时不需要实施《工程合同裁决纲要》。1996 年 11 月，这个规定提交审判庭，直到 1998 年 4 月最终规定才正式公布。JCT80 的第 18 号修订包含了根据“构建团队”报告中的建议产生的一些修订内容，并且符合 HGCRA 法。这个修订比较长，部分有些混乱，因为它的复杂和冗长而受到一些批评。下面我们讨论修订中关于根据 HGCRA 法进行裁决要求的内容。

10.4.1 协议条款

对协议条款进行了修订，因此任何一方当事人对合同引发的任何争端或分析都可以提交裁决裁判。裁决应该根据第 41A 条进行，这个条款包括了一个全新的规定。

此外，还有两个新条款也允许把争端提交仲裁(第 7A 条)或者提交法律诉讼(第 7B 条)。本书第 2 章讨论了仲裁和诉讼的优缺点，对第 18 号修订的指导说明强调了这方面的问题。指导说明第 4.6 段解释本条款的起草允许法庭对争端进行裁决，避免出现 Northern Regional Health Authority v. Derek Crouch Construction Company Limited(1984)案例发生的问题。上议院法官在 Beaufort Developments Ltd v. Gilbert - Ash Ltd and Others(1998)案中的判决推翻了 Crouch 的判决，使得 JCT 的修订现在看起来有些过失。根据第 18 号修订，在两个程序中间哪个程序适用取决于条款附录中包含的内容。如果“第 41A 条适用”的规定没有被删除，根据第 7A 条的仲裁适用。在不需要使用仲裁的情况下，“第 41B 条适用”的规定一定要删除。如果任何当事人认为有必要，诉讼和仲裁应该在裁决之前优先考虑。当事人不会受到这个法律的限制，而选择不使用他们采用裁决的权利，当然这个权利是存在的。裁决可以用于“涉及”合同的所有争端，但是不能扩大到“与之有关联的”范围。其结果某些争端可能属于裁决人权力以外的范围，应该直接提起仲裁或法庭裁判，包括合同是否存在因疏忽而引起的误述、纠正、虚伪陈述、普通法赔偿金索赔等。

第 7A 条规定如果裁决没有解决这个争端，可以进行仲裁，无论这些争端是发生在工程竣工、放弃或终止期间及之后。仲裁可以处理所有争端，除非涉及有关法定免税和增殖税的争端等。更重要的是，它还排除了涉及裁决人决定的争端，试图圈定一个界限，使他们的决定免于受到攻击。法庭可以对裁决人的决定提供即决强制执行；强制执行不能针对根据这个规定进行的仲裁。任何根据第 41B 条的仲裁都应该按照 JCT1998版建筑业示范仲裁原则(CIMAR)进行。

第 7B 条规定，任何争端可以提起法律诉讼程序，那时第 41C 条应该适用。

10.4.2 定义和解释

这个修订还包括了很多其他定义，其中包括条款、裁决协议、裁决人、当事人以及公共假期等。第 1.5 条涉及提出通知的内容，这是一个新条款，只涉及到不属于其他类型的通知的内容，其结果不应该适用裁决，它们在第 41A.4.2 条中单独处理。第 1.6 条也是一个新条款，涉及总计天数应该如何计算的问题和部分符合 HGCRA 第 116 条的内容。

10.4.3 第四部分：争端解决——裁决——仲裁——法律诉讼

修订中包括了一组新的规定，并且赋予第 4 部分一个新的标题。

第 41A 条包括裁决的规定以及如果一方当事人行使他们的权利，这个过程应该适用。这些规定包括裁决协议在内，提供了一个进行裁决的框架，所以不再公布单独的原则或者增加其他内容。

10.4.4 指定裁决人

第 7A 条中提到的裁决人可以决定任何提交给他进行裁判的争端。JCT 并不提倡在合同中指定裁决人，因为工程一开始指定的人士可能并不适合解决后来发生的争端。一旦进行争端裁判的意向通知提出，JCT 原则上就规定了裁决人的指定，但是它还建议必要时，如果当事人决定在合同中指定裁决人，可以采用这些修订。裁决人的指定只能在争端已经知晓之后才能够有价值，但是这可能意味着在工程进行中需要指定很多不同的裁决人。

在合同没有指定裁决人的情况下，应该确保指定的过程或者根据当事人的协议，或者根据任何当事人的申请由合同附录中规定的指定人指定。无论采用哪种方法，指定和指派裁决人都应该在裁判意向通知发出 7 日内进行。这样会出现一个问题。如果裁决人没有在争端通知的 7 日内指定，根据法律它是否无效？第 41A.2.2 条的规定存在多义性。当事人之间关于“反对确保”指定和指派的协议可能与指定和指派本身的规定存在区别。这时合同中使用的词汇可能与法律解释不同，因为它们明确提到了“时间表”，但是另一个却规定按照“协议”确保指定和指派。这种差别最好忽略，而且不必认为是否需要考虑(我们将在第 41A.4.1 条有关内容中进一步进行讨论）。进而推荐的裁决人必须愿意签署 JCT 裁决人标准协议，这个协议当事人和裁决人必须执行(第 41A.2.3 条)。

合同附录提供了两个单独的指定人列表，一个用于裁决，一个用于仲裁，当事人应该选择其中之一，删除其他所有选择。如果没有选中任何人，RIBA 的主席或副主席将作为指定人。JCT 已经从所列出的指定结构得到保证，他们将满足规定的指定时间表，同时指定愿意签署标准裁决协议的裁决人。

第 41A.3 条承认，裁决人可能无法从事裁决工作，可以根据程序指定替代人。裁决人可以或者根据协议进行指定，或者向确定的指定机构申请指定。

如果当事人决定根据合同任命裁决人，他们将需要根据第 18 号修订的指导说明的规定对第 41A 条进行必要的修订。这应该包括一个额外的附录项目，填写裁决人的名称、地址和费用。修改后的第 41A.2 条规定，裁决人不能是“任何当事人的雇员或其他参与者”，除非已经得到当事人的同意。如果争端发生的时候指定已经作出，裁决人的情况已知，可以假定在争端期间他们应该存在，当然也可以不存在。

公布的 JCT 的裁决协议有两个版本，合同中可以使用已任命的或未任命的裁决人。两个版本基本相同，十分简单，规定应该指出当事人和裁决人的名称，同时包括他们的地址。它们还有一个空间可以简单描述工程和合同格式。协议包括 5 个条款，分别为：

* 指定和接受；
* 裁决规定；
* 裁决人的费用和合理开支；
* 指派时裁决人无法承担工作；
* 终止。

协议规定裁决的规定在合同内，因此裁决人有义务根据合同执行裁决。当事人可以联合地和分别地对发生的费用和合理开支负责。在裁决人无法工作的情况下，必须向当事人发布通知，然而虽然这属于裁决人协议的部分内容，但是有很多情况可能无法做到，或者因为它不现实，或者简单地因为裁决人没有这么做。

如果他们同意，当事人可以在任何时间内终止裁决人的指定，同时裁决人有权所要已经发生的费用和合理开支。然而如果终止发生是因为裁决人方面的错误，则不应该支付任何费用和开支。协议内容将规定应该支付的费用，同时可以是一次性支付，也可以是按照小时费率计算。

已经任命裁决人的裁决协议还会有一些很小的区别：它规定裁决人有义务“尽……最大的努力……”并且同意，如果要求，可以使用相同的协议处理指定分包合同或任命分包合同的争端。其他值得注意的涉及当事人不但可以终止裁决协议，还可以终止裁决(第 5.1.2 条)。

10.4.5 裁决

第 41A.4.1 条规定裁决分两个阶段进行，虽然似乎没有理由认为在合同已经任命裁决人的情况下，为什么不能同时进行。如果没有任命裁决人可能会出现问题。第一个阶段是争端裁判的意向通知阶段，第二阶段如果开始裁决，需要在该通知 7 日内对争端进行裁判，或者如果属于后者情况，实施裁决协议。第 41A.2.2 条规定裁决人应该在裁判意向通知的 7 日内裁判这个争端，但是这属于协议的内容(参阅前面的讨论)。然而第 41A.4.1 条规定，争端可以在该通知或裁决协议实施 7 日内进行裁判。后一个日期可以起到实质拖延裁判的效果，并且可能会产生问题，例如这么做是否符合 HGCRA 法。合同似乎建议应该制订符合这个法律的时间表，但是在裁决协议没有实施的情况下，整个过程可以扩展。这似乎是规定起草的方式在符合 HGCRA 法有效性上面留下了一个疑点。

裁判必须针对具体的争端并且包括裁决人根据当事人的辩解和提出的补偿为基础进行考虑的任何材料。所有这些文件的副本应该送交其他当事人，但是没有要求送交合同管理人。裁决人可能希望将这些信息提交给合同管理人，并且会见他们。是否需要拷贝文件给合同管理人应该由 JCT 规定，因为它认为给合同管理人提供机会改变需要核准的事宜，也许这样做值得。在发表的修订中，没有提到合同管理人需要促进这个事件，因为 JCT 认为这么做可能与 HGCRA 法矛盾。处理这个问题的一个著名的尝试是 ICE 进行的修订，他们提出“不满意并不构成争端”的概念，但是如果提出反对意见，它是否能够站得住是另外问题。

文件传递问题包括在第 41A.4.2 条中，其中规定了得到认可的大多数传递方法。它还包括需要确认传真传递方式和挂号邮件或有记录传递的确认日期，规定应该在邮寄日期之后的 48 小时，不包括星期日和公共假期。确认日期方式可以使用，除非已经证明实际传递日期不同。后来的规定在这方面并不完全清楚，因为在任何情况下，裁决人都需要确认收到文件的日期。可以认为这是一种默认方式，但是如果情况真是如此，条款的具体规定可能会不同。

回答问题的当事人自被指定回答裁决人的问题时起可以有 7 天的时间。回答问题可以包括所依据的根据，以便对指派当事人提出索赔进行答辩，还有裁决人需要考虑的其他任何文件。

根据合同，裁决人可以按照 HGCRA 第 108 条行事，他既不是专家，也不是仲裁员。这样排除了任何怀疑(即使需要特别小心)，不会认为裁决可能导致成为仲裁员的工作。

在进行裁决的过程中，裁决人必须公正行事，但是有全权遵守其规定程序。但是因为裁决人具备了这个权力，合同中是否包含那些应该完成的具体事宜并不重要。尽管如此，合同包括了规定，可以要求当事人进行试验、剥露工程、访问现场或任何工厂以及要求提供其他信息等。第 41A.5.5.6 条允许裁决人向当事人雇员或代表索取有关信息，但是在此之前必须向有关当事人发出通知。这个通知的目的是提出询问，因为他们没有权力拒绝回答。

裁决人自身不可能解决所有争端，有时可能需要得到技术或法律咨询意见，只要当事人得到这方面的通知和费用估计。在下达通知时应该包括估计费用。如果当事人没有同意，裁决人也可以直接要求提供这种咨询意见。如果裁决人相信这种帮助是必要的，但是当事人认为他们不愿意或者不能支付这笔费用，可能会发生什么情况？这似乎作为裁决人可以不必得到当事人的同意，他可以不必得到协议就能行事，而且还可以得到付款，只要他认为需要这种帮助。争端当事人可以支付自己的费用，但是裁决人可以要求他们支付试验、剥露工程的费用，只要裁决人根据第41A.5.5.4条认为有必要。

10.4.6 裁决人的决定

第 108(c)和(d)条规定了作出决定的时间，我们已经在第 9 章中进行了讨论。裁决决定可以采取多种方式，可能是行使具体权力的结果，要求打开、审核和修改任何根据合同发布的证书、观点、决定、要求或通知。这个决定可能包括涉及争端的任何适用利息的付款，但是只能支付单利，这和其他一些裁决原则不同。决定必须书面下达给当事人，不需要说明任何理由，他们也不能提出任何要求。在此这个决定不需要与合同管理人进行沟通，但是的确没有说明为什么不能这么做的理由。虽然裁决人只有非常有限的权力要求当事人支付费用，但是裁决人必须在决定中说明裁决指定的费用和开支。如果裁决人没有这么做，费用和开支应该由当事人平分承担。指南还规定如果他们希望在费用分担之前进一步考虑有些事情，当事人在决定作出之后可以提交密封信函给裁决人。如果一方当事人在考虑任何提出要求时认为对方的要求是不合理的，这种做法十分有用，可以尽量减少需要支付的费用。

裁决人作出的决定是有约束力的，直到争端通过仲裁或者通过法律诉讼最终适当判决。任何当事人都可能希望最终解决事件，但是 JCT 强调，对裁决人的决定是不能上诉的，但是如果决定还没有作出，可以对这个争端提出新的听证。同时当事人必须按照裁决人的决定去做，不执行这个决定意味着当事人希望得到强制性决定，他们可能直接谋求法律诉讼，以求得强制性的效果。强制执行一项决定不是针对仲裁的，即使在仲裁协议有效的情况下，因为它为了在进行仲裁时防止遇到诉讼禁止令，防止免除任何可以要求即决判决、阶段付款或禁止令的权力，所以专门提出这种免责规定。

裁决人必须作出决定，可以认为不作决定并没有构成一项决定。进而除非合同有具体规定，否则裁决人没有权力在他的决定中指示代管人保管资金，根据过去的分包合同这是一种常见做法。

根据第 41A.8 条，裁决人享有豁免权，这反应了 HGCRA 法第 108(4) 条的思想，但是这种豁免权只能延伸到当事人本人提出的诉讼上面。

10.5　1981 年 JCT 建筑工程合同标准文本(承包商承担设计)第 12 号修订

对这个文本的第 12 号修订包括“构建团队”报告中阐述建议的修订，以便符合 HGCRA 法的规定。这个修订文件于 1998 年 4 月公布。该修订与 JCT80 的修订文件相同，因为审判庭已经准备把这些文本纳入到裁决的行列中。然而这个修订文件与 1988 年 2 月公布的第 3 号修订的补充规定相比还是存在一些重大的区别的。HGCRA 法影响到 JCT，不但使他们重新考虑 JCT81 的重要内容，而且还删除了涉及裁决的补充规定。补充条款已经在该法之前规定了裁决的内容，但是立法要求的裁决意味着需要修订总包文本，有些选择使用的规定已经不再存在矛盾了。

另一方面，涉及裁决的第 12 号修订在裁决规定方面与前面介绍的 JCT80 的第 18 号修订完全相同，除了条款编号不同，新条款是第 6A 和 6B 条。第 39 条涉及到争端解决问题。此外很多不同的后果性修订都需要作为合同条件的附录。

10.6　1984 年版 JCT 建筑工程合同中型工程文本第 12 号修订

中型工程合同文本(IFC84)在争端解决方面的变化在很多方面都与前面介绍的 JCT80 的变化相同，裁决规定本身是相同的。事实上它的区别是 IFC84 没有提到可以在裁决之后再在仲裁和诉讼之间进行选择。奇怪的是 IFC84 规定在裁决之后只能进行仲裁，结果条款内容和编号都和 JCT80 和

JCT81 的情况不同。

原来的标题为“争端解决——仲裁”的第 9 条已经删除。使用的新条款标题为“争端解决——裁决——仲裁”，重新起草了涉及裁决内容的新第 9A 条和涉及仲裁内容的新第 9B 条。虽然使用了不同的条款编号，但是这些规定还是与 JCT80 相关内容相同。

因为内容已经被修改了，这些条款已经做了改动。插入了一个新第5条，它规定因为合同发生的任何争端或分歧根据第 9A 条都应该随时提交裁决。原有的第 5 条被删除，新条款(第 7 条)规定争端应该根据第 9B 条提交仲裁。然而仲裁是依据第 5 条赋予的权力的，如果有必要应该先进行裁决。仲裁权方面有些例外，涉及增殖税和法定减税计划的具体争端的内容被删除了，因为这都属于裁决人决定可以强制执行的争端。最后一项删除确保了保留对决定申请即决强制执行的权力，它避免根据仲裁协议禁止提起诉讼。这个条款包括 10 行文字，中间没有标点，因此引起极大的关注，探讨这种起草方法是如何表现其目的的。实际上在这个条款中包含的内容加上一些解释性编号并不困难。

10.7 1980 版小型建筑工程协议第 11 号修订

小型工程合同文本中关于争端解决的改动是参照前面介绍的 IFC84 的改动，但是还是有很多区别。小型工程和 IFC84 一样在裁决之后没有规定需要在仲裁和诉讼之间进行选择。然而，它的区别是不论是修订还是指导说明都没有要求在合同中指定 1 名裁决人。这与我们在前面已经介绍的所有 JCT 文本是有区别的。可以认为 JCT 不希望在小型建筑工程中设立这种规定；也不需要确定时间和费用。当然修订也没有限制当事人不能指定裁决人，如果他们愿意，这时可以使用 JCT80、JCT81 或 IFC84 的指南作为参考。在引入到文本中时，需要改变它们的条款编号。进而第 9.0 条简单地规定了裁决和仲裁的内容，它们都被包括在协议补充说明的第 D 和 E 部分中，而不是把所有的细节内容都放在一个条款中。

10.8 分包合同文本

分包合同中争端解决的发展不太均衡，毫无疑问，这是因为合同中的争端发生频率很高，特别是关于付款问题的争端。这方面的有关内容我们在与 JCT63 有关的分包合同内容中介绍。

这个分包合同(被称为“绿皮书”)可以用于建筑工程合同标准文本(1963)条件下的指定分包商，该文本也是 1963 年发布，但是发布单位是全国建筑行业业主联合会(NFBTE)。

这个版本的分包合同包括了一个仲裁条款，但是还包括了一个简单的扣款条款(第 13 条)，该条款允许承包商根据分包合同扣留任何分包商应该有责任支付给承包商的款项。这个条款和诉讼的结果导致了 1976 年 2 月在第 13B 条中推出了一个裁决人的内容，采取方式是对当前的 1975 年版的修订。结果在分包合同文本中增加了一个类似但是不完全相同的规定(第 15 和 16 条)，它被称为“蓝皮书”，也是 NFBTE 在 1971 年首次公布的。“蓝皮书”可以在非指定分包商情况下使用。当时也对“蓝皮书”做了类似的修订。

“绿皮书”第 13 条修订的推出参考了一些法律案例，例如 Dawnays v. Minter, 1971; Gilbert - Ash (Northern) Ltd v. Modern Engineering (Bristol) Ltd, 1973; Mottram Consultants v. Bernard Sunley & Sons Ltd, 1974; Kilby and Gayford Ltd v. Selincourt Ltd, 1973 等，都是涉及到不可侵犯的问题，包括扣留已经确认付款的情况和业主扣留承包商款项的情况。承认已签署款项并不是特别鼓励进行裁决。仲裁员可以处理这种事件，但是应该知道，仲裁通常也是一种漫长的过程。因为现金流量十分重要，所以事件在解决争端过程中也是十分关键的，这时裁决可以作为是一种满足这些要求的最佳手段。原则上，没有理由认为为什么仲裁不能达到同样的速度，但是当前对仲裁程序的态度通常是速度问题。

“绿皮书”中的新版第 13 条占据了两页多的篇幅，第一次试图根据与 JCT 有关的文本合同提供中间手段，解决存在争端的扣款金额问题。1976 年 2 月的修订实质上替换了旧的第 13 条，并且推出了第 13A 条，包括涉及扣款的两种不同情况。第 13A(1)条简单地规定的取得一致的扣款金额，第 13A(2)条涉及到比较复杂的扣款情况，其金额没有达成一致。后一个条款允许承包商在满足明示规定的 3 个条件的情况下进行扣款。第 13A(3)条规定根据这个条款的任何扣款都不得损害后来任何谈判、仲裁程序或诉讼情况。在分包商对扣款金额有疑义的情况下，第 13B 条规定了指定裁决人的内容。根据第 13(A)(2)条的任何诉讼不得损害根据本条款的进一步索赔，如果在进一步款项成为应付款的情况下[第 13(B)(7)]。

一旦承包商已经通知分包商他的扣款目的，后者应该在接到通知的 14 日内发出书面说明，阐述不同意这笔金额的理由。这个书面说明还可以包括反索赔，但是需要包含一些细节问题。同时分包商应该向承包商发出仲裁通知，请求裁决人采取行动，他应该在 1976 年版分包合同附录第 xiii 部分中已经任命。

裁决条款是要确保涉及扣款争端的索赔可以快速且独立地解决，不需要等到项目竣工。然而很快当事人就会遇到裁决人决定的强制性问题，进而在后来的仲裁程序中，承包商通知中规定的金额和分包商任何反索赔都是没有约束力的。换言之，使用裁决人仅仅是希望在各种不同的合同义务下面得到适当的现金流量。

基本问题是裁决人在签署合同之前任命的，否则可能得到的任何利益都会消失。如果没有任命，在对裁决人达成一致意见的时候可能会拖延实际争端的解决。

裁决方式提出来之后很快 NFBTE 便提供了一个列表，列出愿意根据第 13B 条承担裁决人工作的人士名单。在任命的裁决人不能工作的情况下，任命的人士可以指定其他人士，只要该人士在分包合同或总包合同及任何涉及该组织的其他合同中不存在利益。

一旦启动指定程序的通知发出，承包商可以在接到分包商说明的 14

日内向裁决人发出书面说明，简要阐述他对分包商的反索赔的辩解。如果承包商提供了书面说明，裁决人需要在接到说明的 7 日内做出决定。只要承包商没有提供书面说明，严格地说似乎是这个决定应该在分包商的通知发出 14 日之后作出，但是对决定没有规定具体的时间限制。似乎这并不一定就是他们的目的，好像目的是要把 7 日延续到 14 日的期限。

裁决人决定的作出不需要任何说明，除非需要解释其中的多义性，也不必任何人士听证。这个过程提供了一种公正合理决定的快速机制。裁决人的权力是绝对的，而且他没有义务说明理由。如果事件达成了协议通过仲裁员或者法庭裁决，其决定对双方当事人都是有约束力的。因此裁决人的决定可以被重新考虑，仲裁员有绝对权力可以在最终判决之前的任何时间内，根据任何当事人的申请，改变或取消这个决定，如果这么做是公正且合理的。在这笔重要款项处于危险之中，可以从中先行扣除，因为裁决人的决定性质上完全可能是临时性的。

虽然裁决人具有绝对权力，他可以这样行事，“在任何情况下，争端应该得到公正、合理和必要的解决……”对于裁决人来说关键是要严格按照第 13 条的程序要求去做。不这么做可能造成裁决人受到来自任何当事人提出的对过失赔偿金的起诉[2]。

裁决人作出的决定在第 13B(3)(a)条中已经阐述，对于有争端的金额处理可以按照以下方式：

* 由承包商保管；
* 仲裁过程中，由信托人资金保管人保管；
* 向分包商全额或部分付款。

在其他一些分包合同文本中(例如 NSC/4 的第 24.3.1.4 条)决定的范围后来被扩大了，包括上述选项的综合，这样使得裁决人有可能作出任何决定。在扩大范围之前，对于任何一项争端只能选择一项选择。

同时还推出了信托人资金保管人。他们和裁决人一样，需要在附录中任命好。第 13B(5)条规定了信托人资金保管人的条件和义务。采用信托人资金保管人的方式使得确保了后来仲裁解决时的资金安全。虽然资金保管时产生利息，任何或其他或双方当事人可能否认现金流量的结果，同时总承包商可能会因为后来分包商破产而受到侵害。

信托人资金保管人还有分包合同当事人的裁决人之间的关系不受分包合同的制约。因此，他们这方面的任何过失的补偿应该根据承包商和(或)分包商与裁决人或信托人资金保管人之间的合同解决，根据民事侵权行为，或者根据合同与民事侵权行为解决。

因为考虑到解决分歧的任何过程，在此存在一个费用问题。信托人资金保管人可以从保管的费用中扣除合理和适当的开支，裁决人的费用可以由分包商来支付。然而对这两笔费用的责任后来可以由仲裁员来决定，如果事件最终通过仲裁解决。

第 1 版“蓝皮书”的内部分包合同(1971)包含了一个条款(第 16 条)，允许承包商有权扣款或扣除费用，这个规定与“绿皮书”的第 13 条规定相似，但是不完全相同。推出新条款(第 15 和 16 条)的“蓝皮书”与“绿皮书”的第 13 条效果相同，除非根据“绿皮书”并且是指定分包商的情况，有关延误的任何扣款都是无效，除非建筑师已经签署适当的证书，并且将副本送分包商。这就意味着裁决人根据“绿皮书”，但不是“蓝皮书”，已经确立应该满足的进一步程序化的要求。一旦建筑师确认分包合同工程已经按照规定日期竣工，裁决人只能使用“绿皮书”处理延误问题。在“蓝皮书”中已经不存在这种义务了。

两个分包合同文本都采用了裁决，但是只能处理有关扣款的争端。奇怪的是，裁决并没有扩展到其他方面的争端。

10.9 指定分包商分包合同文本

1980 年版标准合同文本第 10 号修订与 1991 年 3 月公布，推出了一个用于指定分包商的修改后的程序，替换了早期的文件和分包合同。根据 1991 年程序，一种简单方法替换了“基本的”和“可选的”方法，并且推出了一个新的投标协议文本 NSC/1 和分包合同(NSC/A、NSC/C)。

NSC/A 协议与分包合同文本分立，它的第 4 条涉及了争端解决的内容。它大量地重复了 NSC/4 的内容(它的前身版本)，要求所有争端或分歧应该提交仲裁裁判。同样，NSC/C 有关扣款和指定裁决人的规定都与 NSC/4 的规定相同，并且和“绿皮书”的规定相似。这些规定在合同的第 4.26 条到 4.37 条中，现在根据第 7 号修订(1998)已经删除。

裁决人和信托人资金保管人的名称在 NSC/T 投标文本的第 3 部分第 3 条中说明。第 3 部分第 7 条允许当事人挑选可以指定仲裁员的实体，并且在没有选择指定人的情况下，皇家特许测量师学会主席或副主席可以承担他们的责任。

JCT 考虑到 HGCRA 法的实施以及反映总包合同文本的变化，在 1998 年 4 月发布了指定分包合同条件的修订。原来的第 4 条已经被下面的内容替换：“如果根据本分包合同发生任何争端或分歧，当事人可以根据第 9A 条提出裁决”。

除了应该参考分包合同，而不是总包合同以外，这个条款还参考了 JCT80 的第 18 号修订的规定。同样还有条款第 5A 和 5B 条也已经包括了将争端提交仲裁或者提交诉讼裁判的内容。

这些条款和第 18 号修订的第 7A 和 7B 条的效果相同。NSC/T 文本也已经进行了这种修订；第 12 条规定，总包合同选择的方法同样适用于分包合同，除非另有约定。这似乎是合情合理的，更为重要的是 NSC/3 第 3 部分，但是需要挑选哪些内容适用。如果当事人希望进行仲裁，他们在第 3 部分中不必填写任何内容，因为仲裁属于默认方式，除非特别约定采用诉讼。如果选择诉讼，应该删除文字“第 9B 条(仲裁)适用”。

同样，指定裁决人的机构与总包合同的规定相同，除非双方另有约定。第 3 部分涉及的是有关适当选择的内容，它同样与总包合同选择的内容相适应。

NSC/C 分包合同条件的第 9 条涉及争端解决的内容，也被第 7 号修订，并且除了需要参考分包合同和它的条款以外，还应该遵守修订后的 JCT80 第 41 条的有关内容。它还规定一旦争端发生，就应该指定裁决人，但是规定应该在分包合同中选择任命裁决人。指导说明没有解释是否可以指定总包合同和分包合同相同的裁决人，当然这明显是需要当事人决定的事情。然而如果裁决人已经在合同中任命，裁决协议将规定在涉及指定分包合同或任命分包合同的争端发生时他们应该行使的义务，如果需要这么做。JCT 总包合同和分包合同中关于裁决协议(任命)中使用的规定是相同的，因此后者也适用在指定分包合同和任命分包合同(如果存在)两种文本的争端。

10.10 1991 年版业主与指定分包商协议标准文本 NSC/W

1998 年 4 月公布的第 2 号修订以及其他有关内容都涉及到争端解决方法的一些变化。它们都遵循了 JCT80 的基本模式。第 11.1 条是一个新条款，规定任何当事人都可以将争端提交裁决裁判。这是把争端提交仲裁或法律程序(只要适用)以外的一种权利。根据 NSC/W 不必选择仲裁或法律程序，因为应该完全遵守保修承诺，无论是否符合总包合同。即使在仲裁适用的情况下，裁决决定的强制性也是针对诉讼的，并没有被列入到仲裁条款行列之中。

第 11.2 条规定英格兰法律在此应该适用，无论解决争端适用哪种方法。第 11A 条涉及裁决，11B 条涉及仲裁，并且第 11C 条涉及法律程序，全部都是参照总包合同。

10.11 NAME/SC 分包合同条件

用于 IFC84 文本的 NAME/SC 分包合同条件通过第 11 号修订进行了修订，以满足 HGCRA 法。IFC84 修订遵循了相同的思路。这个文本中的法律程序选择同样被剔除。修订并没有规定分包合同中需要任命裁决人。这也并不奇怪，这类工程规模相对比较小，并且 JCR 已经采取了适合小型工程文本的方法。

10.12 内部分包商分包合同标准版本(DOM/1——1980年版)

这个分包合同是建筑业主联合会公布的，专门针对根据 JCT 建筑合同标准文本 1980 版第 19.2 条和第 19.3 条指定的内部分包商。因此它与现代总包合同文本的关系类似“蓝皮书”分包合同与 JCT63 总包合同的关系。

它们之间的关系不但相似，DOM/1 分包合同与 JCT 采取的基本方法也十分近似。所以 DOM/1 对争端解决的处理与 NSC/4、NSC/4A 和 NSC/C 的方法相同。第 3 条要求任何争端或分歧，除了涉及 1975 年《融资法》减税方案的争端以外，都应该根据第 38 条提交仲裁裁判，无论它们何时发生，参考《时效法》。DOM/1 的第 1 部分第 B 条涉及总包合同的内容，这里涉及解决业主和承包商之间的争端仲裁员的指定问题。分包商和总承包商之间争端解决的仲裁员的指定在第 14 部分中规定，并且在没有选择指定机构的情况下，采取了和 NSC/C 相同的默认立场。

承包商的扣款权力以及有关规定都包括在 DOM/1 的第 23 和 24 条中，它与指定分包商文本基本相似，除了下列 3 个主要程序方面的区别：

* 根据第 21.9.1 条承包商的信贷义务不能提起裁判；

* 在可以根据延误竣工相关的损失和开支为理由进行扣款之前，建筑师签发延误签证不能作为一个条件；

* 不需要分包商提供建筑师确认延误证书的副本。

该分包合同规定应该任命裁决人，并在协议条款附录 C 章第 8 部分中注明。承包商或分包商可以建议需要加入的名单，但是无论使用哪种方法，都应该遵循与其他当事人签署的协议。附录 C 章第 8 部分还规定了任命信托人资金保管人的名单。

10.13 DOM/1 1998 修订版

当 DOM/1 被修改，以便符合 1996 年 HGCRA 法的内容时，到底改变哪些内容还不明确。DOM/1 分为两个部分，协议条款和分包合同条件，印刷版本于 1998 年 5 月发布。协议条款中有很多变化，我们以后进一步介绍，但是在合同前面规定，这是 1980 版，并且加入了(在其他修订中)第 10 号修订，其中包含了需要满足 HGCRA 法的变化。然而分包合同文本的前面版本并没有这种考虑，虽然它们包含了很多变化，包括争端解决办法。1998 年 7 月，又发布了一个矫正表，其中指出了很多修改，但是符合现在情况的大多数内容都涉及到参考第 10 号修订，他们均应该从条款的扉页中删除。至少这使得条款符合合同条件，同时形成了一个分包合同，单独成为 1998 年的重印本。情况并非如此，因为需要修改的不仅仅是重印本。也许并不奇怪两个代表负责批准早期合同的分包商的机构，不会再批准使用 1998 年的文本了。它明显地从发布的对第 1.3 条的矫正页面中删除了全国专业分包商委员会和专业工程承包商集团的名字。

10.13.1 1998 年版协议条款

协议条款已经作了适当的修改，原来的第 3 条被第 3 条和第 4 条替换，它们分别涉及裁决和仲裁或诉讼争端解决方法。两个新条款遵循了 JCT80 的主要原则，但是在分包合同文本中，它们被合并到一起了，而且措辞也不相同，甚至在对涉及分包合同的内容作了必要的调整之后。双方当事人有权利通过裁决裁判争端或分歧，并且根据这个权利，它们也可以将事件提交仲裁或法律程序裁判，只要适合这么做。哪种方法适合都应该列在分包合同附录中。1998 年 7 月发布的重要修正是应该参考分包合同条款，而不是总包合同条款。有一些例外，也可以将事件提交仲裁，最重要的是裁决人决定的强制性问题。虽然在把它们与 JCT 文本合并在一起阅读时，就可以明确地看出合同的目的，但是因为条款起草得不好，所以这个问题上面存在一些混乱。

条款的附录增加了 JCT80 的附录内容，它本身加入了对第 41 条涉及总包合同争端的修订。第 C 章第 8 部分规定当事人应该选择机构，以便指定裁决人，如果没有挑选这个机构，皇家特许测量师学会的主席或副主席将承担指定工作。这个部分还包括了"第 38 条适用"的内容，但是这应该是"第 38B 条适用"(后来的矫正已经指出)，可以选择使用仲裁方法，除非这个句子被删除。如果法律程序使用，而不是使用仲裁，这句话也应该删除。其目的是与 JCT80 的目的相同，但是表达方面还存在问题。的确这可能是直到矫正页面发布之后，才真正达到目的。第 14 部分规定了仲裁员的指定的内容，它通过与裁决人相同的方式指定机构。

10.13.2 分包合同条件

最令人震惊的是 1998 年重印本没有参考合并的修订内容，因为第 38 条按照 JCT80 第 41 条的相同方式作了重大改动。它规定争端解决的内容包括裁决、仲裁和法律程序。第 38A 条规定了裁决的内容，第 38B 条包括了仲裁的内容，除了这些区别以外，条款还参考了 JCT80 中的内容。裁决规定过于自信，所以不需要再有其他裁决原则。仲裁的规定包括很多的区别，例如：

* 第 38B.2 条规定"在第 38B 条规定仲裁的任何情况下，建筑师的任何规定根据总包合同对承包商来说都是最终的且有约束力的，所以在承包商和分包商之间也应该且相信是最终且有约束力的"；

* 第 38B.3 条规定，如果仲裁员被赋予权力可以打开或审查一些事件，但是包括了明显的例外，即"……建筑师根据总包合同条件第 8.4.1 条发布指示的决定并且这些指示是根据合同第 4.2.2 条的规定发布给分包商的……"；

* 第 38C 条规定争端或分歧应该通过法律程序确定，但是这仅仅适用在如果第 8 部分中有关仲裁条款的内容已经被恰当地删除的情况下。

进而包括在早期的 DOM/1 第 23 条和第 24 条中的承包商的扣款权力和有关事件内容已经被删除。因此首先应该对工程的扣款事件使用某种裁决的规定已经被对各种争端和分歧裁决的一般权力所替代。

第 11 章　政府建筑工程和土木工程合同基本条件

11.1　概述

本章讨论专门针对政府部门在实施建筑工程和土木工程时使用的合同基本条件，即 GC/Works/1 合同条件。先简要介绍它的第 1 版和第 2 版，接着详细评论第 3 版和 GC/Works/1(1998)合同条件。

11.2　GC/Works/第 1 版和第 2 版

这个合同的第 1 版于 1973 年 11 月公布，包括一个仲裁条款，但是没有涉及争端解决替代方法或者裁决人的内容。第 61 条规定了“合同当事人之间的涉及合同或因为合同引发的任何事件或事情的所有争端、分歧或问题”的内容，但是包含了某些明显的和重要的例外。这些例外被视为“……涉及第 51 条或因为它引发的其他事件或事情，涉及当局的报告或决定以及任何其他人士根据合同都可以看作是最终且决定性的……”。很多问题都应该由监理人员和(或)当局确定，其决定应该是最终的且结论性的。因此仲裁规定的作用在这方面是受到一定限制的。

1977 年 9 月，GC/Works/1 的第 2 版公布。其中对仲裁的规定是相同的。这个版本后来被 1989 年的 GC/Works/1 的第 3 版替代，这是 1990 年公布的一个修订版。

11.3　GC/Works/1 文本第 3 版(1990 年修订)

11.3.1　概述

这个合同是修订自前一个版本，但是其中加入了很多改变。此外 GC/Works/1 第 3 版还采取了不同的格式，并且标题为“具体权力和补偿”的章节内容很快就引出了一个重要规定，即裁决。增加的第 59 条规定也是一个十分重要的进步，它与新的仲裁条款(第 60 条)合并在一起构建了争端解决的一个十分独特的框架。

11.3.2　仲裁

第 60 条规定，除了裁决以外，也可以使用仲裁。这个规定包括涉及合同的所有争端，这是与早期的版本的规定相同的，除了属于最终且结论性的决定以外，它们是不能重新审核的。除非当事人另有约定，仲裁在竣工、举证竣工、工程放弃或者合同终止之后才能够开始。

11.3.3　裁决

裁决的内容包括在第 59 条中，它收录了 1989 年版的 GC/Works1 第 3 版中的许多内容，包括 3 个子条款的变化。裁决被作为解决争端的替代方法，不是仲裁的先决条件。裁决人的决定对任何需要裁判的事件应该是最终且有约束力的，直至工程竣工、举证竣工、工程放弃或合同终止。在任何情况下，都可以开始进行仲裁，并且推翻裁决人的决定，因为仲裁是“附加在裁决之上的……”。无论如何，一种正式机制已经确立起来，能够让争端得到比其他处理方法更快的处理，而且使当事人满意，这样避免今后需要使用仲裁。在任何情况下，它规定这个临时决定在工程继续过程中是有约束力的。技术上因为使用了第 7 子条款的措辞，一旦竣工实现，裁决人的决定便失去约束力，可以进行任何形式的复审。但是在实际中，这个决定一般只能通过仲裁才能推翻。1989 年版在第 7 子条中使用了不同的措辞，并没有涉及到裁决人决定的约束力性质，只规定了对这种决定在工程竣工之前是不能提出疑问的。

裁决规定的运作只有在争端已经存在至少 3 个月之后才能够被使用[第 59(1)条]。这可能是一条比较奇怪的限制，使得人们不能在对他们最为有利的阶段上采用裁决人。进而，在争端第一次出现的时候，还存在问题，这时该条款并没有要求提供正式通知。第一份正式通知是在申请进行裁决的时候才由承包商提出，严格地说只有在争端已经存在 3 个月时候才能够有效。根据合同还有些规定，针对承包商对决定不满意时需要采取的行动。这就需要确定出争端开始起作用的日期，但是往往这个日期并不明确。例如，根据第 36(5)条，如果承包商对延期决定不满意，应该在决定 14 日内提交索赔。

裁决可以对“工程进行中因为涉及合同产生的任何争端、分歧或问题”都有效，除非这个决定被表述为时最终的且结论性的。这个规定还受到了与仲裁条款相同的限制，这时当决定被认为是最终且结论性的时候就不起作用了。这是 1989 年版合同的一个主要变化，它没有明确说明被认为是最终且结论性的决定是否在裁决程序之外。结果新的措辞进一步明确涉及下列事件的争端不能进行裁判，因为当局对它们的决定已经是最终且结论性的了：

* 第 6(1)条——任何人士的雇佣终止；
* 第 18(3)条——工料测量师(QS)在承包商不在场情况下进行的测量；
* 第 24(3)条——腐败问题；
* 第 26(3)条——人员进入现场的许可；
* 第 31(6)条——需要加入的任何事件的适合性和适应性；
* 第 37(7)条——早期占用；
* 第 39(2)条——竣工证书的发布；
* 第 40(3)条——被认为需要加快进度的指示的发布；

* 第 44(5)条——人工税收方面的调节；

* 第 50(3)条——除了应该支付给承包商的决算款项以外的付款证书；

* 第 56 条——涉及终止事宜；

* 第 63 条——对文件中没有提到的分包商或供应商的拒绝。

是否排除了所有这些问题就可以得到一个平衡的合同仍然存在疑问，因为它没有提供解决争端的机会，而是简单地作出决定。这些问题上明显的公正性是可以被人理解的，例如现场人员的雇佣问题等，但是很难找到排除有关付款证书问题的逻辑根据。

进而裁决人只能被用于解决“在工程实施中涉及或引发自合同的”争端。一旦工程竣工，争端解决的方法只剩下仲裁了。但是工程实施过程中发生的争端应该怎样处理，在竣工之前规定裁决不能处理？情况似乎是合同的目的可能是把它们提交给仲裁解决，但是会再次出现一些不确定性，因为合同使用的措辞存在一些不同的解释。

十分明显，虽然裁决规定对合同十分有用，但是使用的多种限制以及客户对裁决人的指定实际上已经完全破坏了作为争端解决的“替代”方法的初衷了。

在任何裁决的规定中，重要的是需要确定程序化的安排，或者十分详细或者参考具体的方案。这个合同没有规定参考某个方案，但是在第 59 条中规定裁决内容的一些运作程序。当承包商向根据具体规定任命的人士发出争端通知时，裁决已经开始。为了可靠起见，应该有一个规定对争端发生通知提出要求，无论他们是希望进行裁决还是仲裁。因为根据第 59(1)条的通知时涉及合同的第一份通知，当事人一定要确定争端已经存在 3 个月之久，否则通知是无效的，裁决也不能够开始。这种通知实际上的一个重要特点只能是它正式记录了争端的存在。严格地说，一旦 3 个月的期限达到，仍然需要进一步的通知。在这个通知中，承包商必须确定争端事件，阐述相关事实、主要论点，并且提供所有相关文件。这些文件的副本除了提供给裁决人以外，还应该提交给项目经理和工料测量师。

一旦有效的通知已经下达，具体规定中任命人士必须指定 1 名当局官员或者为当局服务的某人，但是与合同没有任何关系的人士，作为裁决人，同时通知项目经理、工料测量师和承包商。这种做法看上去似乎并不公平。首先，根据具体规定任命的人士不是裁决人，可能是负责指定裁决人的人士。其次，指定的人士可能是当局的 1 名官员，并且虽然此人士可能能够十分圆满地完成任务，承包商对此人的担心很可能是他不能够真正做到独立性。比较起来，被指定人士可以是为当局工作的某人，虽然这时一种有倾向性的观点，但是这也无法做到真正的独立。实际上从承包商的观点上看，这可能真正是一种错误选择。

根据第 59(4)条的规定，项目经理和工料测量师在接到承包商要求向裁决人进行陈述的通知之后可以有 14 天的时间。这些具体的规定实际上会遇到很多困难。首先，承包商的通知必须有效，否则不能开始运作。其次，是向裁决人进行陈述，在这个阶段中，还没有指定出任何人士。它并没有规定根据具体规定任命人士指定为裁决人需要花费的时间，然而裁决人需要在承包商通知之日 28 日内决定。这明显地比第 59(3)条指定裁决人的规定要长。然而如果裁决人在前面规定的时间阶段内不能被任命，这条规定不再适用，具体要求的任何工作不再能够进行。这似乎是个忽略或者成为拖延该过程的一种手段，会给裁决规定的运作带来困难。如果没有指定裁决人的具体时间限制，很可能默示使用合理时间，也许可以考虑在 28 日内作出这个决定。

裁决人的决定不需要说明原因，但是必须规定好当事人在处理争端时，根据合同必须满足的程序的程度，各方在什么范围内必须作到“迅速、合理和诚信”。这种规定同样适用于指定裁决人方面。十分明显，完全实施是满足当事人的利益的，否则裁决人需要加上这方面的规定。决定还必须指出裁决人的费用应该如何分摊，没有具体规定就意味着由当事人分别承担。

11.4 GC/Works/1(1998)

11.4.1 概述

GC/Works/1(1998)这个文本是最新的版本，于1998年上半年公布，作为对Latham报告“构建团队”和施行HGCRA法的一个答复。这个合同由民事产业财产顾问组织(PACE)提供，这个组织自1996年4月1日开始接管负责该合同的管理。

GC/Works/1(1998)是第3版的进一步的发展，同时考虑了TBV顾问公司提供的PSA/1合同(1994年6月公布)文本的内容。虽然GC/Works/1(1998)是基于早期版本，但是没有继续编排为第4版，明显地是希望改换对政府合同的印象。虽然这个合同是基于早期版本，但是有很多不同，更少地出现独断性。

GC/Works/1(1998)公布时分为4卷。分为带工程量表版本和不带工程量表版本、设计施工条件和示范文本及说明。裁决的规定和其他3组条件文本内容相同。裁判应该根据公布使用的示范文本以及参照合同一同进行。使用示范文本不是强制性的，但是编制时仍然应该小心谨慎，如果情况适用，使用它们可能非常方便。一般情况下，起草的文本是提供给业主使用的，但是如果适用，承包商也可以做部分修改后再使用。

11.4.2 标书、合同协议和具体说明

GC/Works/1(1998)的起草符合1996年HGCRA法的规定，因此在这个法律适用的范围内，都可以使用这个合同。虽然这个法律适用于广泛的工程合同，但是并不是适用所有合同，所以文本说明必须明确该合同是否可以继续使用。然而说明文件还指出，如果认为适当地删除了该法要求的一些具体规定，还可以使用一些补充条件。可以假定这个文本不能修改，但是如果如此，应该考虑咨询法律顾问的意见。

标书和投标价格文本作为合同一部分放在第1(1)条中，包括了下面第11项内容：

“我们同意引用发自或涉及合同的分歧或问题应该根据合同通用条件的第59条(裁决)和第60条(仲裁和法律选择)进行解决。”

合同协议也参考了这个条款，但是前面加上“任何争端、分歧……”的内容。十分明显合同规定了可以使用的两种不同的解决争端和分歧的方法。

具体说明和附录包含了任命裁决人的规定，还指出指定人士应该附带他的地址。同时还规定如果第一个任命没有成功、不愿意或不能到任，或者对任何当事人、项目经理或工料测量师来说是非独立的，可以任命替代裁决人的内容。如果当事人没有同意任命，任何当事人都可以要求特许仲裁学会的主席或副主席，或者如果是苏格兰合同，要求苏格兰的类似人士进行指定。这也已经在第59(3)(a)条中作了规定。

这就是合同中任命裁决人的目的，但是如果没有达到目的，无论因为什么原因，都可以使用第59(3)(c)条规定。因为对裁决存在法定权力，当事人仍然可以共同达成协议或者选择他们同意的某人来进行重新指定。如果当事人没有这么做，或者更糟糕的是如果当事人愿意不这么选择，裁决的规定将不再适用，这时似乎是工程合同裁决方案适用。第59(3)(c)条的具体规定就是针对后者。

在任命裁决人作为处理任何争端的人士的时候，无论这些人的性质如何还应该注意，后来可能证明对任何当事人存在优势或劣势。然而原则上不存在使得具体说明的内容会延伸到规定裁决人的数量，以便处理不同类型的争端方面。

业主可以承担任命裁决人的工作，如果如此，承包商在投标的时候可以接受这个人士，除非标书是“有条件的”。也可以采取联合的方式进行任命，在合同产生之前或者产生之后立即进行。前面介绍的指定裁决人的方式都可以适用，示范文本8规定了这方面的内容，其文件标题是“示范文本和说明”。

在指定裁决人的具体说明中也作出了类似规定。

具体说明的角注规定任命的裁决人和仲裁员应该在涉及项目的各类业主合同中使用，无论他们是承包商、顾问工程师或者其他人。这似乎是建议者把并没有让任命裁决人来处理具体情况的争端的事情看得十分重要，但是至少规定在处理类似争端的时候，应该保持决定一致。

11.4.3 在说明中已经任命裁决人情况下裁决人的指定

如果裁决人是在具体说明中任命的，应该注意在总包合同已经实施之后，只要可能就应该在签署上述协议文本时将他们指定好。如果没有指定，第 59(3)(c)条要求裁决人应该在希望将争端提交裁决的意向通知发出 7 日内进行指定。

第 59(3)(c)条的这个部分十分直接，但是措辞十分拗口，目的不明确。看来如果当事人已经在签署合同时在特别说明中任命好裁决人，但是还没有指定，他们就应该在标书接受的 28 日内，采用“尽量合理的”方式完成指定。这种方式适于第一任命裁决人和替代裁决人。

工程开工并且在标书接受的 28 日内争端发生的情况并不常见，但是如果这种情况发生，问题将是是否可以满足合同(和法律)规定的 7 日时间范围的规定。如果以前还没有指定，应该最好在开工之前指定好裁决人。

如果当事人没有在标书被接受的 28 日内完成指定要求，任何当事人都可以自己完成指定。这个规定是鼓励当事人在规定的时间阶段中完成协议要求，但是没有指定可能使得裁决人无法签署上述协议文本，并且(或者)同意按照合同规定的时间阶段工作。在这种情况下，似乎更为奇怪的是，当事人后来可以单方面采取行动，特别是当事人在任何情况下联合与裁决人签署合同。

第 59(3)(c)条规定：

“如果需要使用没有任命的人士替代裁决人作为具体说明中的裁决人或替代裁决人，业主和承包商应该联合地采取尽可能合理的方法指定替代裁决人，或者选择指定替代裁决人。”

这可能不太容易理解，但是因为你可能只能选择你已经了解的某人替代，所以应该有目的地包括这种情况，这时需要另1名裁决人，并且这个人士并不是在说明中已经任命好的。如果裁决人和替代裁决人不能工作且还需要指定1名替代人士，这就应该根据说明的规定进行任命。

在当事人指定了裁决人和替代裁决人的情况下，这些人后来无法工作，当事人自联合指定替代者的工作之日可以有28天的时间选择裁决人。根据合作协议当事人可以选择另一名裁决人，但是如果不行，指定人士还可以进行指定(根据上面程序)。任何人士都可以确认选择裁决人和根据这个日期计算时间。此外，没有这么做意味着任何当事人可以后来亲自进行指定，但是一旦再次任命，当事人在任何情况下仍然需要联合与裁决人签署协议。

如果在这个28天的阶段中争端发生，这个时间阶段将被认为不适用，因为指定工作必须在争端通知(参阅前面的介绍)发出7日内做出。或者这是否意味着这个规定不能满足法律的要求，所以需要满足方案规定，不但对于这个问题，而且还应该涉及整个裁决过程。

第59(3)(c)条规定“如果需要使用替代人士作为裁决人……”，而不是“不能工作”这样的措辞。这将产生一个问题，哪些事件可能造成需要替换人选。“需要”这个词应该解释成为包含说明中提到的那些情况，这就是死亡、不愿意或不能工作、不是或无法证明是独立人士等。为了把这个词解释得范围更广，可以讨论让它包含另一次指定是否可能或应该进行。

根据这个规定裁决人的指定可以根据上述协议文本进行，“只要它们是合理的、适用的”。这意味着可以使用不同格式的协议，以便进行指定，但是应该注意必须保证裁决人仍然需要按照法律的要求工作。特别是应该指出根据第59(3)(b)条，指定裁决人应该考虑到裁决人通知他的协议满足合同时间范围的先决条件。这项要求在示范文本8中有规定，但是在使用这个文本的时候，还可能遇到一个潜在的问题，因为裁决人可能不能根据合同和它的时间范围进行工作。第 59(3)(b)条对裁决人没有约束力，除非裁决人的协议这样规定好。

一旦指定作出，根据第 59(3)(c)条，没有双方当事人的许可是不能进行修改或替换的。

11.4.4 不使用在具体说明中指定裁决人的方法

该合同涉及针对应该任命的裁决人，并且如果在总包合同签署之前或者签署之后立即任命裁决人这种做法是不明智的。

如果当事人选择不去根据具体说明命名裁决人，或者无法这么做，在签署合同的时候他们可能认为最终应该按照第 59(3)(c)条来做。然而这个条款涉及到的是有关裁决人的指定和替换的问题，不是最初选择的问题。无论如何，根据合同(和法律)的规定，裁决人应该在 7 日内进行选择并且指定，但是实现这种做法还没有规定具体过程。根据法律规定，需要有一个时间表，但是这是否是“反对进行指定”则是另一回事。当事人决定不去任命裁决人，但是他们可能是忘记进行任命了，这似乎不太可能。如果他们的确是忘记任命，后来可能在当事人不同意这么做的情况下使用裁决方案。

11.4.5 示范文本 8

这个文本规定总包合同当事人应该联合地与任命裁决人签署协议。它还规定裁决人在签署协议之前应该得到总包合同的副本。这个协议的副本也应该提交给每个当事人。

在英格兰、威尔士和北爱尔兰，这个协议应该被视为契约，要求裁决人根据总包合同进行工作，除非裁决人可以合理控制的情况或事实已经不可能实现。裁决人需要根据总包合同第 59 条中的裁决规定和时间限制进行工作，并且在各方当事人、项目经理和工料测量师之间必须保持独立。指定的裁决人必须公正工作，如果裁决人不能做到独立工作，他有职责通知业主和承包商。他们应该做到公正行事，即使不是独立地，但是根据第 59(3)(a)条这是不允许的。同样，独立的裁决人不一定意味着他的决定就是公正的，所以裁决人的协议有一个单独要求公正的规定。

裁决人不能提前掌握所有知识，他们可能聘请其他独立法律或专业顾问，帮助他们作出决定，如果这么做合理必要。发生的任何合理费用都应该由业主和承包商分担，同时还应该包括裁决人的费用、开支和其他列表中规定的费用。这个列表附在示范文本中，它规定了裁决人的费用、开支和其他可以收回的相关费用。第 6 条还规定了需要考虑的增殖税问题。

如果这么做合理，裁决人可以聘用其他人，并且由当事人支付费用，不需要进一步征求他们的意见。如果裁决人认为这种帮助是必要的，在这种开支发生之前还是应该通知当事人。

根据协议，裁决人包括帮助他们工作的任何人士应该保守秘密，除非协议自身这么规定。所有这些人士都必须遵守 1989 年《官方保密法》和 1946 年《原子能法》第 11 条的规定。

根据第 7 条规定，裁决人与业主或裁决人的代理人一起通常都能够免除行使自己职责时需要承担的责任，除非他的行为是不诚信的。什么构成了不诚信?需要进一步解释，而且需要根据公共法律案例来解释，并应该谨慎行事，避免出现不利情况。

裁决人协议的适用法律与总包合同方面相同。如果适用法律是苏格兰法，示范文本将要求相应进行修改。

11.4.6 裁决条款

GC/Works/1 第 3 版和 PSA/1 合同文本都在第 59 条中规定了裁决的内容。GC/Works/1(1998)使用的条款编号相同，但是规定内容实际上扩大了。

合同中并没有专门规定裁决裁判是仲裁的先决条件。因为没有限制将争端提交仲裁的可能，直到工程竣工，除非双方同意，或者出现放弃、终止情况，所以裁决在工程进行中是可以进行的。一旦工程竣工，似乎合同允许将在此期间发生的争端直接提交仲裁，不需要任何协议，尽管第59(1)条允许任何当事人在任何时间内通知自己将争端提交裁决的意向。这意味着提交仲裁的意向也可以提出来，而不是进行裁决，但是因为双方当事人具有裁决的法定权力，如果任何当事人希望行使这个权力，他们不能被禁止这么做。可能发生的问题是合同裁决的规定是否适用，或者工程合同方案是否适用。这些问题是否需要解决主要取决于发生争端时采取的策略。

进而，一旦事件已经提交裁决人裁判，尽管工程已经竣工，事件也不能提交仲裁，直到接到裁判通知28日期限截止，或者根据第59条延期截止，除非裁决人决定已经确定了一个更早的日期。一旦裁决人的决定已经作出，仲裁就可以开始。第60(2)(b)条规定分别有3个不同时间：通知裁决人决定、接到裁判通知28日期限截止和根据第59条允许时间截止。然而，起草协议时可以将两者合并，这个条款的正确参考可以时“无论哪个时间更早”，而不是“无论哪个时间最早”。

11.4.7 通知

业主或承包商对合同引发的或因为合同产生的争端、分歧或问题进行裁判的意向通知可以在任何时间内发出。这个通知可以根据示范文本20的“业主关于进行裁决裁判的意向通知”提出，同时做出适当修改，如果承包商提出此类通知。一个通知可以涉及任何争端，因为以前GC/Works/1版本中规定的“最终且结论性”的条款内容已经删除。

并非所有意向通知最终都会导致指定裁决人，但是在需要指定裁决人的情况下，进一步的通知应该在裁判意向通知发出7日内提交。如果承包商提出进行裁判，使用“业主关于进行裁决裁判的通知示范文本第21号”向裁决人发布的这种进一步通知可以适当进行修改。第59(2)条要求这个通知应该在提供的各种有关文件中，阐明涉及争端的有关重要事实和论点。示范文本有3个附件。第1个用于阐述争端；第2个为事实和论点；第 3 个用于确定当事人掌握的涉及争端的所有相关文件。通知的副本同时包括附件和相关文件都应该送达给其他当事人、项目经理和工料测量师。

第 1(3)条规定这些通知应该通过承包商的代理人交给承包商，或者通过项目经理交给业主。有时通知应该邮寄到承包商或业主的注册办公地点或者最新的办公地址，只要他们能够收到通知。第 1(4)(b)条规定了应该如何计算时间表，这些条款已经使用 HGCRA 法第 116 条的措辞。根据第 1(4)(a)条，进行裁决的时间表可以通过协议扩大，即使具体时间已经开始计算。这会引发一个有趣的问题，这个协议可能使该法律规定的时间阶段无效，但是这种协议是不能损害这个法律的，因为合同是根据这个法律制定的，同时适当地引入了它的许多要求。然而这种协议必须在争端已经发生之后签署，否则可能会违反 HGCRA 法第 108(2)条的规定。

11.4.8 裁决

其他当事人、项目经理和工料测量师在接到提交给裁决人的裁判通知、以文件或说明形式提供的涉及索赔的任何资料之后可以有 7 天的时间。收到通知可以确认这个日期属于通过常规邮寄方式可以到达的时间。考虑到邮寄体系的诸多因素，可以认为通知可能接到的时间要比实际接到的日期要早很多。这样会极大地影响了已经很短的答复通知的时间。

根据第 59(6)条，裁决人可以享有广泛的权力，选择使用的工作程序，也可以尝试着确定有关争端的事实和法律。实际上争端可能“单纯根据文件”做出判断，因为不需要裁决人主持听证会或者访问现场。但是如果裁决人绝对可以采取上述两种或任何一种情况，于是可以进行下去。裁决人会受到一定限制，按照规定的时间作出适当决定。

第 59(6)条规定，裁决人具有根据第 60 条行使权力的仲裁员的权力，尽管如此，他应该按照一名专家裁决人的方式行事，而不是仲裁员。如果他们对此仍然不明确，法庭将负责作出决定。裁决人被认为不能作为仲裁员，而是一名专家裁决人。他们是否应该按照一名专家的方式进行决断？或者他们形成的观点即不应该是仲裁员也不应该是专家。这个区别是十分重要的，因为它将决定着如何进行工作的框架。根据第59(8)条裁决人的权力包括可以改变或推翻业主、项目经理或工料测量师根据合同作出的任何决定，除非在这个条款中已经列出的事件。例外应该存在，因为根据其性质一般不太可能推翻这些决定，但是裁决人仍然可以有能力作出决定，规定进行财务赔偿作为补偿。

HGCRA 法的第 108(4)条规定合同应该对裁决人的行为和疏忽提供保护，这已经在第 59(11)条中采用这个法律的措辞进行了阐述。

11.4.9 裁决人的决定

裁决人要求在接到裁判通知的 28 日内或当事人后来同意的时间内，只要这个协议是在争端裁判之后达成，通知他的决定。当事人自己也可以修改延长期，但是更多的情况是根据裁决人的请求才延长的，在这种情况下，当事人最好应该认真进行考虑。一方当事人不同意延长可以证明可能损害他们的利益。

第 59(5)条不但规定了作出决定的最长时间，而且还规定最短时间期限为 10 日。这是一个程序化的事情，需要保证裁决人在其他当事人可以做出反应的 7 日阶段之内不能作出决定。这个条款根据法律的要求还规定裁决人只能在请求裁判的当事人同意的情况下可以把 28 日的期限再延长 14 日。如果裁决人的决定超出了规定时间限制，它仍然有效，这个规定克服了法律这方面的弱点。

裁决人作出决定的格式由他自己决定，可以采取任何方式，只要符合裁决人权力，同时包含赔偿金和法律及其他费用和开支的判决。此外裁决人还可以判决利息。他可以同意使用单利或复利，只要认为合适，符合公正决定。根据第 47 条，利息可能比受到限制的财务费用更为常见。根据第 59(6)条规定，应该对全部或部分判决金额计算利息，从某个期限到判决之日，此外还可能包括未付款项直到付款之日的期限。合同还规定如果裁决程序中索赔的款项在裁决开始时起就应该属于未付款项，但是后来在判决之前已经支付，于是利息可能仅仅是针对这个款项。这样保证当事人不能扣留款项，在后来支付的时候不考虑支付这笔被错误扣留的款项的利息。

裁决人的决定必须指出裁决费用如何分割，一方当事人是否需要承担任何部分其他法律费用和开支。

根据第 59(7)条，裁决人的决定是有约束力的，直到事件通过法律或仲裁程序最终判决，或者当事人同意不接受这个判决的情况下。一旦裁决决定通知，无论是否在规定时间限制之内，当事人自接到决定起有 56 天的时间，发出仲裁通知[第 60(1)条]。如果没有下达这种通知，裁决人的决定是不可推翻的，因此是最终且有约束力的。

法律并没有要求裁决人说明决定的理由，但是根据第 59(10)条，任何一方当事人自决定通知起 14 日内，提出要求说明理由。如果提出这种申请，裁决人必须说明自己决定的理由。

无论这个决定后来是否被推翻，裁决人的决定遵照执行。当事人被要求遵照执行，例如他们必须立即采取行动使决定生效。如果当事人没有使裁决人的决定生效，其他当事人可以申请法庭作出即决判决并且强制执行。这个规定在第 59(9)条中。

11.5 PSA/1

这个合同文本前面已经提到，虽然不是一个政府工程文本，但是它小规模地被作为标准文本用在英国私人和公共建筑工程及土木工程项目上面。PSA/1 文本不同于 GC/Works 文本，后者是专门针对政府合同的。PSA/1 是 TBV 顾问公司会同一个城市律师事务所联合提供的，目的是满足行业服务机构的私人需求。这个合同参考了 1989 年 GC/Works/1 第 3 版(1990 年修订版)，并且基本可以起到相同的作用，但是这个版本只能适用于中央政府业主，因此进行了适当修订。例如，作为最终且决定性的决定数量大大减少了。不同的是 PSA/1 也将进行修订，以便符合 HGCRA 法的规定。

第12章　工程合同文本

12.1　ICE合同条件第6版(1991)

12.1.1　概述

ICE第6版中的争端解决机理在参考了以前的ICE合同条件基础上，在第66(5)条中，分出了两个争端解决阶段。在进行仲裁之前，工程师应该做出决定。第5、6版中的主要变化是根据后者第66(5)条收录了ICE调解程序。这个程序的目的是提供一种仲裁的替代方法，既可以做到快速，而且费用效益更佳。在初次判决中，当事人可以选择是将争端提交调解人解决，还是提交仲裁解决。如果任何当事人提出通知要求裁判(例如进行仲裁)，调解方法选择机会将会失去，仲裁程序将会启动。

12.1.2　争端解决

第66条规定了争端解决方法，可以涉及到合同文本引发的或与之有关的所有争端。然而虽然这个条款没有排除，但是根据第70(4)条，有关支付增值税的争端不应该包括进来。第66条中规定的时间表应该认真遵守，否则某些选择可能无法进行，或者因此调解人的建议成为有约束力的。

根据第66(2)条，争端的通知应该由工程师提出。这样将可以避免不确定性，争端是否已经发生，或者提交工程师裁判的事件是否已经根据第66条进行裁判：参阅 Monmouth County Council v. Costelloe & Kemple (1965)案例。仍然可以举证争端通知时机不成熟，例如工程师或业主可以认为对索赔的答复还没有完全地准备好。同时没有根据第66(6)条提交通知进行裁判的当事人可以对争端通知的法律方面的整个过程的有效性提出质疑。

12.1.3　工程师的决定

在提交争端通知之后，工程师需要在1个日历月中[根据第66(6)(a)(ii)条]作出书面决定，如果已经发布全部工程的实质性竣工证书[根据第66(6)(b)条]，应该在3个日历月内作出决定。工程师的决定是最终且有约束力的，除非双方当事人后来接受推荐调解人，或者通过仲裁员的判决修改工程师的决定。只有到了这时，当事人仍然需要立即使工程师的决定生效，除非在合同已经终止或被放弃的情况下。

接到工程师决定的日期或者允许作出决定阶段的截止日期可以让当事人考虑采用下个方法，如果对前面的决定不满意。这将包括：

(1)请求根据调解程序[第66(5)条]解决争端；或者

(2)提出通知，开始进入仲裁程序裁判(第66(6)条)。

如果任何当事人希望推翻工程师的决定，或者工程师没有在规定时间内作出决定，并且只要没有提出进行仲裁裁判的通知，可以谋求通过调解进行。

仲裁在下列3种情况下可以使用：

(1)根据第66(3)条工程师作出决定的情况下；

(2)如果工程师没有作出决定；

(3)根据第66(5)条反对推荐调解人。

可以将事件提交仲裁裁判的期限通常为决定之后的3个日历月，或者工程师可能作出决定的1个月期限结束。在对调解人建议方案提出上诉的情况下，这个期限为1个月，超过这个期限，调解人的建议方案将成为最终且有约束力的。业主和承包商都应该记住这个期限。

在ICE出版自己的勘误表之前(1993年8月)，ICE第6版中有一个差距，其中承包商已经失去提出仲裁权力之后还可以进入调解程序，并且如果对调解人的建议方案不满意，仍然可以在接到建议方案1个月内开始仲裁。如果合同包括了这个勘误表，其漏洞将得到填补。

12.2 ICE 合同条件第 6 版 1998 年修订版

12.2.1 概述

1998 年 3 月 19 日，ICE 合同条件执行联合委员会(CCSJC)公布了一个修订版，增加了一个修订，以便满足 1996 年 HGCRA 法的要求。1991 年第 6 版第 66 条的内容已经进行了全面的修改，以便保证合同符合这个法律的要求。新第 66 条标题为“争端的避免和解决”。CCSJC 建议，增加一个修订，但是如果项目不属于 HGCRA 法的范围，当事人可以不必选择加入这个修订，而使用原来的规定。如果当事人没有加入这个修订，但是项目属于 HGCRA 法的涉及范围，工程合同方案将开始启动。

12.2.2 争端

新的规定提供了克服和确定争端的方法，以便能够让它们尽快解决。所有争端的原因不太容易克服，但是提供的程序可以避免发生某些问题，这也是他们的目的所在。最初，当事人有权力得到工程师对他们不满意的具体事件的决定。工程师决定的概念在这个版本中被保持下来了，如果业主对那些涉及第 66(2)条的任何事件范围不满意，他们也可以请求作出决定。承包商享有相同的权力，也可以扩大到代表工程师实施某些行动或下达指示。工程师在根据第 66(2)条对任何事件进行裁判的 1 个月内必须提供书面决定。

在不满意的最初阶段上，应该说不存在争端，第(3)子项也有具体规定。从定义上看，争端在不满意通知的 1 月期限到达时才会出现，或者早期的工程师决定下达时，而且任何一方可能无法接受，或者没有作出决定且争端通知已经下达。如果裁决人已经作出决定，且如果因为决定没有作出，争端通知下达，争端也会发生。从某种意义上看，这可能与惯例有矛盾：只要他们对某个事件不满意，他们就可以认为这是“争端”。这个词汇在两个方面存在着重要标志。首先，直到争端发生，才有权利提出裁决；其次，可以试图通过可能解决问题的审核来调解事件。因此工程师的决定可以是一个基本的先决条件，除非应该作出决定的时间已经超过。无论如何，它不会违反有关裁决权的法律要求，因为一旦争端发生，这种权力就会产生。

除非合同终止或被放弃，当事人必须继续行使他的义务，尽管争端存在。根据第66(2)条他们必须使工程师的决定和根据第66(6)条使裁决人的决定生效，直到通过协议进行修改或者通过仲裁进行修正。在这方面，协议还应该包括调解人的推荐方案，除非下一节讨论的裁判情况。

12.2.3 调解

调解作为一种解决争端的手段被保留下来[第66(5)条]，放在一个相对比较分散的争端程序中，运作方式基本没有改变。根据ICE调解程序(1994)在任何时候，当事人都可以将争端提交这种方法，只要在根据第66(9)条提出仲裁裁判通知之前。一旦争端已经发生，工程师的决定已经得到，调解就应该开始。调解人建议方案应该是最终的，除非在建议方案的1个月内发布裁决通知或仲裁裁判通知请求推翻决定。

提交调解人的任何事件都不应该存在歧视。这样将促使公开性(或者应该这么做)，然而妨碍了后来的发展，对于请求调解的当事人将不能作为后来程序的证人。在第66(12)(b)条中专门提到了这种禁止，而且必须这样做。无论当事人是否希望这么做都可以不必考虑。

12.2.4 裁决

在这个版本中第66(6)条包含了任何当事人的一项新权力，可以将涉及合同的争端提交裁决裁判。裁决开始应该先提交书面通知，在生效执行的ICE裁决程序(1997)中被称作裁决通知，我们将在本章后面进行讨论。在裁决开始之前，争端必须已经产生，并且如果某个争端的确存在，理论上是可能同时进行调解和裁决的。

第 66(6)(b ~ f)、66(7)和 66(8)条中阐述了裁决的详细规定，它们的起草是为了满足 HGCRA 法第 108(2 ~ 4)条要求的。这个条款完全照搬了这个法律的措辞，参阅第 9 章中的详细说明。

在第一次调解时，当事人选择是否将争端提交调解人裁判，或者进行裁决和仲裁。根据 1991 年版，如果任何一方当事人提出裁判通知(例如进行仲裁)，调解方法便失效，仲裁程序可以继续实施，除非双方另有约定。此外，一旦争端已经发生，当事人在任何时间内可以行使权力，要求进行裁决，即使调解已经开始，或者仲裁裁判的通知已经下达。

在任何争端解决程序中，工程师可以作为证人传唤，尽管他已经在以前的涉及合同争端解决中出现过。

12.2.5 仲裁

所有争端，除了裁决人决定无法生效的争端，都可以通过仲裁最后决定。具体免责内容使得当事人可以在法庭上赋予裁决人的决定有强制性。裁判通知发出之后仲裁便开始，仲裁可以在任何时间内开始，无论工程是否竣工。如果裁决已经开始实施，并且决定已经作出，这种通知应该在3个月内作出。如果通知没有发出，裁决人的决定对当事人应该具有最终性且有约束力。因此如果当事人希望避免遇到这种结果，这个时间限制一定要注意。调解人的建议方案可以在仲裁中推翻的时间限制比较短。

其他仲裁规定基本按照以前的版本，除了仲裁员可以判决需要复审和修改裁决人作出的任何决定、观点、指示、命令、证书或估价。进而仲裁员除了提交给裁决人的材料外，还可以听证证据和论点。

12.3 ICE 设计与施工合同条件(1992)

在 ICE 设计与施工合同条件中存在着与 ICE 第 6 版类似的机制，但是有两点区别。首先，这里面没有工程师，因此也就不存在工程师决定的问题。其次，调解程序是不可选的，但是在开始进行仲裁之前具有约束力，这就是说除非当事人后来另有约定。

根据第66(2)条需要提交争端通知。如果争端在提出争端通知1个日历月中没有被解决，第66(3)条规定了之后的调解的内容。进入调解程序之前的1个月的期限允许当事人通过他们认可的方式调解分歧。在1个月期限到达之后，根据第66(3)条，“应该”进行裁判，但是实际上是“可能”通过调解程序进行调解的；调解人应该在争端通知提出的3个月内提出建议方案。

调解人的建议方案是最终且有约束力的，除非根据第66(5)条由仲裁人的判决对建议方案进行修订。直到这时，当事人都应该立即使建议方案生效，除非在合同已经终止或放弃的情况下。

根据第66(5)条，可以在下列两种情况下使用仲裁方法：

(1)如果业主或承包商任何一方对根据第(3)子条指定的调解人的任何建议方案不满意；或者

(2)如果调解人在争端通知发出之后3个日历月中没有提出建议方案。

12.4　ICE设计与施工合同条件1998年修订版

ICE的CCSJC1998年3月19日发布了一个修订版，加入了一项修订内容，以便满足1996年HGCRA法的要求。这个版本实际上与ICE的主要文本有关内容相同，我们前面介绍的ICE合同条件第6版1998年修订版的内容都适用于设计与施工文本。惟一的区别是由业主代表进行裁判，而不是工程师。1992年版的第66条的规定已经完全被修订，使得合同符合HGCRA法的要求。

12.5　1995年ICE小型工程合同条件第2版

ICE小型工程合同条件第11条规定了一个机制，它与设计与施工合同条件中的有关规定相同，虽然前者有工程师的角色。工程师的决定被放弃。

第 11.2 条规定应该提交争端通知，说明争端性质。任何当事人后来都可以在通知提交的 28 日内提交书面通知，要求根据调解程序解决争端。只要争端没有根据第 11.3 条提交给调解人裁判，当事人就可以根据第 11.5 条将争端提交仲裁。在争端通知的 28 日内也可以提交给其他当事人要求裁判的通知。裁判通知是一种态度，表示受到伤害的当事人希望通过仲裁解决事件。

与设计与施工合同条件不同的是，在调解或仲裁开始之前，这里不需要等待期。可以预期，当提交争端通知的时候可以依据第 11.4 条或第 11.5 条。进而调解是可以选择的，但是没有约束力，这与设计与施工合同条件的规定相同。

如果裁判通知没有在争端通知 28 日内提交，且没有发出其他要求进行调解的书面通知，这个争端通知可以认为已经撤消。尽管如此，这仍然可能在决算证书发布之后的 28 日内发布进一步通知。第 77 条规定了在决算证书发布 28 日内的争端通知的内容，除了有关增值税的事件。

还应该注意第 11.4 条的内容。如果当事人决定使用调解程序，任何当事人可以在接到调解人建议方案 28 日内提交书面裁判通知，将争端提交仲裁裁判。如果裁判通知没有在 28 日内提出，调解人的建议方案应该被认为对当事人来说是最终且有约束力的。仲裁裁判应该遵守土木工程师学会仲裁程序进行。

12.6 1995 年 ICE 小型工程合同条件第 2 版 1998 年修订版

ICE 的 CCSJC 于 1998 年 3 月 19 日发布了一个修订版，以便增加一项修订内容，满足 1996 年 HGCRA 法的要求。这个修订版实际上与 ICE 的主要文本的有关内容相同，我们前面介绍的 ICE 合同条件第 6 版 1998 年修订版的内容都适用于小型工程文本。1995 年版的第 11.1 条已经进行了修订，增加了一个附件 A，其中包含了争端解决程序的内容。有关第 7.9 条的内容已经根据简单的条款编号规律，变成第 7.11 条。原来的第 11.2 条到第 11.7 条已经被删除，采用附件 A 替代，以便使得合同符合 HGCRA 法的要求。

附件 A 实际上和 ICE 的主要文本的新 66 条内容相同，但是每个条款前面都带字母 A。

12.7 1994 年 ICE 调解程序

我们现在来看一下调解程序机制的内容，这个程序被分成 3 个部分。第一部分，通过一个前言说明调解和仲裁之间的主要区别；第二部分，使用 23 个编号段落阐述调解原则；调解程序手册的第三部分是一个调解人协议，包括一份详述费用细节的表格。这个原则希望尽量做到明确，尽可能少地使用技术法律语言。在这个方面取得了成功。

起草小组在起草 1994 年调解协议的目的时要强调：

* 确定解决方案；

* 过程的无约束力性质；

* 过程的保密性质；

* 过程是“不伤害”且涉及或处理的任何事件都不应影响当事人的地位，如果解决方案没有达成；

* “建议方案”不能作为判决，而是一种观点，说明事件如何解决才能够最大限度地符合当事人的利益。

调解程序可以在两种情况下使用。首先，它明显地适用在具体的合同条件已经明确阐述自己的适用范围的情况下。其次，虽然这不是原有合同的义务，当事人可以后来选择使用调解程序。程序原则在原则 2 中被表述如下：

“本程序应该解释且适用为一种最可能导致有效的程序行为，使得在当事人之间最快速地通过协议达到争端解决的主要目的。”

这个程序的目的是一个快速的结果。原则 4 规定，任何当事人都同意在 14 日内指定调解人，或者在主要指定情况下，指定应该在提出首次申请的 14 日内进行。根据原则 6，请求调解的当事人作为进行调解的先决条件，应该承担在调解人指定之后立即向他并且同时向其他当事人，提交调解通知的副本，包括有关争端通知的文件副本。提议方应该提供调解人(原则 8)争端观点和希望调解人考虑的事件的说明。然后调解人有责任和当事人安排调解会议(原则 9)。在调解会议之前，当事人必须提供调解人 7 天时间，并且提供给其他当事人有关出席调解会议人员的情况，以及这些人士代表当事人行使职权的说明(例如做出有约束力的决定等)。

原则 10 的目的是在实施调解的时候能够允许调解人在当事人许可的情况下在法律或技术方面采取最大的灵活性。这个原则还允许他调查争端的事实和具体情况。根据原则 11，调解人得到许可可以与任何当事人或者当事人双方进行单独的讨论，虽然在这种会议上得到的保密信息只能得到向调解人透露信息的当事人的许可才能够透露给其他当事人。

根据原则 12，一方当事人可以要求把其他索赔、争端内容或其他当事人加入到调解中来。但是并不是全权允许任何其他方面介入，因为还需要提供所有必要信息，最重要的还有争端和决定通知。对于调解人来说，在没有确定是否符合合同规定机制的情况下就考虑其他问题的做法是不明智的。

调解过程需要借助进一步调查的情况下，调解人可以延长调解程序(原则 13)。

原则 14 ~ 17 涉及达成协议的问题。根据原则 14，调解人可以帮助当事人准备阐述解决条款的协议，而原则 15 承认这种可能性，当事人可能两极分化，无法达成解决。程序原则 15 介绍了一个 ADR 的无约束力的版本。在当事人之间没有协议的情况下，调解人可以得到授权，提出建议书。建议书的性质在原则 16 中进行了阐述。这就是调解人基于如何才能最佳解决当事人之间争端的观点提出来的争端解决方法。调解人与仲裁员或法官不同的是，他可以实际地且没有约束地采取法律的严格原则或提出他的建议理由，虽然调解人可以在提出建议书的7日内说明其理由。

原则17涉及调解人费用和开支的问题，除非当事人之间有单独的协议，否则当事人应该有连带的几种责任，在接到对帐单的7日内应该付款。接到付款意味着收到调解人致当事人的建议书。这种规定基本上与仲裁员判决的发布类似。

在当事人支付额外费用的基础上，调解人可以审核和修改他的建议书。原则19中包含了一个重要规定，允许调解人作为仲裁员参与后来的仲裁程序，如果当事人同意。这样允许调解人开始参与一种调停仲裁方式，具体内容见第7章。重要的且绝对的是调解人不能在后来的任何诉讼或仲裁中作为任何当事人的证人。原则21中是调解程序的一些说明中保留的一项规定，它避免了专家(裁决人)不能享受的，至少是在普通法中不能享受的与法官和仲裁员类似的豁免权问题。因为专家或裁决人(包括调解人)会潜在地对可能造成的过失或违约索赔负责，原则21可以起到一种责任豁免的作用，但是不能延伸包括第三方行为。

12.8 ICE裁决程序(1997)

土木工程学会的调解和裁决顾问组根据这个程序产生，作为对HGCRA法的回应，以便在ICE有关的合同文本中使用，并且通过争端管理服务机构进行管理。虽然裁决程序是根据ICE合同文本发展起来的，但是它的序指出，这个程序也可以适用在其他合同文本。这个程序包括9个条款，另加裁决人协议文本和一个附带的裁决方案，同时附带一个裁判意向标准通知的标准文本和一个选择和指定裁决人申请的标准格式。还可以得到一份公开的裁决人名单，附带他们的简历以及可以裁判的争端领域。

第1条规定了执行这个程序所依据的基本原则。其目的是实现公正的、快速的且低费用的争端解决方法。裁决人必需是一位具体有名称的人士。采用指定一个事务所的做法是不妥的。裁决人可以根据自己的经验，“非常积极地”确定事实，作出决定。在根据争端产生的合同和裁决程序之间发生纠纷的情况下，后者应该优先考虑。

根据这个程序指定的裁决人，包括任何雇员或代理人，对于他的行为或过失的责任具有豁免权，同时当事人应该对第三方的索赔提供补偿。这个程序还排除了 ICE 对指定裁决人或裁决行为方面规定的责任。

裁决人后来不能被指定作为仲裁员，除非当事人同意。在任何情况下，不应该将裁决人指定成为仲裁员，除非这是由不承认裁决的指定机构选择出来的。也不太可能发生当事人同意让裁决人作为仲裁员行事，因为一方当事人可能已经接受了相反的决定，尽管可能是不同的争端。

因为裁决人可能对很多信息有利害关系，根据保密程序的规定，当事人不能传唤裁决人作为证人，参与任何涉及同一事件的司法程序或仲裁。更有趣的是，它不排除裁决人参与指定其他裁决人进行的后来的裁决。

12.8.1 裁决通知

当涉及合同的争端发生，可以进行裁决裁判，方法是提出裁判争端的意向通知。这种做法被称作裁决通知，这是一种标准形式，包含在这个目的所使用的程序之中。这份表格需要填写很多基本信息、姓名、地址和产生争端所使用的合同等。此外，争端的问题在附录 A 中阐述，在附录 B 中阐述希望得到的有关赔偿问题。裁决通知承认合同中已经指定的裁决人，或者可以选择让要求裁判的当事人提出 1 名或多名裁决人名单，提请对方考虑。提出通知的当事人可以选择决定哪种方案。

在已经任命或者达成裁决人意见的情况下，裁决通知副本应该送达给裁决人。通知还要求在 4 日内裁决人应该确认可以行使职责的愿望。如果没有做到这些，ICE 可以应邀进行选择或指定。这种严格的规定保证了工作程序符合 HGCRA 法第 108(2)(b)条规定。选择和指定必须一起进行处理，因为单独进行选择不符合规定要求。

如果 ICE 应邀进行指定，需要使用程序提供的标准表格，并由请求裁决的当事人完成。填写完毕这个表格之后，该表格将与裁决通知和一起发出，并且向争端管理服务部门提交一笔适当的费用。在本表格中需要考虑到的惟一问题是选择具备具体经验的裁决人的类型。表格要求当事人可以选择具有土木工程、建筑工程或者工艺过程工程经验的人士。ICE 将会退回这个表格给最初动议方当事人，让他们挑选裁决人。

如果裁决人还没有命名，或者后来才同意，裁决通知应该包括请求对方当事人考虑的裁决人名单。通知一旦接到，如果需要进行选择，对方当事人应该在通知发出的 4 日内进行选择，或者确认接受选择，并且通知提出裁判当事人和裁决人。这个时间表是非常紧、非常严的，因为它是计算裁决通知发出的日期，而不是接到通知的日期。

在 4 日内根据第 3.1 和 3.2 条规定指定裁决人的做法失败的情况下，当事人还可以有进一步的 3 天的时间，来完成合同规定指定裁决人的工作。在没有规定指定机构的情况下，程序规定要求 ICE 根据任何当事人的请求进行必要的指定。

在裁决人已经指定，但是后来无法行事的情况下，任何当事人都可以提出指定替换裁决人，或者根据合同条款，或者由 ICE 指定。这样引发了原来的裁决人对不能行使协议规定的行为是否存在任何责任的问题。这可能取决于他的理由。

12.8.2 裁决人协议

裁决人在执行裁决之前，也应该编制裁决人标准协议和方案。这也是该程序的具体要求。这个时间表取决于裁决人是否在合同中已经任命，并且在申请提出后 7 日内，当事人双方是否愿意签署这份协议。如果协议包括在 ICE 裁决程序之中，同时它被纳入到主合同中，这个义务是强制性的。ICE 裁决人的协议规定裁决应该根据本程序规定执行，当事人应该联合地且分别地有责任支付裁决人的费用和开支。它还规定，裁决人和当事人应该保守保密。然而如果其他当事人认为不存在问题，也可以公开某些信息。裁决人有职责使用涉及裁决的任何文件，如果需要销毁这些文件，必需通知当事人。程序没有规定当事人要求保存文件的期限，但是实际上裁决人在销毁这些文件之前应该得到当事人不反对销毁的书面通知。

裁决人协议附带一份裁决方案，其中规定了每小时的费率、开支定义以及如果需要应该支付的增殖税。这个裁决方案规定什么时候裁决人应该得到付款，以及应付金额应该根据英格兰银行基础利率加5%的利息计算。对帐单发出日7日内应该进行付款，并且判决不应取决于付款情况。然而根据第6.6条，裁决人如果没有得到全额支付的费用和开支，可以拒绝作出决定。在决定到期之前，即请求裁判后21日，利用通知只能宽限7天时间。看来似乎这种做法不符合HGCRA法的规定，后者规定合同必需规定在提出判决28日内做出，或者经过同意可延长决定的时间。

可以允许裁决人分别向当事人发出对帐单，并分摊费用，除非裁决人在决定中另有规定(第6.5条)。如果作出决定是付款的先决条件，任何当事人可以支付裁决人费用，并向对方收回他们应该分摊的费用，如果这笔费用存在，可以作为债务。按小时计算的费率不但适用于裁决所花费的时间，而且还包括任何偶然时间，包括旅行时间等。因此选择具备这方面经验的本地裁决人可以适当减少费用开支。

裁决方案还规定了指定费用，这是由当事人决定，并且在指定之后14日内分摊支付。这笔费用是作为一笔预付款处理，可以在事后部分或全部退还。但是这不是一种顾问费。尽管如此，一旦裁决人已经签署协议，他将有义务对裁判争端提出决定，无论指定费用是否规定和支付。对于当事人来说在项目初期选择好裁决人是有优势的。裁决人可能对争端发生之前签署协议十分勉强，因为这样将产生需要行使的义务。第3.1条承认这种情况的存在，同时要求命名的裁决人在接到裁决通知4日内确认意向。

12.8.3 裁决

一旦已经得知裁决人将行使职责，提出裁判的当事人可以有 2 天的时间发出案件的完整说明。第 4.1 条具体规定应该包括：

* 裁决通知；
* 合同中有关裁决的规定；
* 可以依据的信息和文件。

虽然这个时间表似乎很短，但是提出裁判的当事人可以在准备好之后再提交争端通知，当然这很可能从调解人建议书算起有一个月的时间期限。比较起来，答辩方可能只能有 14 天的时间向裁决人作出答复，除非与其他当事人和裁决人达成协议延长时间。

裁决人接到文件十分重要。这就是说从此计算 28 天内应该作出决定。裁决人有义务立即通知当事人他接到文件的日期。作出决定的时间可以被提出裁判方单方面延长到 14 天，或者一个共同商定的期限，只要争端裁判之后达成协议。任何在争端发生前达成的协议都会与 HGCRA 法的第 108(2)(c)规定相矛盾。

裁决人的权力可以很大，这些都在第 5 条中规定出来。其权力包括在指定裁决过程中的所有的裁判权，除非另有规定。这意味着不需要遵守证据严格原则。他还有权打开和审核所有涉及合同的事宜。然而裁决人不能审核以前裁决人作出的决定，除非当事人同意。增加这个限制是因为对裁决人决定的任何上诉应该通过仲裁进行。尽管如此，当事人有可能在后来同意由一位裁决人审核以前的决定，虽然似乎不可能这么做。

裁决人可以请求法律或技术顾问的帮助，但是在这么做之前，必需征求当事人的意见，因为他们将承担由此发生的费用。还不明确如果一方或双方当事人不愿意执行这个过程将发生什么情况。程序建议，裁决人在完成通知要求之后还可以继续工作，但是潜在问题还是十分明显的。一旦进行了指定，就需要支付这些顾问发生的费用，如果当事人已经接受了顾问的建议。裁决当事人将承担他们自身发生的费用，这可能为雇佣高费用人士的情况增加了障碍。

12.8.4 决定

如果需要考虑不同的问题，裁决人的决定可以分步骤做出，只要整个时间如期进行。即使没有在规定的时间内做出，只要决定作出是在争端提交给其他裁决人裁判之前，这个决定仍然是有效的。如果裁决人没有按照时间要求工作，任何当事人都可以在意向通知发出 7 日内提出更换裁决人。这种通知可能起到一种作用，因此决定可能很快作出，除非对他们来说有些难以克服的理由。 然而指定替换人会引发一些判断方面的问题。这种行动是否是提出更换人选的当事人的最佳选择？也许他们作出了一个更晚的决定，或者受到提出换人的当事人的反对。

一般情况下，尽快作出决定更好，而且应该这么做。对裁决人来说对他们的决定不需要提供任何理由，但是决定本身可以说明这被认为是一种合适的补偿，包括单利或者复利。利息支付应该得到裁决人的认可，但是被认为属于应付款项的任何金额和对涉及引发争端的事件进行裁判的时间表都可以被认为是影响因素。在作出决定时，裁决人也可以指示支付他们的费用和开支，而不是按照平分的原则。然而错误的观点是费用和开支应该平均支付，而且对于裁决人来说，从这个立场引发出来的要求是需要提出可以解释的理由。裁决人应该得到信任，裁决通过某些方式可能是不必要的，或者一方当事人在指示费用按照不同的比例分摊问题之前采取行动是不合理的。

裁决人的决定必须立即作出，无论后来是否受到挑战。在决定被最终提交司法程序、仲裁或通过协议之前，它们是有约束力的。在决定涉及付款问题的情况下，裁决人可以指示如何和何时应该进行付款，除非涉及 HGCRA 法第 111(4)条通知的内容，否则这将变成下一次的“阶段付款”(第 1.6 条)。采用阶段付款条款时假定准备包括按月付款和阶段付款两种情况，即使它们可以具体确认。

裁决人或者任何当事人有责任在通知发出 14 日内要求纠正决定内

容。这和复审决定是完全不同的，主要局限于职员错误、失误和多义性等情况(类似仲裁的“错漏原则”)。裁决人可以在请求提出 7 日内作出任何纠正通知，但是如果他没有这么做，所采取的立场就不得而知了。这将留给当事人来达成纠正意见。

12.9 FIDIC 土木工程与施工合同文本第 4 版(1987)

12.9.1 概述

这个合同是针对投标人竞争国际性质施工工程制定的。合同的前言指出，本合同文本也适合国内合同，只要对文本做一些小改动。然而使用这个合同有一点是十分重要的，因为需要考虑 HGCRA 法在英国的应用情况(根据地方议会命令第 149 条规定，HGCRA 法已经扩大到北爱尔兰)。如果工程是在英国境内实施，无论是什么人来承担，这个法律都适用。FIDIC 并不能满足 HGCRA 法的要求，所以需要采用工程合同裁决方案。这个法律还适用的工程甚至还有如第 5.1 条规定的(文本第 11 部分)合同法在英格兰、威尔士或苏格兰中不适用的情况下的工程。相反 HGCRA 法并不适用于英国以外的工程，即使 FIDIC 的第 5.1 条中插入的法律内容是英格兰、威尔士或苏格兰的法律。这是因为 HGCRA 法不能作用于英国以外的工程。工程的位置十分重要。

12.9.2 工程师决定

第 67 条规定了争端解决的内容。首先，在业主和承包商之间发生了任何争端的情况下，应该将争端提交工程师进行决定。第 67.1 条包括了可以发生的争端的所有类型，包括工程师自身指示、证书和估价引发的争端。它还包括了在合同放弃之后或者其他某些类型的终止的一些争端。让工程师对因为自己的行为造成的某些争端做出决定可能看起来有些奇怪，并且可能会鼓励他把事件掩盖起来，但是它还规定在采取更正规过程之前可以有重新考虑的机会。工程师的复审只有在任何当事人向工程师和其他当事人提交通知之后才能开始。

在通知已经发出的情况下，工程师可以有 84 天的时间做出裁判决定，同时还必须指出通知应该根据第 67.1 条提交的。作出决定的期限是从裁判作出之后的日期截止的，因此 84 天的期限实际上还可以延长 1 天。这个期限很长，根据现代标准，在越来越期望争端能够解决得更快的情况下，这个期限是有些过分。在这个期限内，当事人必需满足合同要求，好像争端没有发生那样，继续执行合同，直到合同被工程师，或者通过和解被仲裁员进行修改。工程师的决定必需说明这是根据第 67.1 条做出，避免出现决定是否已经作出的疑问。

在通知之后，工程师的决定已经作出的情况下，但是任何一方对这个结果不满意，他还可以提出意向通知，以便开始仲裁。在工程师没有按照 84 天的期限作出决定的情况下，也需要发出这种通知。如果对工程师的决定存在不同意见，必需在决定接到之日的 70 天内提出。如果工程师没有作出决定，这个期限从 84 天期限结束之日开始计算。如果在规定期限内没有提出通知，工程师的决定就是最终的且有约束力。

在仲裁开始之前，需要发出对工程师决定存在不同意见的有效通知，它的依据只有合同文本第 67.4 条。因此如果当事人对决定并不满意，他们必需采取相应的行动，否则这个权力将丧失，决定生效。也可能出现这种情况，任何一方当事人没有对工程师的决定提出不同意见，但是没有按照决定去做。因为对决定没有不同意见，这个决定应该是最终的且有约束力，因此通常不能再提出上诉。然而第 67.4 条规定了这种最终性质，并且尽管没有仲裁通知，或者没有和解的企图，当事人也可以提出仲裁裁判这个争端，但是这必需以不伤害其他方权利为条件，当事人可以考虑选择通过法庭进行即决审判。

12.9.3 和解

即使在仲裁通知已经提出的情况下，诉讼程序在提出通知的 56 天期限内或者其他达成协议的期限内不能开始，除非当事人已经试图解决他们的分歧。第 67.2 条赋予当事人有义务试图和平解决他们的分歧，但是如果没有解决，仲裁也不能立即开始。这个备忘录是告诉当事人存在和平解决他们之间分歧的机会，这可能是最后的机会。如果经过努力来解决他们的分歧，但当事人发现他们没有找到解决办法，还是可以在 56 天期限内达成意见，开始仲裁的。有趣的是，根据严格定义，条款不能禁止当事人单方面开始仲裁，如果认为当事人已经开始试图和平解决分歧。如果仲裁是在这种条件下开始，另一方当事人可以要求停止程序，并且交由仲裁员决定是否情况适合。当事人也有权同意延长 56 天期限，如果他们愿意这么做。

12.9.4 仲裁

根据这个合同文本，可以得到充分机会解决争端，不需要提交仲裁。对工程师决定的审核和和解属于两种机制，如果这种做法失败，还可以实施仲裁。合同规定应该根据国际商会的调解和仲裁原则实施仲裁，除非另有修订，根据条款第 11 部分决定。鉴于前面介绍的上述程序，仲裁可以在任何时间内开始。如果仲裁实施，当事人不能受到工程师以前所作所为的限制，工程师可以在仲裁程序中被传唤。

12.10 FIDIC 第 4 版补充规定第 1 版(1996)

这个补充规定 1996 年公布，它包括 3 个部分：争端裁决委员会、一次性付款和最后证书。部分 A 涉及争端裁决委员会，只有这个部分与本书内容有关。补充规定还包括了涉及争端和仲裁方面的十分有用的指导，包括争端裁决委员会使用的示范指定条款和程序化原则。

根据 FIDIC，通常是由工程师作出决定，并且有权力复审一方或双方当事人存在不同意见的决定。根据上述建议，这可能被看作是比较特殊的情况，可能需要寻求替代方法。补充规定的部分 A 承认这种改进，并且只要它们是争端裁决委员会的一种替代方法。裁决委员会可以由 1 名或 3 名成员组成，如果认为必要，可以使用替代方法，使用经过修改的第 67 条。

12.10.1 争端审核委员会

如果根据第 67 条决定使用一个裁决委员会来替换工程师作为决策人，这个条款必须修改。同时还需要对标书的附件进行修改。作出是否需要使用争端审核委员会的决定是十分困难的(第 6 章将进行讨论)，这经常是取决于个人的偏好和经验，而不是单凭事实。

如果选择了争端审核委员会，它应该是个 1 个人的委员会还是 3 个人的委员会？这都需要作出决定，并且加入到附录中。它可能取决于一些因素，例如工程的周期、规模和复杂性，但是没有硬性原则。工程的复杂性可能意味着需要使用很多具备不同技术资质的人士，以便考虑解决可能发生的各种争端。原则上没有规定不能指定只有 1 人的委员会解决同一项目中的各种争端。这种方法最好不要采用，因为存在很多困难，例如可能发生争端的类型，在进行不同指定时造成的延误等。也不必要过分重视到底需要多少人来组成这个委员会，因为考虑到当事人的协议，委员会可以寻求其他咨询意见，以便弥补自己知识或经验方面的不足。可以认为 3 人的委员会应该适用在大型复杂的项目上。

争端审核委员会的结构和成员名单应该征得同意，并且合并到合同中。这方面没有具体位置设置这个条款，但是应该合理，因为最好应该将它放在开始处。如果使用 1 人的争端审核委员会适合，业主可以在他的将与承包商达成协议的标书文件中填写上他的名字。这个名字简历应该包括在裁决方案中。如果承包商不同意接受推荐的人士，标书文本这个内容应该相应地删除，以便后来协议进行指定。对于业主来说，也可能提出 1 个建议人员的名单，要求承包商从中挑选 1 名。在需要提供 3 人委员会的情况下，也可以使用这个名单，在合同签署之前一定要对这个名单达成协议。

在合同签署的时候对于争端审核委员会还没有达成协议的情况下，当事人有义务在开工之日的28天内指定1名成员。开工日期在合同第1.1条中有定义，这个日期被看作是根据合同第41条，承包商接到工程师要求开工通知的日期。当事人需要同意这个人士作为1人委员会成员。如果需要指定1个3人委员会，当事人每人指定1名成员，请求对方批准，同时对主席人选达成一致意见。主席的协议可能比较困难，根据指导通知，他不应该是和任何当事人相同国籍，除非双方当事人都是相同国籍。尽管如此，FIDIC认为当事人的协议是倾向于当事人指定的成员同意的第三名成员作为主席。

在一方当事人向其他当事人提出建议名单时，是否能够接受他们的个人品质可能会有一些困难，有时可能需要采用其他方法。然而无论采用什么方法，都需要有一份协议，除非FIDIC本身已经作出了指定。在没有达成协议确定由什么人作为成员的情况下，经过与当事人的协商，由指定机构(通常是FIDIC本身)进行指定。这时FIDIC的主席或者主席指定的某一人士将作为指定人，除非附录中已经另外明确规定。似乎没有任何理由可以选择其他机构。一旦指定机构作出决定，这就是最终的且结论性的。

委员会的指定条款是根据FIDIC的争端审核委员会示范指定条款做出。与1名成员和3名成员的委员会条款不同，但是基本相似，协议中将重复合同文本第67.1条中规定的条款内容。一旦1名成员已经指定，他们就不能更换，除非根据当事人的协议或者因为他们已经终止了他们自己的雇佣。在事件正常情况下，委员会成员将一致保持下来，直到根据文本第60.7条规定，支付决算款项和返还履约保证金。

在1名委员会成员终止工作的情况下，当事人可以同意适当替换人选，也可以事先规定好发生这种情况时的处理方法。在协议不能达成的情况下，应该由指定机构来接替工作。

争端审核委员会的工作与直接裁决方式不同，这时委员会在整个工程过程中一直保持与工程的联系。当事人可以这样认为，使用这个委员会不但可以作为一种解决争端的手段，而且也可以防止争端发生。有关处理委员会的协议和争端程序时的内容我们将在后面进一步讨论。

12.10.2 委员会对争端的裁判

使用合同发生的任何争端都可以提交争端审核委员会进行裁判，但是经常的情况是它还不是争端解决过程中的一个可以选择的部分。请求委员会裁判必须将申请书面副本送交对方当事人，同时为了避免任何可能的混乱，还必须说明这是根据合同文本第 67.1 条作出的决定。重要的是，请求裁判争端的当事人应该明确说明争端事件和希望得到补偿的性质和程度。无论裁判结果如何，当事人都必须继续执行合同。对方当事人根据合同没有具体权利需要回答提交申请，但是通常他们希望这样做，并且如果他们没有这么做，委员会可能会询问他们是否愿意答复。这方面的内容我们在后面讨论程序原则的时候还会提到。

委员会有广泛的权力，可以要求当事人提供他认为对作出决定是必要的其他信息。作出决定的时间与工程师决定的规定时间相同。第 67.2 条要求委员会提供合理的决定，但是是否需要提供决定涉及的理由仍然不能确定。指导说明认为理由是决定的基本内容，合同思想也许默示他们应该提供。协议示范条款没有明确这方面的内容，所以重要的是确定在签署协议的时候，希望委员会做什么。

12.10.3 质疑委员会决定

对委员会作出决定提出不同意见的程序在 1987 年合同文本中与对工程师决定提出不同意见的规定近似，但是不完全相同。

在 84 天期限中没有作出决定的情况下，或者任何当事人对决定作出不满意的情况下，当事人可以对此提出通知，启动一个 28 天期限，自决定之日开始计算或者应该作出决定最后日期开始计算。这个通知必须指出，这是根据第 67.2 条作出的，同时提供不满意的理由以及需要向工程师提供的信息副本。如果第 67 条没有被修改，提到了开始仲裁的意向通知，在补充规定中提到了不满意的通知，但是无论是否有规定，其作用都相同。在没有提出有效通知的情况下，委员会的决定对双方当事人来说应该是最终的且有约束力的。

如果对决定不满意的有效通知已经提出，然后当事人在开始仲裁之前还是可以试图和平解决他们之间的分歧的。没有这种通知以及在当事人之间没有先行试图解决分歧过程就不能开始仲裁程序。这涉及到一种敏感的二阶段法。然而，一旦决定由委员会作出，赞同决定的当事人一般不会提出其他替代解决方法，也不必再提出和解，因此没有必要在合同要求之前提出开始仲裁。虽然合同尽量鼓励和解，但是当事人没有义务进行调解，调解失败或者具体进行某一解决方式的失败都不能够妨碍开始仲裁程序。在不满意通知发出 56 天后，这个程序就可以开始，除非当事人另有约定。

使用任何 ADR 技术都可以实现和解。合同不是一种约定俗成。十分明显如果争端人希望找到一种解决方法，和解将一定会有效。

仲裁可以解决涉及争端审核委员会决定的任何争端，如果不满意通知已经发出，并且如果和解没有实现。在不同意争端审核委员会的决定的情况下，虽然这个决定是最终的且有约束力的，或者在委员会的指定已经到期，也可以立即提出仲裁。开始仲裁需要某一方当事人或双方当事人采取某些正式的步骤，这方面的内容不再讨论。开始仲裁没有具体的时间限制。这将受到《时效法》或者适用法律规定的有效期限的制约。

重要的是应该符合附录规定，保证如果争端发生，当事人可以很快地开始仲裁，能够针对实质性的问题，并且不占用时间达成希望采用的过程。如果国际商会的《仲裁原则》不适用，在标书的附录中应该说明适用原则的制订机构的名称。

12.11 FIDIC 争端审核委员会指定示范条款

如前所述，第 67.1(a)条指出，应该加入协议示范条款，但是也允许对这个条款进行修改。意向是当事人与委员会成员签署协议，这是一种敏感的方法。在本书介绍的不同协议中，示范条款被最为广泛使用，但是在一个基本内容方面还是没有绝对肯定的规定，即要求他的成员必须遵照“程序原则”行事。合同没有专门提到这个“程序原则”，只是提到.“示范条款”。后者包括了一个禁止条款(第 3(e)条)，其中提到了“程序原则”，但是这个规定只能作为一种参考，委员会则更有权威。结果直接参考加入这个“程序原则”和委员会遵守这个原则义务的做法是适合的。

第 67.1 条中规定的指定条款和示范条款都要求委员会成员应该在当事人中间保持独立性，根据合同公正行事。根据连续性的职责委员会成员应该对任何可能代表他们立场的事件发出通知。在这方面，条款的第 3 条规定在不损害独立性的基本要求的情况下，列出了一个可以认为属于违反独立性和公正性要求的清单。在某些情况下，可以向当事人提供一些信息或者寻求他们的同意不能算做这个范围。不披露某些事实被认为是错误的，即使他们可能不会影响到裁决人的决定。列出重要项目的做法是个好办法，可以被其他人士在起草此类协议时作为参考。委员会只能根据 FIDIC 制订的程序原则向当事人或工程师发出忠告。进而委员会成员不但不能与当事人或工程师签署协议，而且不能与他们讨论任何形式的雇佣问题。委员会的独立性是基本条件，为了强制执行这个条件，成员是根据他们的个人能力指定的，而不是根据他们所在的公司。同时他们如果违反这些规定，将没有权力索要任何费用和开支。

另一个重要规定涉及委员会成员的豁免权问题，他们应该“对执行这种……角色时的任何所为或失误的索赔没有责任，除非这种行为或失误被证明属于不诚信”。这时当事人应该相应可以得到成员的赔偿。然而委员会没有得到任何保护，免于被提出涉及第 4 条规定的有关他们经验和其他性质的违反保证误述的起诉。

根据第 4(a)条，成员还同意一项潜在义务，这可能使某些裁决人不满，这就是保证可以进行各种现场调查和听证的可能性。然而根据 28 天通知的要求[参见第6(a)(ii)条]进行定性存在有些问题。

第6条规定了广泛的内容，涉及对委员会成员的付款。这个条款和很多其他协议文本之间的明显区别是引入了律师费，但是必须满足在整个项目中都可以符合要求的条件。协议规定律师费是按月支付的，这是委员会成员期望应该提供的费用。在"移交证书"签署后月份不满1月的情况下律师费应该减少，并且在缺陷责任期结束月可以停止支付。除了律师费以外，还应该支付根据在项目上工作的时间，包括旅行时间在内的每天费用，但是不包括律师费中已经包含的项目。律师费中可能存在一些潜在重叠的项目，但是这很少，通常不会引发问题。律师费和日费的金额是变化的，可以由当事人来决定。如果他们没有达成协议，补充规定的第67.1条规定，日费应该根据国际投资争端解决中心的仲裁员标准支付，律师费的月费可以是这笔费用的3倍。使用律师费的方法主要是用在大型项目的争端审核委员会上面。

第6条还包括了采用律师费和日费等不同机制时的付款对帐单提交内容。前者是按照季度提前提出，而后者则是在访问现场或听证之后立即提出。虽然付款应该由当事人平摊，但是承包商需要在收到帐单56天之后进行支付，并且通过正常证书过程保留一半给业主。如果任何一方没有进行支付，可以执行总包合同文本第63条或第69条的有关默认程序。这个条款规定了一个功能强大的方法，以保护强制性，通常威胁其应用的情况都可以得到疏导。一般情况下一方当事人可以支付委员会所有费用，然后向对方当事人索取另一半费用。可以选择的方法也许更适合，但是如果发生了进一步的费用，这样就可以有理由收回费用。如果没有得到按对帐单的付款，委员会成员可以暂停他们的服务或者终止指定。

在当事人同意并且出示了合理通知的情况下，对委员会成员的指定可以终止。怎样才构成合理通知还无法明确，为了澄清这个问题，最好应该确定一个最短期限。在任何情况下，终止不能修改委员会赋予当事人的权利。

根据合同，争端审核委员会成员通常不能再被雇佣作为仲裁员，而且也不能这么做，除非当事人同意。进而这个成员也不能传唤作为仲裁的证人，除非当事人同意。

最后，根据国际商会的调解和仲裁原则，协议规定了通过一个单独的仲裁员解决争端的方法。

12.12 争端审核委员会程序原则

增加到补充规定，示范条款中的裁判和程序本身第 5 条规定的裁判中的原则十分明显，对于他们的意向是适用于提交给委员会的所有争端。然而正如前面所介绍的，加入到这个原则中起草的内容不是十分圆满。

程序的第 1～4 项涉及常规访问现场的安排和有关文件的安排。这些条款明确表明争端审核委员会的作用超出了争端解决的范畴。

解决根据第 67 条要求裁判的争端程序在第 5 条中规定，并且因为作为委员会的成员不能像仲裁员那样行事，所以他们在进行听证的时候以及在处理提交文件的性质方面具有广泛的权利。这些原则为各方当事人提供了合理的机会，陈述自己的情况，但是根据合同被告没有明确的答辩权。所以任何委员会都不可能如此行事，否则有悖于公正的作用。

一旦争端得到听证，委员会将私下作出决定，只要可能，应该力争一致的决定。在不可能实现这个结果的情况下，可以得出大多数赞同的决定，并且阐述少数意见。这种决定要比一致同意的决定更有可能被提出不同意见。根据第 67.2 条的规定，委员会必须提交决定通知，除非当事人另有其他约定。

程序还要求规定应该采用的工作语言。这可能是一个小问题，但是对于可能使用很多语言的国际工程合同来说，这可能十分重要。

3 人委员会的程序还包括了这种情况，在第三人缺席的情况下，可以由两人执行职责，除非主席对这种情况做出具体指示。当然如果他们希望，当事人可以推翻这个指示，但是他们的协议中应该进行记录。

12.13 IChemE 工艺设备合同条件示范文本，总价合同(1995)

12.13.1 概述

这个合同于1968年由化学工程师学会首次公布，1981年和1995年分别进行了修订。IChemE 的总价合同文本被人们称为“红皮书”，专门用来处理复杂的新建处理厂设备项目。然而，IChemE 认为，它的内容可以广泛地用在其他与处理设备有关的行业的总价合同上。IChemE 还提供了一个小型合同文本，除了“红皮书”以外，还有一个针对补偿合同的合同文本，称为“绿皮书”；一个分包合同文本，叫做“黄皮书”合同，其中包含了“红皮书”或“绿皮书”中的有关内容。1998年底，又公布了一个小型工程文本，称做“橙皮书”。虽然，这些合同文本不属于“主流”施工合同，但是它们都是类似的。

1981年版的“红皮书”中包括了当事人之间的争端可以提交仲裁裁判的内容，但是仅仅涉及到专家裁判的内容。1995年版在争端解决方面推出了一些重要变化，仍然保留使用专家的原则。第46条规定了争端解决办法，但是这个条款是针对第45条的内容，可以邀请专家进行裁判。

指南说明 EE 提供了使用仲裁和诉讼的一些简单背景资料，强调对于相对比较小的不同意见可以通过快速的且正规的方式得到公正的解决。对于后一种情况，第45条建议使用专家方法。

12.14 “红皮书”与《住宅许可、建造与重建法》

1995年版的合同是在 HGCRA 法之前公布的，明显地没有考虑到这个法律提出的裁决内容。IChemE 文本设计适用于设备提供和安装类型的工程，例如很多合同都被这个法律归纳为例外的性质。同时这个法律并不适用于英国以外的工程，虽然这个文本主要是针对英国国内的工程的，但是经常被应用到其他国家中。在这种情况下，没有规定进行裁决的事实是与这个法律有矛盾的，并且其裁决方案也不适用且不能起作用。

如果一个项目属于 HGCRA 法的范畴之内，IChemE 建议应该加入一个额外条款。这个条款使用和最近公布的“黄皮书”中包含的内容相同的措辞，其规定如下：

“如果 1996 年的《住宅许可、建造和重建法》的裁决规定适用于本合同涉及的任何争端，除了第 45 条和第 46 条以外，这些规定应该适用。”

引入这个条款就是承认了施工合同裁决方案适用，并且当事人享有法定权利要求裁决。如果当事人希望行使这种权利，于是裁决方法将优先于合同中规定的其他争端解决方法。如果没有这个条款情况将有所不同，当然这个条款援引了该法的重要思想，并且明确规定了在争端事件发生的情况下，应该怎么做。如果当事人希望避免使用裁决方案，需要对条款做适当修订，这将涉及到公布的一组裁决原则。详细的裁决规定参考可以包括在引入的一个专门条款中。IChemE 正在计划公布自己裁决原则。IChemE 的方法是一个探索，既引用了这个法律，又保留专家决定的内容。结果当事人希望进行裁决，就能够优先于专家决定，虽然两个过程在实际中可能并行。那么一方当事人是否可以在裁决中引用专家决定中的证据？也许可以。因为有了 HGCRA 法，有趣的是专家决定可以成为包含这个立法内容的合同中的一个可以选择的方法之一。

根据 HGCRA 法适用的合同，按照现在的规定这个立法要求可以减少专家决定的作用。为保证专家决定仍然能够起到重要作用，合同还要求进行重新起草，但是即便如此，这可能是简单地推出一个另外的争端解决层次。IChemE 建议针对需要满足这个立法条件的合同，公布一个土木工程分包合同的示范文本。

使用专家可能会引发很多潜在的法律问题[1]。HGCRA 法的实施以及裁决人的作用可能给专家、裁决人和仲裁员的定义造成各种后果性变化。

12.15 专家裁判

在了解了上面的情况之后，这个部分是根据这个合同文本考虑专家的作用问题。

第 45 条对指定得到当事人同意的专家作出了专门的规定。合同中没有关于确定专家名称的规定内容，但是在具体条款中或者根据第 45 条的修订内容，也没有不让当事人命名人员的内容。如果不使用这种方法，并且当事人没有达成协议，根据任何当事人的请求，化学工程师学会主席将进行指定。在签署合同之前，指定专家的愿望不明显，因为这时专家将可能执行很多不同的角色。如果某人作为专家，然后他的经验必须能够适合解决争端的性质。如果潜在争端有变化，这将需要很多专家。接着在签署合同开始和之前，会出现需要确定是否同意使用 1 名以上的专家的问题。

虽然指导说明规定使用专家是一种快速和非正规的方法，可以公正地解决相对比较小的不同意见，但是合同也允许使用它解决更大的问题。可以由专家裁判的不同意见明确规定在合同中，他们也可以解决当事人后来同意裁判的任何问题。根据合同的明示参考可以包含很多重要事件，其中很多经常会引发争端，需要具备不同的经验。然而虽然大多数工程师是否具备了管理此类项目涉及的经验可能存在争端，他们具备的经验是否可以适合作为专家的各种角色，但是这可能不能成为真正意义上的项目经理。1981 年版合同涉及到工程师裁判的问题，但是 1995 年版提到是项目经理裁判。更为有趣的是应该看到这种变化将会影响到专家决定程序的使用。这个请求专家裁判的问题涉及面很宽，并且在合同中有如下明示参考：

第 14.2 条："如果任何当事人不同意这种延期，此事件可以提交专家进行裁判……"

第 16.6 条：包括争端涉及承包商反对变更，但是没有被项目经理接受。

第 16.7 条："在项目经理和承包商之间发生争端或不同意见的事件，涉及根据本条款或第 17 条(承包商变更)或第 18 条(变更估价)或任何对承包商义务的变更……，增加或扣减合同价格问题，这种争端或不同意见在 14 天内或者双方当事人同意的更长的期限内没有在内部解决，应该把争端提交专家裁判……"

前面的两个条款涉及对变更的不同意见，无论是命令还是简单建议。此外包括了不同意见，涉及因为出现工程变更引发的后果费用问题，以及为了满足项目经理的指示，涉及到建议书准备和变更报价问题。

承包商可以对项目经理发布变更令的能力提出不同意见，但是这种反对意见必须以书面形式尽可能合理快速地提出，在变更令的情况下应该在接到命令 24 日内提出。如果不符合这个要求，项目经理将没有义务这么做，专家的规定内容也不能启动，除非双方另有协议。当然这不会影响到裁决的权利。

根据第 17.1 条，承包商有能力提交变更工程的建议书。因此承包商可以更积极地提出变更意见，但是项目经理对是否接受这个建议享有绝对的权利，而且对他的任何决定都不能反对。但是是否可以提出裁决则是另外的问题，虽然技术上讲是可以的，这似乎是裁决人很难改变项目经理的决定。

然而，根据第 17.2 条，这方面的限制存在一个重要的例外，在承包商提出自己的建议，认为需要变更，以便避免发生具体灾害的情况下，如果项目经理决定不发布这个命令或者建议使用一种替代解决方法，是可以提交专家裁判的。这个条款规定如下：

第 17.2 条："……如果承包商对项目经理的决定有不同意见，这个争端应该提交专家裁判……"

第 20.4 条："如果承包商对项目经理不批准任何图纸存在不同意见，除非在项目经理和承包商之间在 14 天期限内或者双方同意的更长的期限内……得到解决，这种争端应该提交专家裁判……”

承包商需要发布图纸，提交项目经理批准，他不批准任何图纸，理由可以是没有满足合同明示条款的要求，或者与工程实际情况有矛盾等。第20.4条赋予承包商有权反对项目经理的决定，并且请求专家决定。

第33.7条：“任何有关发布或扣留证书的争端……都可以提交专家裁判。”

关于是否最终证书可以发布这方面的相关规定包括在第38.5条中。

第35.10条规定了减少已经同意的有关设备的内容，这些设备不符合具体性能要求，但是如果协议没有达成，也可以提交专家决断。

在采购者出现了明显缺陷并且属于承包商责任的情况下，应该支付合理赔偿，并且涉及赔偿数量的争端可以根据第36.7条提交专家裁判。

有关暂停工程命令(第42.5条)的争端和终止费用(第43.9条)的争端也可以提交专家裁判。

12.15.1 专家状况和专家决定的程序

只要专家决定的内容适用，第45.2条明确规定，专家不能作为仲裁员行事。这意味着根据这些规定专家的行为不能享受仲裁员的豁免权。

专家可以修改或推翻项目经理的任何决定和指示，采购者和承包商都应该收到专家决定的约束。专家作出的这个决定和任何指示都是结论性的，在任何诉讼程序中都不应该对他们的对错进行质疑。进而一旦争端通过专家裁判，根据第46条将终止对解决方法的裁判，因此调停无法采用，而且这些争端也不能提交仲裁裁判。这个争端已经不能提交仲裁裁判，同时也不能对专家的决定提出反对意见，除非可以提出渎职理由。因此就裁判本身和专家的状况来说，考虑到决定的约束力性质，在HGCRA法之前他们的威望很高。然而提交专家裁判争端的过程现在仍然是有效的选择方案质疑，这时如果对决定有疑义，当事人可以行使权利进行裁决，以便争取得到不同的结果。尽管有第45.7条，情况似乎仍然如此，因为裁决是没有且不能包括在这个条款中的。

专家必须确定进行裁判的争端情况，同时当事人必须继续按照合同履行自己的义务，因为他没有权利在决定作出决定期间中断执行合同。此外，当事人有义务帮助专家，提供存在问题的信息，为现场和其他产业进行访问提供便利。专家的权力是很大的，同时他的决定可以涉及合同问题和事实性争端，确定应该支付费用的金额。

专家除了具有决定争端事件的权力以外，还具备额外权力可以确定专家行使义务时应该支付给他的费用。但是他没有权利确定当事人们应该怎样分担。这一点和前一个版本不同。

虽然专家不受合同规定的其他程序原则的限制，但是“黄皮书”规定中的专家决定原则应该遵守，如果合同进行了适当修改。当事人在签署协议文本，同意指定专家时就可以这么做，他们可以增加一项要求，规定专家的指定和解决争端时的行为应该符合 IChemE 的专家程序和指定原则。

根据第 43 条终止合同不会影响到请求专家或仲裁进行争端裁判的规定，无论在终止合同之前争端是否已经进行裁判。

12.16 争端

第 46 条规定了可能发生的任何索赔、争端或分歧的解决方法，在这种条件下合同允许提交专家裁判或者当事人同意提交专家裁判的任何索赔都可以这样进行裁判。因此在很多情况下，当事人也可以把争端直接提交给专家裁判，而不规定执行这个步骤，但是在实际中，还有一些被认为不适合专家解决的争端也需要解决。

在根据第 46 条裁判争端的情况下，解决方法的第一步涉及当事人自身有义务“通过谈判以诚信的态度求得解决”，这是一种在法律上没有约束力得方法。如果这么做就可以达到目的，这是件好事，但是似乎不通过某些非正式的干预很难解决问题。尽管如此，当事人愿意探讨解决争端的事实是有利的。如果问题不能解决，下个阶段就是调停。第

46.2条规定，当事人可以同意将争端提交争端解决中心(CEDR)或者其他实体裁判。在进入调停程序之前，这里不可能规定好当事人希望到哪里解决他们的分歧，同时因为调停协议是基本的先决条件，所以这可能需要经过一个相当长的时间阶段。

一旦争端被提交调停裁判，在提交仲裁裁判之前，当事人可以有28天的时间来达成解决协议。在当事人不同意进行调停的情况下，他们可以直接进行仲裁。

尽管可以根据第46条裁判争端，当事人也必须继续根据合同执行自己的义务。在作出决定的过程中，他们没有权利中断执行合同。第46.7条规定了有关项目竣工是主要目标的进一步证据，并且如果可能，争端应该在不中断工程进度的情况下解决。

12.17 仲裁

仲裁只有在根据第45条专家对争端无法进行裁判的情况下才能提出。其结果是仲裁规定的使用机会要比其他情况的使用机会少很多。

任何明示规定需要进行裁判或同意进行裁判的争端根据第45条都不能提交仲裁解决。当事人之间可能发生的任何其他争端，如果通过协议或调停不能解决，可以提交单一的仲裁员作出决定进行裁判。仲裁应该如何进行裁判本书不再介绍。当事人需要同意仲裁员，如果不同意，IChemE主席或前主席可以进行指定。在1981年的版本中，达成仲裁员协议需要31天时间，但是在1995年版中没有规定具体时间。这似乎十分敏感，包括了某个阶段，可能就会引发延误。

12.18 IChemE “黄皮书”分包合同第2版(1997)

这个合同的第2版与第1版存在着实质性的区别。第2版中对于专家、调停和仲裁的裁判规定与1995年“红皮书”中的内容相同，除了少数分包合同具体条件，某些更新内容和根据 HGCRA 法引入的第 47 条规定。这个条款在合同中已经加入，所以不必像“红皮书”那样再去插入一个条款。

第 45.1 条与第 1 版相同，但是对于承包商和分包商有些具体规定，可以同意将其他争端提交专家裁判。这个条款规定，专家决定应该根据 IChemE 公布的专家决定原则进行，除非在指定专家之前双方另有协议。专家决定原则的第 1 版于 1998 年公布。

根据第 46 条，争端一旦提交专家裁判，就应该停止仲裁裁判。这个措辞与“红皮书”不同，虽然它仍然排除了仲裁，但是没有限制后来进行调停。这很可能是有一定目的性的，因为调停需要协议，但是为什么人们在完全有约束力的决定之后还希望达成调停协议？发生这种情况只能是因为双方当事人对专家决定的内容都不满意。

第 45.9 条允许分包商合并处理某一争端，这时实质上与承包商和采购者之间发生的情况相同，并且分包商同意采取这种行动。

第 46 条包含与“红皮书”相同的内容，但是第 46.3 子条款规定仲裁应该根据 IChemE 公布的仲裁原则执行，除非在指定仲裁员之前另有协议。

12.19 IChemE 处理设备合同条件示范文本，可补偿合同(1992)

在此简要介绍一下这个特殊合同，因为在上面提到的其他合同之前这个合同已经存在，但是它的内容不同。一般来说，这是 1981 年“红皮书”的一个更新版，其中规定了专家决定和仲裁的内容，但是措辞上面作了少量调整。没有关于调停的内容，也没有任何法定裁决的内容。然而可以根据 IChemE 的建议和参考前面的合同文本加入一个这类条款。

12.20 IChemE 专家程序

1998 年 2 月，IChemE 公布了一组专家程序，可以使用在处理设备合同条件示范文本中[2]。这个文件可以帮助当事人和被指定的专家理解专家决定的工作。专家程序包括“指定专家原则和程序”的内容，它有4个部分，加上一个指导说明和附录A~F。下面简要介绍这个程序的各个部分。

12.20.1 应该遵守的初期程序

这个部分规定发布指定专家的最初通知、指定协议、专家接受和确认的程序。

12.20.2 在发生争端的当事人无法亲自同意分辨应该指定专家的情况下必须遵守的程序

这个原则规定在当事人不同意使用专家的情况下，希望使用专家的当事人可以书面致函IChemE主席，请求他在申请28天内进行指定。

12.20.3 当专家已经通过协议指定或者由学会主席指定的情况下应该遵守的原则

这个部分涉及指定程序，包括一些内部事件以及几种实质性问题。专家需要书面致函每个当事人，要求他们提供事件的结论和细节内容，包括当事人对争端看法的文件证据。当事人还应该被告之分辩任何可以提交证据支持自己观点的人士，以及在初次会议中可以向当事人进行陈述的人士。没有规定提交这些信息的时间限制。原则规定应该在合理时间内提交这些信息。

其他原则强调一些有关文件副本等方面的规定，并且针对保证专家和当事人能够得到可以信赖的所有文件。争端当事人不被限制解决自身的问题，但是任何这种企图都必须向专家报告，除非涉及可能的解决方法。这些原则十分详细，要求当事人必须提供进行讨论的书面内容以及他们可以得出的任何结论。如果需要讨论解决方法，原则要求只有在达成解决方法的时候才需要报告。在这种情况下，专家决定的过程不能停止，但是不明确这时的专家作用是什么或者应该怎样做，如果因为达成的“解决方法”还没有批准，相同的争端又重新出现。

根据这个原则，调查程序应该得到专家的同意。决定可以采取各种形式。对专家的惟一要求是保证不违反自然公正的原则，并且根据程序提出通知。可以要求当事人出席会议，但是需要提出合理通知。

12.20.4 专家权力

原则 4A.1 规定：

“专家应该通过使用在此明示或默示的任何或所有权力，控制根据本程序和原则提交裁判的任何争端的解决方法。专家特别应该享有权力在决定争端时可以提出询问。”

这意味着专家享有广泛的权力，包括在通知当事人这种指定和估计费用 10 日之后指定顾问。这个原则还规定利息支付和适当情况下采取阶段决定的权利。专家可以积极地寻找证据，并且不限于当事人本人或他们的代表提供的范围。原则的指导说明十分有用。它提供了一些专家在行使合同规定职责过程中法律地位的有关信息，但是没有排除需要适当咨询意见的内容。

12.20.5 附录

专家程序中包括了下列附录，同时阐述了标准条款，还有专家决定过程中可能使用的信函和协议的标准格式：

附录 A：专家费用和开支

附录 B：学会支出

附录 C：IChemE 指定专家的应用

附录 D：指定专家协议格式

附录 E：接受根据 IChemE 原则和程序指定专家的协议格式

附录 F：指定之后专家致当事人的信函格式

第 13 章　新工程合同文本(NEC)及其裁决人合同

13.1　概述

本章不但介绍第 2 版新工程合同(更名为工程与施工合同)，而且还简要介绍这个合同的前身，包括它的咨询文件。在这个合同推出很短的时间内，在争端裁判方面的变化已经得到特别的重视，并且成为我们接受裁决和相关方法的推动力。

13.2　咨询文件

新工程合同首次作为一种咨询文件在 1991 年由土木工程师学会公布。这个合同十分明显地摆脱了大多数标准合同文本的思路，它的产生是为了提供一种合同，以便满足业主的不断变化的需求，克服现有标准合同文本中的一些明显的和实际的缺陷。在这个咨询文件的前言中指出，在合同文本中这些不断增长的特殊、广泛存在的差别都是因为争端数量不断增长的原因。这个新版本是否可以克服这些缺陷还存在着疑问，但是它的确提供了机会，试图进行某种改善。然而实际中使用这个合同的情况还很少，主要原因是知名度。

这个合同使用的是一些核心条款，包括二级可选条款，通过 6 种反映所采用的主要合同安排的主要选项之一。此外它还包括了 1 个分包合同，可以与总包合同文本一同使用，它们的结构是相近的。顾名思义，核心条款可以应用到所有开发项目上，条款共分 9 个部分，其中第 9 部分属于根据合同和在终止情况下处理争端程序的内容。

NEC 咨询文件的指导说明[1]指出：

“施工合同中的争端经常发生，标准合同文本中的最终解决方法是仲裁，近些年来这种方法也变得费时、费钱。在 NEC 中，在裁决方式中推出了一种中间阶段的争端解决方法，其目的是要求所有争端都应该通过裁决人来解决。然而如果任何当事人对裁决人的决定不满意，他还可以将争端提交仲裁裁判。”

NEC 认为争端的频率和涉及的时间以及仲裁费用都使得人们探讨其他解决途径，在这些方法中十分明显裁决方法更好一些。NEC 提出的基本理由是它可以减少争端。这种方法的公正性还不明显，但是它帮助了 Latham 形成自己的思路，后来产生相关立法。

第 9 部分包含了裁决(第 90 条)和仲裁(第 91 条)两方面的内容。根据合同裁决人承担了很多在土木工程标准文本中本应工程师承担的职能，例如 ICE 条件的第 66 条，所以他有一个优势，可以从“法官”的职能中分离出管理人的角色。

13.3 第 1 版

在公布了咨询文件之后，收到了很多组织机构的评论，得到的反馈是 NEC 文本可以用在广泛的项目中。新工程合同的第 1 版于 1993 年公布，虽然其原则和主要功能没有变化，但是采用了不同的起草方法。第 9 部分仍然包含了争端解决方法中的裁决和仲裁的基本概念。尽管这些基本原理保持不变，但是它的内容已经被完全重新起草，同时提供了一种不同的过程。实质上这种重新起草反应了争端解决方面的敏感性质，并且对这方面的认知度也在提高。

这方面的内容涉及 4 个条款，它们的标题是：

第 90 条：“项目经理或监理人员的行为导致的争端”

第 91 条：“不属于项目经理或监理人员的行为导致的争端”

第 92 条：“裁决人”

第 93 条："仲裁"

第 90.1 条改变了风格，它在内容中保留了"不同意"的措辞，更重要的是删除了业主对项目经理(PM)行为导致争端的权利。承包商只需要相信项目经理的行为不符合合同，就可以向裁决人，而不是项目经理发出"通知"，以便对此进行裁判。十分明显，这是希望在早期阶段缓解这种事态，所以删除了一个十分敏感的词汇，减少拘泥形式的俗套，保证与项目经理的沟通。这个条款还规定得十分清楚，只要合同没有终止，当事人还必须完成存在争端的行为。一个更为基本的转变是只有承包商才能够通知裁决人，然而在咨询文件和常用的合同中，双方当事人都可以提交争端进行裁判。NEC 采取的观点是作为 PM，他的行为是代表业主的，所以允许业主反对 PM 的行动或者不采取行动的做法是不合适的。

PM 接到通知可以有 2 周的时间，向裁决人和承包商提供争端涉及的信息，同时承包商在收到信息的 2 周内还应该向 PM 和裁决人提供其他信息。根据指导说明，在争端发生之后可以得到的信息是得不到承认的，并且争端不应该扩大，包容一些没有涉及的事件。这方面的逻辑是很明显的，如果不这么做，可能造成不公正的情况。在实际中，如果不考虑其他一些情况，可能意味着存在后来再发生争端的可能。比较起来，ICE 合同条件的第 66 条在遇到 1977 年 ICE 仲裁程序第 4.1 条情况时可能导致争端被进一步扩大。第 90.2 条规定了一个时间框架，这在咨询阶段是没有的，它还鼓励遵守提供必要信息，不但应该提供给裁决人，而且还应该提供给其他当事人。裁决人的决定在第 90.3 条中规定，这和咨询文件的规定基本相同。

第 1 版合同指出了一个主要缺陷，它不但是针对已经采取行动的争端，而且还针对没有采取行动争端，以及相信应该发生的行动。根据第 91.1 条，在承包商相信 PM 没有明示根据合同要求采取行动，PM 应该相应进行通知，并且可以有 4 周的时间采取行动。在这个期间，如果 PM 选择不采取行动，最好的做法是应该说服承包商，这种不采取行动的有效性，因为到这个阶段结束时，承包商在后来的 4 周内可以有权通知裁决人。第 91.2 条规定，承包商在通知中可以说明理由，为什么 PM 应该采取行动，而 PM 也可以有 2 周的时间回答问题。

根据第 91 条争端发生，裁决人需要对是否需要采取行动作出决定，如果需要，PM 会要求完成行动。此外，还要对任何额外费用和延误进行评价。裁决人自接到信息起可以有 4 周的时间作出决定，同时附带理由。

合同数据中已经记录了裁决人的名称，包括任何替换人员名单，如果前者辞职或者无法履行职责。在适当的时间内，可以决定针对任何明显争端情况是否需要替换裁决人，例如自通知人员担任裁决人采取行动之日等。这要求业主在向承包商提供邀请投标文件之前插入裁决人的名单。因此裁决人的选择是根据业主的观点选择的。虽然也可以在合同数据中不确定人员名单，但是需要规定好如果当事人没有达成协议应该如何确定人士担任裁决人。如果业主已经在合同数据中确定了裁决人，而承包商不接受这个人士，在进行投标时应该指出这个问题。达成人选的协议可能不是一个顺利的开端，重要的是需要挑选 1 名合适人选。当然，已经指定或命名的裁决人可能以各种理由拒绝承担这个角色，在这种情况下，当事人可以有 4 周的时间选择其他裁决人，如果合同数据中没有确定人选，就应该选出 1 名双方当事人都可以接受的裁决人。

裁决人指定条款中没有规定，当事人应该分摊他们的费用。然而指导说明希望裁决人通常根据 NEC 专业服务合同(它应该视为裁决人合同)指定，参阅本章后面有关裁决人合同的评论。

合并内容包括在第 92.3 条中，保留了咨询阶段中的这个内容，除了在“裁判”情况下，使用了“通知”一词。

仲裁规定在第 93 条中，它已经被简化了。仲裁可以被任何当事人提出，如果裁决人没有根据第 92.1 条的规定，在 4 周时间内作出决定，或者如果当事人不同意裁决人的决定。但是如果争端首先没有提交裁决人裁判，仲裁就不能开始。这方面存在问题，这时只有涉及 PM 的争端可以提出通知，因此有些争端在合同规定中似乎没有竞争性的解决办法，可能只有提起诉讼。时间表存在很小的变化，从裁决人作出决定或者应该作出决定开始将有 4 周的时间提出裁判。和合同的很多方面一样，4 周的期限可以通过协议延长，如果裁决人申请更长的时间，以便对一个复杂的争端作出决定。可以有权利对裁决人作出的任何决定提出不同意见。在公开、公正的环境下，提倡提供作出决定的理由。但是这可能刺激对决定提出不同意见，否则可能不会有不同意见。

有关指定仲裁员的规定和仲裁应该使用的程序已经被取消，第 93.2 条简单地提到“提交仲裁员裁判的争端可以使用仲裁程序实施。”这个程序应该列在第 9 部分的合同数据中，业主在签署合同之前应该加入进来。指导说明介绍了在英国和海外被认为适合采用的程序情况。

13.4 分包合同

第 1 版分包合同包括了对咨询文件的一些类似的基本改变，它们反应在涉及裁决和仲裁的总包合同程序中。惟一的区别是关于合并的内容，第 92.3 条让分包商对分包合同产生的争端提交，这也是根据分包合同造成的争端，并且要求裁决人决定这两类争端。第 92.4 条还规定在总包合同引发的争端涉及分包合同的情况下，承包商可以要求分包商提供需要的信息。

13.5 工程与施工合同

工程与施工合同是 NEC 合同的第 2 版，但是他们接受了 Michael Latham 爵士在他的“构建团队”的报告中的建议重新更名。合同第 2 版于 1995 年 11 月公布，其中在争端解决方面进行了一些重大的改变，然而再次表明我们对争端解决的理解正在一些重要方式上面得到发展，同时我们在这方面的知识远未全面。这个合同还不能满足 HGCRA 法的要求，后来合同又公布了一个补充条款，我们将在本章后面的内容中专门讨论。

第 9 部分仍然保留了处理争端的相关内容，但是包括了很多实质性的变化，同时表现形式也有所不同。一个主要变化是使用提交一个审判庭进行裁判的内容代替了仲裁条款。这个审判庭可以是仲裁，或者是法庭，条款对此没有限制。

第 2 版中包括的争端解决程序和前一个版本一样，引发了很多争论，主要是担心他们无法操作。

13.5.1 争端的提出

第 90.1 条规定，任何争端应该提交给裁决人。这个条款中包括了一个裁决表，其中规定哪些争端需要提交，什么人负责提交以及涉及的一些不同的时间限制。

PM 的行动或非行动只能由承包商提交，并且第 2 版采纳了第 1 版相同的立场，除了有关这是属于义务还是权利的解释的要比前一版好。进而还增加了一个“其他”争端的内容，它可以被任何当事人提出。然而第 1 版中的一个重要不足得到了弥补，现在裁决成为争端解决过程中的强制性的第一步。根据这个文本，所有争端都可以由裁决人解决，甚至可以延伸到当事人之间可能在后来发生的一些法律问题和事件，例如在缺陷责任期以外发生的潜在缺陷等。

时间方面的限制也已经有所改变，以便提供一个机会不需要裁决人的参与就能够解决争端，然而同时也加强了规定。在涉及到 PM 争端的情况下，承包商必须在采取行动或不采取行动决定 4 周内通知 PM。然后在通知发出之后的 2～4 周将争端提交给裁决人。行动的日期是自行取证的，但是应该在什么时候采取行动通常不是十分明显，因此通知是否按期发出可能会成为争论点。如果存在任何疑问，主观意志可能会主导，并且造成接受有效通知方面的错误，除非当事人有意制造混乱。

最初的 2 周时间争端不能提交给裁决人，这是为 PM 提供一个机会，以便直接和承包商解决这个争端。这是一种十分敏感的方法，在这个阶段上很可能解决很多事件。

在争端不涉及到 PM 的情况下，受到伤害的当事人必须通知对方当事人和 PM，然后在通知发出之后的 2～4 周内将事件提交给裁决人。这 2 周的事件同样也是给当事人提供一个机会，以便在裁决人介入之前解决争端。

如果任何当事人没有在规定的时间内启动程序，合同也没有规定应该怎么做，只是仍然希望解决这个事件。这种失败是否意味着拒绝进行补偿？审判庭只能审核裁决人的决定，或者处理裁决人没有在规定时间内作出决定的情况。问题是当事人是否需要先使用裁决人，以便使争端得到解决，尽管他们没有按照规定的时间表行事。因此虽然这里有一个把争端提交裁决人裁判的时间表，但是哪一方当事人应该执行它，这可能是仍然需要继续执行这个规定，即使已经超出时间范围。如果没有遵守这个规定，仍然存在一些有趣的问题，比如当事人是否就错过了开始仲裁的机会，并且后来是否可以提起诉讼，尽管第 93 条规定进行裁决是一个先决条件。然而十分明显，如果没有遵守这个程序，当事人必须还必须继续执行合同，好像不存在争端那样。

13.5.2 裁决人

在第 92.1 条中进行裁判的裁决人是合同数据中规定的人士，他应该遵守第 1 版规定的程序。它规定，裁决人是独立性的，不能像仲裁员那样行事。因此裁决人的行为可能是一种准司法性质的，同时不能享有因为过失行为的豁免权，在普通法中或者根据成文法这种权利已经扩大到仲裁员了，除非裁决人的合同限制了这种责任(参阅本章后面关于裁决人合同的内容)。独立性也是一个重要的特征，业主不能指定一个在冲突中有利害关系的裁决人。当然也有可能这种利害关系的冲突是发生在指定之后，在这种情况下，裁决人应该避免接触这个冲突，或者至少披露这个冲突。可能采取的行动之一是辞去承担合同裁决人的工作。这样通常会比继续工作下去要好，即使当事人在披露之后并没有表示不高兴。

此外还赋予裁决人另一项重要的权力，包括审核或修改 PM 或者监理人员在这个争端过程中的任何行动或非行动。这个问题在咨询阶段并没有涉及，仅仅是在第1版中才开始改进的。

第92.2条适用于裁决人辞职或者不再能够履行职责的情况。随后当事人需要选择另一个裁决人，在4周内没有这么做将意味着任何当事人都可以要求合同数据中规定的人士作为新的裁决人。选择出来的人士必须得到当事人的同意。新裁决人指定的日期可以作为任何明显争端提交的日期，并且前面提到的时间表将从这个日期开始计算有关争端事宜。

根据NEC裁决人合同(第92.2条)指定替代裁决人可以作为裁决人。相比之下，原来的裁决人指定条款中没有这方面的内容。然而指导说明仍然规定这种裁决人通常可以根据NEC裁决人合同来进行指定。

13.5.3 裁决

第91.1条规定，当争端通知下达时，应该包括提交裁决人考虑的有关信息。虽然在这个阶段上提供的信息应该尽量全面，但是在原始提交后的4周内还是可以提交进一步的信息或者有关提交的修正资料。其他当事人应该在这个时间范围内提交对提交的答复，但是这可能会遇到困难，因为挑起争端者可能会修改提交。同时裁决人也可以要求提供进一步的信息，根据协议也可以谋求延长这个期限。裁决的目的是使争端得到尽快解决，所以在实际中应该避免拖延时间。

裁决的规定包括常见的一个合并条款(第91.2条)，它规定在根据总包合同产生的争端涉及到分包合同工程的情况下，分包商可以成为一方当事人参与裁决。然而除非分包合同同时已经规定，否则分包商会不愿意参与行动。已经公布的分包合同已经有这样的规定，并且在适用这个分包合同文本的情况下，分包商应该具有这种义务。

13.5.4 裁决人的决定

裁决人的决定，包括决定理由在内，应该在提供信息阶段结束4周之内，或者在达成协议的延长期内提交给当事人和PM。这个决定是最终且有约束力的，除非后来被审判庭修改。在决定作出之前，项目应该继续进行，并且其进度不应该因为争端而受到任何形式的阻碍。

在作出决定的过程中，涉及到任何费用或延误情况的评估，裁决人必须按照第 60 条规定的赔偿事件的方式进行工作。如果应付款项在裁决人决定之后的凭证中被修正，其中差额的利息应该按照合同数据规定的利率支付。

对于裁决人来说决定和理由可以采用很多方式表达，但是起草应该小心谨慎。在这方面，指南说明提供了一些十分有益的忠告。

第 92.1 条明确规定，裁决人的决定“……在当事人之间应该是强制性的某种合同义务，而不是一种仲裁性质的判决”。这个规定恰如其分地强调了裁决人的决定的明确性质，让当事人把不执行这个决定可以看作是违约行为。然而还应该知道在后来的具体审判庭上，裁决人的决定可以被提出不同意见。此外还有一些问题是，被起诉不执行裁决人决定的当事人是否可以以在裁决过程中裁决人的行为不当为借口进行辩护。

13.5.5 审判庭审核

第 2 版的一个主要变化是推出由审判庭进行审核，而不是简单地提交给仲裁。其主要变化是业主现在必须在合同数据中确定审判庭。这可能是仲裁、法庭、专家决定、争端审核委员会或者任何其他形式的团体，但是它不应该是某个具体人士。在实际中，仲裁和法庭是大多数的选择。在已经确定使用仲裁的情况下，在合同数据中也需要进行选择说明，即仲裁程序适用。指南说明介绍了适用于土木工程、建筑工程和海外工程的多种程序，业主可以选择自己项目最适合的程序。

现在第 93 条规定任何当事人可将以前提交给裁决人的事宜提交审判庭审核。这个规定适用于裁决人的任何决定和裁决人在规定时间内没有决定的任何争端。为了保留进行审核的权利，不满意的当事人必须在问题发生 4 周内提出裁判该事项的意向通知。这个 4 周阶段从裁决人决定通知之日开始计算，或者如果早于这个日期可以是他应该提交决定的日期。第

93.1条中“合同对于这个通知的规定时间……”的内容也有意包含了经过同意可以延长4周时间限制的内容，但是在使用措辞中没有专门的明确说明，这可能会导致进一步的争端。虽然必须满足上述时间表，但是审判庭的审核只有在竣工之后或者工程终止的前才能实施。这意味着在审判庭推翻裁决人的决定之前，其约束力的性质是十分明显的。我们前面已经讨论了没有按照裁决时间表执行的情况，但是为了确定存在着审判庭的选择，还应该在规定时间限制内提出请求审判庭裁判的通知。

审判庭也被赋予强大的权利，可以审核或修改裁决人的任何决定或者PM方面或者监理人员的涉及到争端的行动或非行动。第93.2条十分明确地规定在审核的过程中，当事人可以提供任何其他信息，他也可以提出任何其他论点，无论是否已经提供给裁决人。

13.5.6 预警

NEC合同中的一个重要规定是根据第16条要求提供对可能增加价格，造成延误或者工程不当实施等情况提出预警。这对于避免争端来说是一个很好的尝试，它试图让当事人来共同解决自己的问题。但是根据指导说明的解释，对于没有提出预警的惩罚是减少付款，这可能实际上也增加了潜在的争端。

13.6 分包合同第2版

第2版分包合同充分地反应了总包合同中有关争端解决的程序。它们的主要区别是合并事项。第91.2条允许分包商裁判分包合同发生的争端，这也属于分包合同下的争端。第91.3条还规定，在总包合同发生的争端涉及分包合同的情况下，承包商可以要求分包商提供有关信息。此外第93.2条还规定了对于已经提交给总包合同裁决人裁判的分包合同争端提出反对意见的内容。这个条款规定可以将这个决定提交给审判庭，只要符合4周的时间限制。但是在任何情况下，不应该是早期终止发生之前。

13.7 NEC 工程与施工合同和分包合同补遗(1998)

NEC 委员会还批准了对 NEC 的一些修订，这样就可以满足 1996 年 HGCRA 法。这些修订包括指导说明已经由 ICE 于 1998 年 4 月公布，作为这个合同的补遗。这个补遗被称为 Option Y(UK)2：1996 年《住宅许可、建造和重建法》，它适用这个法律适用的条件，以及当事人不希望将《工程合同裁决纲要》内容纳入到他们的合同中作为默示条款的条件。新规定正如他们自己所说是“可以选择的”，不必提出其他理由，例如合同在英国以外，或者工程不属于这个法律管辖的范围。在已经把这个选择纳入到合同中的情况下，合同数据应该按照指导说明中介绍的那样，包括一个生效说明。

Option Y(UK)2 包括一些修订内容，涉及这个法律提出的付款和裁决要求内容。在工程属于 HGCRA 范围的时候，当事人不希望依据《工程合同裁决纲要》，他们可以把这个修订纳入进来。这个涉及裁决的条款是第 Y2.5 和 2.6 条，为了保留裁决原则和满足 HGCRA 法，合同的第 90 和 91.1 条被删除，替换上这个新内容。

13.8 补遗第 Y2.5 条

可以选择使用的新的第 90 条标题是“争端避免和解决”，它包括了在发生问题的情况下应该遵守的程序。这个程序明确规定何时争端发生，并且广泛地遵守在 ICE 对争端做出定义之前，提出的首次解决不满意情况的方法。

13.8.1 不满意和争端

第 90.2 条规定，在一方当事人对于合同中的某些事项不满意的情况下，他们应该通知对方当事人，然后应该在通知发出 2 周内寻求问题解决。这个程序的目的已经在第 12 章进行了讨论，但是从原理上看，这是一个过程，它延误了希望提出利用的裁决这种可以更平稳地解决大多数事项的权利。这个立场在第 90.4 条中得到进一步加强，它明确规定在争端没有发生，裁决也就不能开始实施，直到不满意通知发布，并且在通知发出之后 4 周内没有得到解决。这是一个十分敏感的程序，但是没有提出一种可能发生的复杂情况，这时任何不满意情况已经发生，在此 4 周期间当事人已经得知不满意情况发生的事件。随后问题可能涉及到在不满意通知没有在 4 周期限内发出的情况下事件将会如何，但是一方当事人明确希望追踪这个问题。一般惯例认为争端已经发生，因此裁决过程应该启动，但是并没有从原理上定义争端，只是规定在裁决开始实施之前必须存在一种争端。

这种情况会引发以下问题。这是否意味着因为合同定义争端的方式，裁决权被否决？如果如此，是否是有意的？当事人是否还能够直接将争端提交审判庭？这似乎是不行的，因为在这些事件可能发生之前，裁决人必须已经采取行动，或者没有这么做。因此没有提交通知是否被剥夺当事人的所有赔偿权？

对这些问题很难作出明确的回答，但是不满足 4 周的时间限制不应该认为是提出裁决必要的先决条件。定义争端的做法可以避免，或者进行重新定义，因此，根据合同当事人可以保留提出裁决的权利。裁决可以仍然按照合同规定开始实施，尽管这不是故意的。从当事人的最大利益出发，应该是按照这条路走下去。还有一种观点是争端的定义过于严格，的确存在争端发生然而合同裁决规定没有包括的情况。在这种情况下，合同规定可以进行一些补充，默示《工程合同裁决纲要》中包含的裁决条款。

13.8.2 裁决通知和裁决人

任何当事人都有权提出开始裁决的意向通知，但是一定存在“争端”需要裁判。在提出这份意向通知之后，提出裁判的当事人可以有 7 天的时间要求裁决人裁判争端，同时包括需要考虑的信息。其条件是裁决人已经在合同中规定，因此当事人应该知道通知谁。裁决人需要考虑的任何进一步通知，包括其他当事人的答复，都必须在进行裁判的 14 天内提交。

第 90.8 条要求，裁决人应该公正行事，在确定事实和法律的时候应该有主动精神，反应出 HGCRA 法的第 108(2)条第(e)和(f)项的要求。第 90.12 条规定裁决人享有豁免权，除了他的行为违背了诚信原则，这个规定的增添是符合第 108(4)条的。

裁决人仍然应该根据第 92 条进行裁判，这个条款没有被修改，除了某些很小的文字修改，本章后面将涉及到。

13.8.3 决定

第 90.9 条规定了作出决定的时间，从开始裁判时起，或者争端发生之后根据约定，他们有 28 天的时间，根据裁决人的能力只有在得到提出裁决当事人的同意时才可以再得到 14 天的时间。这完全照搬了 HGCRA 法第 108(2)条第(c)和(d)项的要求。在作出决定之前，当事人必须继续工程，好像争端没有发生。

裁决人的决定必须提出理由，这个规定与很多其他合同文本有很大区别，后者不要求提出理由。裁决人的任何决定都是有约束力的，直到争端被最终提交审判庭决定或者当事人通过协议。

13.8.4 程序合并

第 91 条被进行重新编号，第 91.1 条被替换了，使得分包商可以出席会议，解决通常发生在总包合同中的不满意事件。第 91 条和第 92 条还有一些其他方面的字面变化，并且有关裁决人的各种裁判“将解决”或者“已经解决”的措辞已经有了变化，现在变成裁决人的“决定”。

分包合同在与合同文本共同使用的时候也有同样的补遗。它的措辞与总包文本相同，已经作了必要的修改。主要变更包括新的第 91.3 条，它要求分包商可以出席会议，只要总包合同也这样规定，参与解决不满意事项。重新编号的第 91.3 条(现在是第 91.4 条)允许分包商在总包合同允许的情况下进行联合裁决。

13.9 未来

第 2 版对前一个版本做了某些重大改进，但是由于缺少裁决人完全有约束力的决定使得人们觉得在鼓励对其决定提出不同意见，特别是在有其他证据可以提交到裁判庭上的时候。在 Option Y(UK)2 不适用的条件下，裁决人的准确作用需要澄清，同时肯定有可能引发问题。最新的版本的实际作用会怎样这仍然是一个推测，只有让时间来充分证明。对于使用“不满意”来避免使用争端的事件也可能要求进行重新访问，ICE 合同条款中在进行了修订之后也存在这个问题。

13.10 NEC 裁决人合同

因为 NEC 合同文本要求指定裁决人，所以可以认为需要使用标准文本裁决人合同。NEC 在 1992 年发布了一个征求意见版本，经过反馈，于 1994 年产生了裁决人合同的第 1 版。在这之后于 1998 年又发布了裁决人合同的第 2 版，同时附带了一个独立的文件，包括指导说明和流程图。

裁决人合同被设计可以用于 NEC 系列合同，包括专业服务合同等。对于这个合同的指导说明还指出，它也可以用在其他合同文本上面，但是应该特别注意，避免在这个合同和总包合同之间造成冲突。裁决人合同的第 1.7 条确立在发生这种冲突的情况下，该合同具有优先权，除非在裁决方案适用的情况下。尽管如此，首先最好还是应该避免发生任何冲突，只要合同要求进行改变，就应该作出适当修改。

裁决人的合同已经做到了相当简单，它包括两个独立协议文本，合同条件和合同数据，共计6页。

13.10.1 协议文本

第2版裁决人合同提供了两个独立的协议文本，一个是《工程合同裁决纲要》不适用情况下使用的文本，另一个是《工程合同裁决纲要》适用的情况下的文本。

合同中的第一个协议文本是针对《工程合同裁决纲要》不适用的情况。这个协议简单地要求注明总包合同当事人双方以及裁决人在内的名称和地址。它包括了两个非常简单的规定，规定当事人指定了裁决人根据合同条款和合同数据行事，并且裁决人接受这项指定，同时执行裁决人合同条件中规定的职责。这个文本应该由当事人和裁决人进行签署。

合同的第二个协议文本是针对《工程合同裁决纲要》适用的情况，包括一个同样有效的标题说明。合同有关名称、地址和签字的规定相同，但是这个协议文本包括3项简单的规定。前两项规定简单地包括了对《工程合同裁决纲要》进行裁判的内容，以及裁决人的指定、接受和职责也应该按照这些规定执行。第三项规定是其他内容，它指出应该加上“和《工程合同裁决纲要》”这个措辞，作为“当事人之间合同”的参考。进而，它规定裁决人应该分配费用和开支给当事人，而不一定是平均分配。当协议签署之后，这时不一定认为《工程合同裁决纲要》适用，但是后来了解到《工程合同裁决纲要》应该适用(因为合同不能满足HGCRA法的要求)，所以应该签署适用另一个协议文本。裁决人应该注意保证在不了解指定条款的情况下不能接受指定，无论是否签署了协议文本。

13.10.2 合同条件

合同条件包括下列5个简单部分：

* 基本事项，包括定义；
* 裁决过程和决定；

* 裁决人费用的支付；
* 风险—赔偿；
* 裁决人指定的终止。

第 1 版中还包括了一个额外的条款，标题为“权项”，这个部分的规定现在已经是随处可见了，仍然保留下来被认为没有必要。

13.10.2.1 第 1 部分——概述

第 1 条包括了基本事项，属于自我说明，一般不需要进行说明的内容。下面介绍一下这个条款中需要说明的内容。

裁决人的行为应该公正，在裁决人已经了解某些可能引发利益冲突的事情或者使得他无法行事的情况下，当事人应该得到通知。子条款 1.1 条与协议文本一起使用意味着裁决人需要执行指定裁决人合同中，或者根据参考当事人之间的合同并且在《工程合同裁决纲要》适用的情况下规定的任何程序职责。

第 1.4 条——它规定了哪些“费用”不能收回，裁决人在执行裁决的过程中应该发生哪些费用，同时还包括支付给协助进行裁决的他人的费用。根据第 2.2 条，裁决人可以向其他人获得帮助，以便作出决定，但是这个决定必须是裁决人的决定。在裁决人希望向其他人士得到帮助之前不需要事先得到当事人的批准，仅仅需要一个通知。这可能是令人吃惊的，因为它让裁决人可以自由行事，不需要向当事人了解具体情况，也无法了解可能发生的开支。似乎是明智的裁决人会让当事人了解情况，尽管根据合同他没有义务这么做。

第 1.9 条——这个条款要求合同要求的所有通讯应该以“方便阅读、复制和记录的形式”提供。根据指南说明，这个条款希望包括“以邮寄方式、电传、电报、电子邮件、传真以及光盘、磁带或者其他电子介质方式的信函”。随着信息技术的发展，这些方法都可能被形容为“写信”，在此应该避免很多误解，例如什么才构成正确的通讯方式。

只要可以最终发送到最新通知的地址上，任何种类的通讯都是有效的。这意味着在协议文本中说明的地址是合适的，除非后来又提供一些变化。这同样适合业主、承包商和分包商，应该注意的是如果地址出现变化应该如何通知其他人。

13.10.2.2　第2部分——裁决

裁决过程包括在第2.1～2.4条中。这些规定与前面的版本相比都有变化，条款中没有包括详细的程序，因为这些程序已经在NEC的合同文本中规定出来。因此裁决人需要根据这些程序行事，或者在适用的情况下，《工程合同裁决纲要》的规定和任何不能这么做的情况都意味着这个决定可以成功地提出不同意见。此外裁决人可以向其他人获得帮助，我们已经在前面介绍过。

裁决人的决定和任何有关裁决的信息都是保密的，只能被涉及适当利益的人士使用。虽然这可能被扩展到当事人以外的人士上面，但是这决不是一个公共决定，没有人可以在其他案件中使用这个决定。

13.10.2.3　第3部分——付款

第3.1～3.7条规定了付款的细节内容，但是没有规定通过保留人再支付给裁决人。这意味着如果争端进行了裁判，只能向裁决人付款。除非《工程合同裁决纲要》适用，当事人应该平分承担裁决人费用和开支的责任，应该联合地和严格地承担这个义务。因此，如果一方当事人有过失，没有付款，裁决人可以向其他当事人索要应付款项，包括利息。当每次决定通知当事人的时候，裁决人应该给当事人发出对账单，索要一半的费用和开支，包括任何增殖税，当事人应该再对账单日期的3周内进行支付，或者合同数据中规定的其他日期。3周的付款期限从对账单日期开始计算，而不是根据收到对账单的日期计算。结果实际付款期限将常常显得十分短。延误付款应该支付利息。现在根据1998年《商业债务延误付款(利息)法》，利息都是可以索取的，即使协议没有规定。

在一方当事人已经支付了有过失当事人部分的裁决人费用和开支的

情况下，这个规定都在第 3.5 条中做了规定，他可以向有过失方当事人索要，包括年度计算的复利。因为裁决人的合同是三方合同，所以这个条款应该有强制执行权。

在《工程合同裁决纲要》适用的情况下，裁决人可以分摊费用和开支，如果另有协议，可以使用第 3.1 条修改。一旦裁决人分摊了费用并且当事人付款出现过失，这里可以有一种奇怪的情况，可以重新改换为其他当事人支付，他们可能是没有分配需要付款的当事人。

13.10.2.4 第 4 部分——风险

裁决人和他的雇员根据第 4.1 条对他们在裁决过程中的所为或没有做到的任何事宜应该受到保护，除非这是失信的结果。这意味着对当事人来说不可能向裁决人要求补偿，除非当事人可以证明因为裁决人的失信，他们已经遭受了损失。"失信"的定义很难明确，但是可以说明某种行为因为故意，造成了不适当的结果。为裁决人提供帮助的人士，但是他们不是作为雇员或者代理，不能得到这种法律方面的保护。

合同中的赔偿条款不常见到，子条款第 4.2 条规定如下：

"当事人应该保护裁决人、他的雇员和代理人免于因为裁决人的决定遭受索赔、赔偿和费用，除非……出现失信。"

指导说明强调，重要的是裁决人应该得到保护，免于因为他的行为遭受的起诉。NEC 合同采取的观点是为了得到成功的裁决，裁决人应该不必担心不同意指定的当事人会对他们要求补偿。

涉及上述保护的内容包括裁决人免于受到第三方的索赔。这并不意味着可以确立存在照看职责和信赖民事侵权行为的第三方当事人不能成功地起诉裁决人存在过失，但是如果这种情况发生，当事人可以要求得到任何损失的赔偿。还可以进一步提出要求，因为法律程序方面没有具体依据，因此裁决人或者保险人可以解决一定的费用和当事人的要求。对当事人来说存在潜在的危机，但是这是很少发生的。

第三方当事人提出索赔的保护包括裁决人没有以准司法能力行事，

但是似乎只要当事人考虑到这个问题，就完全可以避免。

13.10.2.5 第5部分——终止

表面上看，这是一个十分直接的和敏感的内容，可以让当事人同意终止指定裁决人。如果当事人希望终止指定，他们需要通知裁决人，并且根据第1.9条这个通信应该以可以阅读、复制和记录的形式表现出来，并且发送到最新的通知地址上。这种行动比较少见，如果这种情况发生，当事人应该如何表达他们赞同辞退这个裁决人？十分明显，一方当事人自身没有这种权利，并且还需要说服其他当事人。

在裁决人被禁止履行裁决的情况下，他自己也可以终止这种指定，因为利益冲突或者如果无法采取行动。这可能包括下列事件：

* 受到物理限制不能接触现场；
* 由当事人双方造成的障碍；
* 双方当事人的不符合合同的行为；
* 属于他自己能力以外的争端。

因为当事人在应该付款之日起5周时间没有得到当事人的付款，也可以终止合同。因为自对账单日期开始可以有3周的时间付款，所以从裁决人因为没有得到付款而终止合同之时可以有8周的时间。如果合同数据中插入了一个更长的付款时间，这个时间限制还可以更长一些。

除非裁决人的指定因为上述介绍的某种方式之一而终止，否则到了截止时间之后才能终止。第5.3条规定，“应该根据合同数据中的规定日期终止指定”。

在所有争端得到解决之前，也可以终止裁决人指定。对于裁决人没有其他争端可以裁判的观点是不确定的，因此需要加入真实的时间。这可能不适用于《工程合同裁决纲要》，因为裁决人已经指定裁判具体争端。

13.10.3 合同数据

合同中这个部分十分简短，它规定如下：

* 当事人之间形成了什么合同，因为裁决人需要知道如果裁决实施应该根据什么合同。

* 裁决合同的适用法律，这个合同可以使用在国际工程中。

* 合同语言，因为通讯必须使用规定语言。

* 应该规定出裁决人的每小时费用，这个小时费率将应用在裁决的所有时间范围中，包括所有准备时间和与之相关的旅行时间。这不包括裁决人向其他人士进行咨询的费用，因为这是属于当事人应该支付的其他费用。对这种人士付款是裁决人可以索赔的开支部分(参阅第 1.4 条)并且可以要求当事人支付。

* 已经规定的利率，如果裁决人的费用在对账单日期 3 周内没有支付或者合同数据的可以选择的说明中规定的其他时间，可以使用这个利率。这个规定目前在 1998 年《商业债务(利息)延误付款法》中已经反应出来。

* 可以插入向裁决人支付的费用币种，这包括了裁决人来自国家不同于施工合同使用的国家的情况。如果没有具体规定，可以使用与施工合同相同的货币支付。

* 裁决人指定的终止日期，这个规定可以参考第 5.3 条。

13.11 专业服务合同

专业服务合同(PSC)也是由 ICE 制定的，作为 NEC 合同文件系列的一部分。这是一个合同标准文本，供与工程和施工工程有关的专业服务的顾问工程师使用。虽然它设计作为 NEC 文件，但是不限于 NEC 合同范围，也可以使用在其他总包合同文本中。

PSC 使用争端的核心条款，这包括在第 9 部分中。它采用相同的方式，其总包合同规定对属于总包合同争端一部分的分包合同争端应该由相同的裁决人进行处理，第 91.3 条规定针对与分包顾问工程师引发的争端。

第 14 章　裁决示范规则

14.1　概述

因为裁决已经在建筑业中被视为争端解决的一个整体过程，所以应该有一份协议可以经常使用。本章介绍了由独立的合同起草和公布机构起草的裁决规则。在这些机构中，争端解决中心(CEDR)满足了这种需要，并且在 1996 年 5 月起草了一套裁决示范规则。这时仍然还有很多没有解决的事宜，例如裁决应该作为一种阶段性的，还是完全有约束力的程序，裁决人的培训性质和范围以及 CEDR 服务采用的费用结构等。

这些问题还有其他一些问题成为继续争论的主题，直到 1997 年，“最后的”草案版本产生。即便如此，这些规则仍然被 CEDR 等到 1998 年 5 月才公布，其中包括了一些变化，特别是有关时间阶段的规定。虽然 CEDR 也考虑到其他行业的争端，但是 CEDR 的裁决规则还是针对建筑业裁决以及这个行业的内部性质设计的。如果争端涉及到一个国际工程合同并且 CEDR 裁决程序可以使用，这里需要一些修改，以便包括语言和适用法律和司法的内容。CEDR 已经准备了一些条款供这种情况使用，这些内容包括在指导说明之中。

14.2　CIC 指定裁决人报告

在 1996 年 HGCRA 法公布之后，建筑业委员会(CIC)在 1996 年发表了一份《关于指定裁决人的报告》。这份报告汇集了 CIC 成员和其他涉及仲裁和法律方面实体的观点。报告审核了指定裁决人的安排，在当时的潮流和当前合同对裁决的规定，还简要介绍了指定裁决人的可以使用的不同方法，以及 CIC 自己对此的立场，这样就可能称为在《工程合同裁决纲要》下面的指定实体。在这种情况下，后者成为没有争端的了。批准指定实体的想法在最后版本中没有保留下来。

尽管在《工程合同裁决纲要》中没有涉及裁决人指定实体的内容，CIC 还在继续坚持裁决方面的工作，因此在 1998 年 2 月产生了第 1 版裁决示范程序。

下面我们将讨论 CEDR、CIC 和正式鉴证人律师协会(ORSA)的裁决人程序，以便帮助你选择适当的裁决程序。这里似乎很可能是大多数当事人将自己需要自动起草这个程序，使之符合使用合同，但是也有人会愿意选择替代程序。遗憾的是这会产生很多混乱，应该希望即使继续存在着很多裁决程序，CIC 的示范规则应该成为他们起草程序的主要依据。其他很多规则在这方面存在众多的相似。

14.3 CEDR 裁决规则

这个示范规则草案可以分成两个部分，部分一是关于指定裁决人的内容，部分二是行为准则。此外规则还包括了一个裁决人指定使用的申请表，包括裁决人协议表格和可以在合同指定裁决人时引用的替代示范条款，如果争端发生。这个程序草案构成 1998 年公布的程序基础，但是因为对裁决的不断争论，特别是涉及 HGCRA 法的内容，已经作了很多修改。

这些规则和 NEC(在第 13 章中已经讨论)和 CIC(后面将讨论)使用的方法不同，同时必将出现这种情况，裁决的公正的常用方法将最终从主要使用者那里产生。然而现在我们仍然需要继续观察来自不同的利益实体的“独断专行”的方法。

14.3.1 示范条款

CEDR 提供了两种可以选择的示范条款，规定“根据本协议发生的任何争端……都可以根据裁决规则进行裁决裁判，无论裁决人是否在合同中已经指定”。选择方案 B 是一条最简单的规定，而方案 A 规定裁决人的决定应该书面提供，并且尽快完成。此外它还规定如果当事人对这个决定不满意，有权在 60 天内发布通知。如果当事人愿意，他们可以确认任意期限。1996 年草案规定的时间限制是 30 天。

发布对裁决人决定不满意通知的权利使得当事人可以根据合同规定，将争端提交仲裁或诉讼裁判。尽管存在这种不同意见，当事人的决定是有约束力的，只要争端没有最后提交仲裁和诉讼就必须执行。如果在规定的期限内没有发出通知，裁决人决定就是最终的且有约束力的，当事人已经放弃反索赔、扣款或要求折扣的权利。放弃这种权利仅仅涉及争端事宜，虽然这个条款没有这种明示规定。

选择 A 还规定了一条可以选择使用的规定，如果采纳，将使得裁决人的决定是最终的且有约束力的，直到实质性竣工，尽管已经发布了对裁决人决定不满意的通知。事实上它规定了针对其他程序的一项禁止令，虽然这样并不理想，但是绝不是必需的。

如果按照任何方案的示范条款争端发生，就应该执行裁决规则。

14.3.2 裁决人指定和提交裁决

第 1 部分规定了涉及指定裁决人和裁决裁判方面的规则。这些规则要求当事人同意指定，否则任何当事人可以请求 CEDR 进行指定，但是需要规定相关的细节内容，并且简要说明希望进行的这种重新指定。这个程序提供了一种标准格式的申请表并且规定了需要支付的费用。CEDR 然后有义务在 7 日内指定裁决人，但是对被指定人没有明示权利可以拒绝。如果任何当事人相信这就是裁决人无法采取行动的正当理由，他们仍然可以提交给 CEDR，说明为什么不能接受这位裁决人，或者出示这方面理由的法庭命令来禁止该裁决人行事。这个规则还规定如何要求当事人根据 CEDR 的标准协议文本与裁决人相互之间签署合同，但是不论他们是否签署协议，都应该受到裁决规则的约束。

CEDR 裁决协议是一份简明的两页纸的文件，其中包括可以随意进行处理的要点编号(参阅第 13 章)，除了保密版本。协议第 4 条规定：

“裁决和所有涉及裁决的事宜都应该且将由当事人秘密保管，除了需要当事人实施，强制执行裁决人决定，或者存在对裁决实施后来的任何程序等情况。”

因为双方当事人和裁决人签署了该协议，他们应该受到这个条款的约束。如果保密十分重要，并且通常是这样的，就需要确保协议能够签署，因为规则本身没有包括这方面的内容。

第 1 部分的规定 C 还赋予 CEDR 规则可以用在当事人在合同中已经任命裁决人的情况下，或者后来没有经过 CEDR 已经达成协议的情况等。在这种情况下，提出裁判争端的当事人必须对裁决人发出通知，同时提供所有相关细节内容，包括争端名称、性质和细节和希望重新评判的要求等。裁决人也应该签署一份协议，为此需要确认根据 CEDR 规则他需要行使什么职责。

争端的裁判日期是一个十分重要的问题，在第 1 部分规定 D 中这个日期只要可能或者可以是 CEDR 指定裁决人的日期或者可以是裁决人向当事人确认自己职责的日期。首先这个日期应该明确，但是对确认日期可以进行辩论，可能需要一份完全独立于协议以外的通知。

如果被指定的裁决人因为任何原因不能行使职责，当事人应该在 7 日内试图达成替换人选的协议，否则根据任何当事人的申请，CEDR 可以在接到通知的 7 日内指定替换人选(第 2 部分规则 14)。

14.4 行为准则

14.4.1 裁决人程序

一旦裁决人已经指定，第 2 部分规定了裁决行为准则。根据行为准则，裁决人可以积极采取行动，确认事实和法律，并且具有广泛的权利可以决定解决这些争端应该采取的程序。这意味着裁决人不受任何规则的约束，除了 CEDR 的裁决规则中规定的内容，包括证据规则等。裁决人还可以决定举行任何会议，只要他们认为必要，但是未经当事人考虑不得进行任何说明。

裁决人还具有广泛的权利可以根据行为准则修改任何时间限制，除了要求裁决人作出决定的时间限制，这在第 9 条中已经规定。这个权利不适用第 9 条的理由是因为这个条款包括了 HGCRA 规定的基本时间要求。

裁决人在进行裁决的过程中还有很大的自由，只要他(她)是公正的且行为是诚信的。根据这个规定 CEDR 和裁决人都可以免于对他们的行动负责，除非这种行为或疏忽是失信的。

除非裁决人在 2 日内确定不需要提交书面通知，或者在提出裁判的 7 日内将举行初次会议，提出裁判的当事人必须向裁决人和其他当事人提交争端的说明材料和相关事实，同时包括任何有关文件。这些工作应该在提出裁判的 4 日内完成，然后其他当事人可以在接到通知的 7 日内进行答复。在第一个草案中，与其他重要文件不同，每次说明都被限制在 A4 纸张 20 页范围内，并且虽然这个规定已经废弃，但是在实际中这种限制可以考虑。现在的依据是在指南说明中，它规定提交的文件应该尽量简单。虽然这不是强制性的，但是参与者应该试图这么做，否则可能失去了裁决的最大效益。

裁决人可以要求提供其他信息，访问现场和任何方式的确认事实和法律的程序等。当裁决人提出这些要求的时候，当事人应该迅速采取行动，当事人没有按照裁决人要求做将不会妨碍裁决人作出决定。

裁决人可以认为在必要时进行专家咨询，但是在这么做之前，应该得到当事人的同意。这是敏感的，且规定在使用这种帮助的时候可以使用投票的方式。虽然其他裁决程序要求提交通知，他们不需要得到许可，参阅 ICE 裁决程序实例。

14.4.2 裁决人决定

这种决定不能作为仲裁判决，但是它应该尽快作出，这可以是从提出裁判起的 14 天，但是不能晚于提出裁判的 28 天。规则允许在征得提出裁判的当事人同意或者当事人们的同意之后将这个时间再延长 14 天。在实际中是不能妨碍同意延长时间阶段的，但是这样做可能有悖于裁决的目的。然而实际上在裁决人作出决定之前如果希望通过调停，可能会引发这种情况，因为这个时间限制将可以自动延长。应该认真考虑裁决人关于延期作出决定的请求。如果时间不能得到授权可能会损害作出决定的方式，同时可能达不到当事人的最佳利益。裁决人仍然有义务作出满足这种情况的决定。裁决人的决定可以附带理由，也可以不附带理由，这可以视情况而定。

裁决人在作出决定的时候，有权利根据合同审核和修改任何涉及争端的决定，如果对此没有任何具体规定。

当事人可以联合负担裁决人的费用，包括专家顾问的任何开支和费用，但是裁决人有权利分配决定部分的费用比例。裁决人可以公布这个涉及全额付款所有费用和开支的决定。我们在第 13 章中讨论了这种做法是否符合 HGCRA 法的问题。

14.5 CEDR 调停

根据规则 15，当事人可以同意考虑进行调停的规定，可以在裁决人决定作出之前的任何阶段上提出来。这时需要一份协议，因为该过程没有约束力，主要根据合作进行操作。只有在解决方案达成，并且以法律承认的方式书面得到确认的时候，它才具备约束力。如果解决方案具备最终且有约束力，在协议中最好应该有这种要求的措辞。其规则已经规定当希望裁决已经开始时，对当事人来说应该有一项要求，去通知裁决人并且请求中断裁决过程。然而，没有任何规定可以限制当事人在裁决之前提出进行调停，但是这可能造成延长争端解决的时间。

如果他已经指定作为裁决人，就不能再担任调停人，当事人可以有 7 天的时间达成关于调停人的协议，否则 CEDR 将根据任何当事人的请求负责指定。在 CEDR 进行指定的时候没有任何时间的规定，但是规则要求裁决应该重新开始，如果在调停协议 28 天内还没有达成解决方案。这也适用于如果任何当事人放弃调停的情况，并且可以假定时间阶段从中断前达成的任何时间开始重新计算。这里还可能想象出裁决应该在调停之前已经开始，但是如果裁决没有开始，一方当事人可能后来还要求提出将争端进行裁决裁判的要求。

14.6 CIC 示范裁决程序

示范裁决程序简称为 MAP，它是由一个专门小组起草，小组代表了广泛的建筑业机构，包括已经或者准备开发自己程序的组织机构，例如 ICE 和 ORSA 等。

示范程序包括了 35 个简要规则，同时还有一个裁决人协议的示范文本。它的制订符合 HGCRA 法的第 108 条。示范文本列出了下列规则的标题：

* 基本规则；
* 应用；
* 裁决人指定；
* 裁决行为；
* 决定；
* 其他规定；
* 定义。

基本规则和应用基本上与 ICE 和 CEDR 的裁决程序相同。然而这个规定包括了在合同和程序之间出现分歧时的一个明确说明，并且后者将有优先权，除非合同中另有规定。

裁决人指定也采用了其他规则相似的方法，任何当事人可以将争端提交裁决裁判，但是第 9 条明确规定，其目的是保护指定，并且在争端通知提出 7 日内将争端提交。这个规定完全符合 HGCRA 法第 108 条的要求，当然实际操作还必须达到这个目的。大多数裁决程序都承认裁决人或者在合同中任命，或者在事后指定，这个程序也没有例外。规则上的差异在实际时间规定方面。在合同任命了裁决人的情况下，要求在 2 日内确认可行性。没有确认书或者合同没有任命裁决人，合同中规定的指定机构或者 CIC(如果没有规定)必须在申请 5 日内指定 1 名裁决人。当然当事人可以自己同意裁决人指定，但是确保满足法律对于争端通知下达之后的 2 日的时间限制。在需要的情况下，还有一个关于裁决人替换的规定。

当事人反对指定的裁决人(规则 13)不能使达成的任何决定无效。这是一个有趣的规则，因为它明确了虽然不能限制提出反对意见，但是这不会有效。ICE 和 CEDR 在这方面没有明确规定，虽然后者的确在程序的早期草案中包括了这个规定。

裁决实施的内容在细节和基本规则方面都和其他程序有相同的脉络，但是进行裁判所依据的重要日期应该是裁决人接到提出裁判当事人的案件说明的日期。

裁决过程中，裁决人应该具有全部权利可以实施裁决，并且应该明确列出实际权利列表。不能以任何方式限制这个列表中的权利，但是这种做法可能更多地作为一种指导意见，而不是其他限制。根据规则 18，裁决人的要求和命令必须符合这些规定，但是如果这方面出现了任何问题，也没有规定可以采取的任何具体行动。

其他当事人的合并在规则 22 中规定出来，但是它要求在进行裁决之前应该有裁决人和其他当事人的协议。合并在 ICE 的裁决程序中也有规定，但是在 CEDR 方案中没有。因为协议应该涉及到所有规则 22 中的有关内容，所以无论这个规则是否存在都无关紧要了。如果一方或多方当事人没有作出选择，但是接受了其他当事人的合并，这种规定将显得很重要。

涉及决定的规定与 ICE 的规定非常近似，在此不需要进一步说明。裁决人的责任包括在其他规定中，第 33 条和 34 条试图排除当事人和第三方当事人的责任。规则 34 规定如下：

“指定裁决人需要决定当事人之间的争端或者多项争端，并且他的决定不应该被第三方当事人采用，对于这些当事人他没有照看职责。”

值得怀疑的是这将使裁决人对第三方行为达到享有豁免权的目的。这个规定可能对第三方来说并不了解，因此需要检验看是否可以对过失误述情况确立照看职责。在当事人需要赔偿裁决人的情况下，ICE 程序的第 7.2 条第 2 段中包括的内容更适合。

14.6.1 裁决人协议

这个协议采用了本书介绍的其他协议的相同格式。当然每个格式都参考了自己专门的裁决程序，但是在很多方面又是十分相似，可能有人会提出疑问，为什么需要如此之多的版本。

协议中包括了一个保密条款，但是只限于针对裁决人和当事人。它需要明智地保证这个条款得到修改，以便包括涉及裁决的所有人。

裁决人的豁免权包括在规则 33，它也被规定在裁决人协议中，使之确保当事人知晓自己的责任和正式签署的地位。

14.7 CIC 裁决咨询服务

1998 年 1 月在 CIC 裁决研究小组的一次会议上，决定建立咨询服务机构，以便帮助建筑业专业人士进行调整，实现裁决法定权利。一个专家小组专门从事回答这个行业中的各种问题，同时根据 CIC 的指南提供指导意见。十分明显，这个创举是有价值的，因为它促成这些经验逐渐地得到共享，实现 HGCRA 法希望达到的裁决目标。

14.8 ORSA 裁决规则(现在的 TecSA 规则)

正式鉴证人律师协会(ORSA)1996 年也公布了自己的裁决程序规则，并且迅速进行了修订，以便符合 HGCRA 法的要求。原来的版本(1.1)由 1998 年 ORSA 裁决规则第 1.2 版代替，这个版本于 1998 年 4 月公布。后一个规则与前一个版本基本相同，但是在规则 3 中作了修改，我们将在后面讨论。下面介绍的内容适用于两个版本。

这个规则可以加入到任何合同中，当任何当事人根据合同提出争端通知，要求进行裁决时，它就可以起作用了。ORSA 指导说明有下列解释：

"任何涉及本协议的争端应该首先提交裁决，根据 ORSA 裁决规则进行裁判。"

如果这个规则或者其他类似草拟的规则没有在合同中表述出来，或者加入合同之中，《工程合同裁决纲要》的条款将适用。

这个规则已经明确任何数量的争端都应该进行裁判，并且无论是否已经开始仲裁或诉讼都应该遵循本规则。1998 年公布的版本 1.2 在规则 3 中增加了两项涉及开始裁决的内容。这个规则要求：

"在通知日期的 7 日内，并且如果任何达成协议的裁决人……指定裁决人……替换裁决人愿意且能够行使职责，他应该向所有当事人发出接受指定的书面通知。"

确认日期将成为提出争端裁判的日期。

这些规则涉及两种情况，即当事人已经同意接受这名裁决人和他们不同意的情况。如果已经同意，裁决人必须确认他(她)能够在提出裁判的 7 日内开始工作。如果没有达成协议，当事人可以要求 ORSA 指定裁决人。ORSA 将积极地进行指定，以便使得争端裁判能够在要求裁决通知之后 7 日内开始。

ORSA 有权根据书面通知更换裁决人，如果任何当事人表示该裁决人不适合执行裁决。提出这种要求的情况范围很广，包括不能做到公正、没有能力和没有积极地行使职责或者没有按照规定时间表工作等。提出替换裁决人会出现问题，经常是延长时间，并且为了保证这些影响尽量减少，任何已经替换的裁决人的指示和决定可以在复审之前一直有效。

14.8.1 裁决范围、目的和实施

这个规则并没有规定其基本规则是根据哪个裁决程序，但是主要内容与我们讨论的其他裁决程序不一样。裁决是秘密进行的，裁决人受到保护，免于索赔，除非在出现失信的情况。这种豁免权并不能延伸到第三方行动上，这个规定与 CIC 程序相同，根据 ICE 程序是包括了延伸豁免权的。

根据规则 11，裁决通知决定了裁决的范围。当事人可以同意扩大这个范围，并且裁决人也可以这么做，只要这么做可以使裁决更有效。

裁决的速度和经济性是十分重要的问题，裁决人在选择使用程序的时候应该记住这个问题。裁决人具有广泛的权利可以确定实用程序，还可以根据合同打开和复审证书和其他有关问题。有趣的是，最初裁决人必须确定法律权利，例如，只有在实际中受到这方面的限制的时候，裁决人才可能轻松一些。如果决定不能完全根据法律权利进行，就应该采取“一种公正和合理的观点”。这必须符合裁决观点，即它可以优先使用非法律观点。然而法律立场经常需要确定，因为如果不考虑它，这个决定如果是在最终经过法律程序或仲裁决定之前有约束力，将可能面临更多的挑战。

规则 19 列出了裁决人可以使用的权力范围。它并没有局限裁决人的广泛权力。规则中没有包含所有内容，这一点令人震惊，但是有 3 点需要注意：

(1)裁决人可以限制书面或口头呈送资料的长度；

(2)可以进行专业咨询，但是只能在一方当事人同意或者请求这种帮助的情况下；

(3)裁决实施可以专门形容为“调查式的”。

第 1 点是一项十分重要的权力，正确使用可以提高争端解决的速度和经济性。

第 2 点允许裁决人如果需要可以获得专业帮助，并且当事人可以请求得到这种帮助。裁决人可以决定是否需要提供这些帮助，但是如果这是裁决人自己首先提出的，至少应该征得一方当事人的同意。实际操作经验证明裁决人在得到专业帮助之前应该得到双方当事人的同意，确定由哪些当事人支付费用。

第 3 点涉及裁决人使用自己的意向，确定事实和法律的内容，这是裁决进行所需的基本要求(参阅 HGCRA 法第 108 条)。术语“调查式的”是指所做的一种努力，表明这是一个与法庭采取的过程不同的过程，虽然现在仲裁员也可以根据 1996 年《仲裁法》第 34 条这么做。

不同的裁决程序强调裁决人具有广泛的权力，但是约束是不明显的，即使在这里。在 ORSA 程序中，规则 21 明确规定了一些十分重要的约束条件。公正地讲这涉及到一方当事人提供的书面文件应该让对方当事人得到的情况，裁决人在存在利益冲突的情况下不能行使并且没有权力要求一方当事人支付其他人的法律费用。然而在项目(i)中禁止预付款或者裁决人费用的安全保证，项目(iii)也注意到这个问题，不允许要求提交裁决的一方当事人这么做。

首先，裁决人不能提出没有任何预付款或保证他(她)的费用安全就不能工作和作出决定。在这种情况下，他没有按照 ORSA 程序进行操作。这个规定还限制把作出决定的条件规定为得到全额付款。然而这里没有包括专家的费用。预付款或保证这些费用的安全可以在 ORSA 规则中找到。其次，如果当事人选择这么做，他们可以同意在裁决过程中由任何人作为代表，并且裁决人不能拒绝这种权力。这还意味着财务实力强的当事人可以使用“权力更高的”代表对付弱小当事人的弱点。这里会存在着可能被律师抓住的风险。其他的程序不限制这种代表行使，但是更趋向于不使用这种方式。这是一个很难确定的问题，因为一方当事人不应该拒绝利用适当的机会进行解释，即使这意味着某人需要这么做。但是人们必须认真确定裁决不能简单地变成一种复杂的、低层次的争端解决方法。

14.8.2 决定

裁决人的决定需要在提出争端裁判日期的28日内作出，或者如果提出裁判的当事人同意可以向裁决人申请另外的14日的宽限，这样可以在42日内作出。当事人可以同意采用任何更长的时间，只要这是在争端提交之后决定的。这些做法都符合HGCRA法的要求。决定不需要包括任何理由，但是必须书面作出可以包括关于复利率或单利率的指示。

在争端被最终通过仲裁或司法程序裁判之前，裁决决定对当事人来说是有约束力的，并且这个决定必须立即作出。可以通过法庭得到的决定即决强制执行，即使其他程序已经实施，或者准备开始实施。规则28规定：

“当事人无权提出任何涉及强制执行程序的扣款、反索赔或者终止诉讼的权利。”

其目的是为了避免被告证词阻挠申请即决审判或者阶段付款。

在仲裁中对裁决人的决定可以提出不同意见，如果仲裁协议存在，或者当事人同意，或者按照法律程序。在ORSA规则中没有规定具体的时间限制，对裁决人的决定提出不同意见，但是在总包合同中应该有这种规定。然而在裁决人作出决定之前不能申请提出法庭诉讼，当事人提出这种申请必须根据这个决定或者裁决人已经拒绝作出决定。在法庭上可以提出对裁决自身的实施的不同意见，但是只有在涉及裁决人的行为失信、缺少管辖权、欺诈或者共谋的情况下。

如果对裁决人的决定提出了不同意见，裁决人不能在后来的诉讼或仲裁程序中涉及或者被要求提供信息。

14.8.3 裁决人费用和开支

因此什么人应该对此付款？当事人应该分担裁决人的费用，除非裁决人另有指示，并且承担自身的费用。当事人应该联合地负责裁决人的费用和开支，除非在裁决提出错误要求的情况下，在此申请裁决的当事人需要单独负责任。

费用一般都已经在裁决人的协议中全部清楚地规定好了。这些内容包括在规则 25 中，其中规定裁决人每日的费率最高大约为 1 000 英镑。

附录 1　澳大利亚标准摘要

1.1　澳大利亚标准 AS 2124—1992

46.2　涉及监理人员命令争端的时间

如果监理人员

(a)根据合同已经下达命令(但是不属于根据第 47.2 条的决定)；并且

(b)已经向各方当事人发出书面通知，如果当事人希望解决涉及该命令的争端，当事人应该根据第 47 条行事，

除非一方当事人在根据第 46.2(b)条提出通知的日期之后 56 日内，已经根据第47.1 条向其他当事人和监理人员发出争端通知，否则对于该命令不应该存在争端。

47　争端解决

47.1　争端通知

如果承包商和业主之间发生了涉及或与合同有关联的争端，包括涉及监理人员下达命令的争端，任何当事人都应该亲自递交或使用挂号邮件发送给对方和监理人员一份书面争端通知，充分说明和解释争端细节内容。

虽然争端存在，但是业主和承包商应该继续执行合同，而且根据第 44 条规定，承包商也应该继续执行合同工程，并且业主和承包商应该继续按照第 42.1 条的规定执行。

只要涉及关于立法或针对不正当获利的恢复或争端及欺诈等方面的内容，这类民事侵权行为索赔都可以采用仲裁方式解决。

47.2　诉讼程序之前需要的进一步步骤

选择方案 1

在争端通知发出 14 日内，当事人应该至少进行一次协商，并且根据任何当事人的选择且经过监理人员的同意，在监理人员在场的情况下，以便解决争端，如果没有找

出解决争端的方法，且如果可能，可以达成其他形式的解决争端方法。在任何这类会议中，各方当事人应该有 1 名可以决定争端解决方法的人士出席。

在争端无法如此解决的情况下或者如果在任何时间内，任何当事人认为其他当事人没有作出合理努力来解决争端，他可以亲自递交或采用挂号邮件邮寄书面通知给其他当事人，将争端提交仲裁或诉讼裁判。

选择方案 2

收到争端通知的当事人可以在接到通知 28 日内，向其他当事人和监理人员作出对通知的答复。

在接到监理人员的争端通知的 42 日内或者在接到监理人员的书面答复 14 日内，监理人员应该向各方当事人发出监理人员对争端的书面决定，包括作出决定的理由。

如果任何当事人对监理人员的决定不满意，或者如果监理人员没有按照第 47.2 条要求的时间规定提交争端的书面决定，当事人应该在接到决定的 14 日内或者监理人员作出决定的日期的 14 日内至少举行一次会议，试图解决争端，同时如果没有找出解决争端的方法，且如果可能，可以达成其他形式的解决争端方法。在任何这类会议中，各方当事人应该有 1 名可以决定争端解决方法的人士出席。

在争端无法如此解决的情况下或者如果在任何时间内，在监理人员已经作出决定之后，任何当事人认为其他当事人没有作出合理努力来解决争端，任何当事人可以亲自递交或采用挂号邮件邮寄书面通知给其他当事人，将争端提交给仲裁或诉讼裁判。

47.3　仲裁

仲裁可以通过附录中指定的命名人士作为单独的仲裁人来进行，或者如果没有命名人员，该州或者附录中规定区域……的澳大利亚仲裁员学会当时的主席可以进行任命。

除非当事人书面同意，当事人根据第 47.2 条对争端解决达成指定的任何人士不应该被指定作为仲裁员，或者在任何司法程序中被传唤作为任何当事人证人。

尽管有第 42.9 条的规定，只要仲裁员的利益被认为合理，仲裁员仍然可以作出决定。

如果一方当事人已经向对方超额支付了费用，无论是否根据监理人员的证书，或者是否根据法律或事实，仲裁员可以下达命令要求重新付款，并且包括利息。

1.2 澳大利亚标准 AS 4300—1995

46.5 涉及监理人员命令争端的时间

如果监理人员

(a)根据合同已经下达命令(但是不属于根据第 47.2 条的决定)；并且

(b)已经向各方当事人发出书面通知，如果当事人希望解决对该命令的争端，当事人应该根据第 47 条行事，

除非一方当事人在根据第 46.5(b)条提出通知的日期之后 28 日内，已经根据第 47.1 条向其他当事人和监理人员发出争端通知，否则不应该存在涉及该命令的争端。

47 争端解决

47.1 争端通知

如果承包商和业主之间发生了与合同或本主题事件有关联的争端或分歧(以后称“争端”)，包括以下有关争端：

(a)监理人员下达的命令；或者

(b)索赔：

(i)有关民事侵权行为；

(ii)根据立法；

(iii)根据不正当获利的恢复；

(iv)涉及纠正或欺诈。

任何当事人都应该亲自递交或采用挂号邮件方式发送给对方和监理人员一份书面争端通知，充分说明和解释争端细节内容。

虽然争端存在，业主和承包商应该继续执行合同，并且根据第 44 条规定，承包商还应该继续执行合同工程，并且业主和承包商应该继续按照第 42.1 条的规定执行。

47.2 诉讼程序之前需要的进一步步骤

选择方案 1

在争端通知发出 14 日内，当事人应该至少进行一次协商，以便试图解决争端，同时达成其他形式的解决争端方法。在任何这类会议中，各方当事人应该有 1 名可以决定争端解决方法的人士出席。

如果在争端通知提交的 28 日内争端没有解决，可以将该争端提交仲裁裁判。

选择方案 2

收到争端通知的当事人可以在接到通知 28 日内，向其他当事人和监理人员做出对通知的答复。

在接到监理人员的争端通知的 42 日内或者在接到监理人员的书面答复 14 日内，只要这个时间在前，监理人员应该向各方当事人发出监理人员对争端的书面决定，包括作出决定的理由。

如果任何当事人对监理人员的决定不满意，或者如果监理人员没有按照第 47.2 条要求的时间规定提交争端的书面决定，当事人应该在接到决定的 14 日内或者监理人员作出决定的日期的 14 日内至少举行一次协商，试图解决争端，同时达成其他形式的解决争端方法。在任何这类会议中，各方当事人应该有 1 名可以决定争端解决方法的人士出席。

在监理人员已经作出决定日期或者应该已经作出决定之后 28 日内争端没有解决，可以将该争端提交诉讼裁判。

附录 2　澳大利亚国防部合同摘要

下列合同文本摘要是澳大利亚国防部推出的，可以用于该部实施的工程，其中包括了与澳大利亚标准 AS 2124—1992 和 AS 4300—1995 类似的规定。

45　争端解决

45.1　解决方法

业主和承包商之间或者任何业主或承包商和监理人员之间的所有争端或分歧在任何时间内都必须按照以下方式决定：

(a)如果争端或分歧涉及监理人员涉及附录 1 中某一条款或子条款的命令，该争端或分歧必须根据第 45.4 或者 45.11 子条款的规定进行解决；或者

(b)在发生如下争端或分歧的情况下：

(i)对合同的解释；

(ii)任何事实、时间或事件，只要属于因为或涉及合同或者承包商在实施工程引发的；或者

(iii)根据第 45.9 子条款规定裁决人的任何决定，如果通知已经根据第 45.12 子条款要求提出。

该争端或分歧必须提交仲裁决定。

45.2　裁决人

承包商应该在标书接受日期的 7 日内书面通知监理人员，并且指定：

(a)根据附录 1 的 1 名人员，要求他作为本条款涉及内容的裁决人；并且

(b)在附录 1 中涉及的其他人士按照优先次序，应该作为根据第 45.2 子条款的裁决人。

如果承包商在规定时间内没有提交本通知，监理人员应该书面通知当事人，告之有关子条款(a)和(b)涉及的指定事宜。

45.3 替代裁决人

如果因为任何原因，承包商或监理人员(情况也许如此)选择的作为裁决人的人士不能根据本条款作为裁决人解决有关争端或分歧，根据子条款第45.2条，按照承包商或监理人员(情况也许如此)指定的优先次序，接下来的人士将作为裁决人。

45.4 争端或分歧裁决

在业主和承包商之间或者任何承包商或业主和监理人员之间在任何时间内发生涉及附录1有关的条款或子条款任何命令的任何争端或分歧的情况下，任何当事人，只要希望将该命令提交复审，都应该向其他当事人和监理人员发出书面通知，而且该通知应该符合第45.5子条款的规定。这种通知应该在争端或分歧发生14日内提出。

根据第45.4子条款发出通知的当事人下面将被称作“不满意当事人”。

第45.4到45.13条中的审核程序不适用于任何监理人员代表的命令。当任何当事人对监理人员代表的命令不满意的情况时，应该根据第49条规定程序执行。

除非通知是根据本子条款涉及时间问题的第1段内容发出，监理人员的命令对当事人来说应该是最终且有约束力的。

45.5 裁决通知的要求

不满意当事人根据第45.4子条款发出的书面通知应该:

(a)确定这个通知是根据第45.4子条款发出的;

(b)说明争端或分歧主题所依据的命令涉及的条款或子条款;

(c)提供充分详细的内容和任何有关的书面材料，可以说明命令涉及的争端或分歧主题事件。

如果通知没有按照第45.4子条款规定在14日内提出，这种没有提出通知的行为应该成为在任何时间内提出通知的绝对条件，并且这种失误应该被视为任何当事人以任何方式或者在任何时间内的彻底且无条件的弃权，同时也是对该命令涉及的争端或分歧有关事件的任意理由。

45.6 裁决人通知

监理人员在接到根据45.4子条款的通知之后，应该:

(a)在接到通知5日内通知裁决人有关争端的发生，请求裁决人在进一步的5日内确认他可以根据本条款规定的程序行事。

(b)如果裁决人不能开展工作，通知承包商或监理人员(情况也许如此)根据争端存在的第45.2子条款按照优先次序指定接下来的人士，寻求该人士确认可以作为裁决人；并且

(c)如果在附录1中没有指定该人士作为裁决人，可以请求澳大利亚仲裁员学会的主席或执行主席指定一位人士作为裁决人。

当裁决人根据上述程序选择之后，监理人员应该向裁决人转交不满意当事人根据第45.4子条款发出的通知。

监理人员在根据45.7子条款规定会议之前，不再与裁决人有任何联系，并且任何当事人都不应该与裁决人有任何联系，除非需要确定有关涉及第45.7子条款会议的时间和地点等细节问题。

45.7 与裁决人的会议

在监理人员向裁决人发出根据第45.4子条款的通知内容之后5日内，当事人和监理人员应该与裁决人举行会议，达成解决争端或分歧需要采取的程序，没有这个协议，其程序将由裁决人决定。

45.8 裁决人权力

裁决人应该享有下列权力：

(a)打开、审核和修改已经提交给他裁判的任何监理人员的命令，只要没有下达命令和将这种权利替换给监理人员；

(b)按照这种方式对争端或分歧进行解决，并且根据裁决人和当事人同意的规则或没有达成裁决人绝对权利的协议取决于争端或分歧的性质，同时裁决人不应该受到证据规则的约束，当事人也不应该有任何法律陈述的权利；并且

(c)请求和咨询任何法律或技术方面顾问的意见，只要他认为合适。

45.9 裁决人决定作出

根据第45.7子条款达成或确定的争端解决结束之后7日内，裁决人应该将他的决定书面通知当事人，并且不需要对此决定提供任何理由。

45.10　裁决人作为专家行事

裁决人在作出决定的时候，应该作为专家，而不是仲裁员。

45.11　裁决人费用

当事人应该平均支付裁决人的费用[包括根据第 45.8(c)子条款请求和咨询顾问的费用]。

45.12　对裁决人决定不满意

如果任何当事人对裁决人的决定不满意，根据第 45.9 条，应该在接到裁决人决定日期的 14 日内，书面通知其他当事人，请求根据第 45.13 条将争端或分歧提交讨论裁判。

如果在上述 14 日内没有提交这个通知，裁决人的决定因此成为最终且有约束力的，并且不能被任何法庭或仲裁复审。

45.13　行政谈判

如果任何：

(a)通知根据第 45.12 子条款发出；或者

(b)业主和承包商之间或者任何承包商或业主和监理人员之间发生涉及任何事件，但不属于第 45.4 子条款适用情况的争端或分歧，并且任何当事人向其他当事人提交书面通知，充分说明争端或分歧的情况，包括具体细节；

附录 1 中说明人士(“当事人的代表”)应该尽可能地：

(c)解决争端或分歧，并且为此他们应该进行这项调查，举行会议，开始非正式的听证，只要认为需要；或者

(d)如果争端或者分歧无法解决，可以在达成采用其他方式全部或部分解决争端或分歧的程序，不包括诉讼或仲裁。

45.14　仲裁协议

从根据子条款第 45.12 条或者子条款第 45.13(b)条(情况如果如此)发出通知之日 30 日截止之后，前面介绍子条款中规定程序无法解决的所有争端和分歧应该提交仲裁

裁判。争端或分歧应该和书面通知中的细节内容同时处理，后者应该由当事人根据第45.12条或者子条款第45.13(b)条(情况如果如此)提供给其他当事人。在根据子条款第45.12条或者子条款第45.13(b)条(情况如果如此)发出通知之日30日截止之后，这个通知应该发出。当事人同意，根据第45条在任何仲裁程序中这些通知应该由法律人士提出。

45.15　仲裁员身份

根据本条款的任何仲裁应该在下列情况下有效：

(a)通过业主和承包商之间书面同意的单独的仲裁员或2名仲裁员；

(b)在其他当事人接到一方当事人或者被澳大利亚仲裁员学会当时的主席或执行主席选择的仲裁员根据第45.14子条款发出的书面通知之后10日内没有达成协议；

(c)如果他没有选择仲裁员，仲裁员应该根据项目所在国家或者州的法律进行指定。

45.16　仲裁员的权力

仲裁员应该始终具备下列权力：

(a)作出保证仲裁程序费用安全方面的任何进一步命令；

(b)作出保证仲裁程序费用安全方面应该采取的指示；

(c)打开、审核和修改监理人员的任何指示或者裁决人的任何决定，只要这些指示或决定没有作出，并且实施这个指示以便作为替换监理人员或裁决人的指示；并且

(d)根据子条款第45.1条，允许任何当事人在程序的任何阶段上提出进一步索赔、扣款、辩护或交叉索赔，并且根据有关费用或者仲裁员赋予的任何条款，任何争端或分歧，无论是涉及合同施工或者任何产生自与合同工程或合同有关的其他事实、事件或者事宜。

45.17　仲裁费用

根据本条款和有关内容提交、裁判和授权的费用确定应该属于仲裁员的权力。

45.18　工程实施

尽管争端或分歧存在：

(a)如果工程(包括根据第37条任何缺陷的修复)没有完成，承包商应该随时(合同另有规定)继续实施工程，不应延误，为此他应该执行监理人员的所有指示；并且

(b)业主应该继续按照合同履行其义务。

附录3 裁决员指定机构

英国环境运输和区域部编辑了一个裁决人指定机构的列表，这些机构均表明愿意提供这种服务。下面的组织目前已经在英格兰和威尔士登记，苏格兰的苏格兰办公室也提供了自己的名单。

Academy of Construction Adjudicators	工程裁决人协会
Centre for Dispute Resolution	争端解决中心
Chartered Institute of Arbitrators	特许仲裁员学会
Chartered Institute of Building	特许建造学会
Confederation of Construction Specialists	专业施工联合会
Construction Industry Council	建筑业委员会
Construction Confederation	施工联合会
Institution of Chemical Engineers	化学工程师学会
Institution of Electrical Engineers	电气工程师学会
Institution of Civil Engineers	土木工程师学会
Official Referees Bar Association	正式鉴证人律师联合会(现在的 TecBA)
Official Referees Solicitors Association	正式鉴证人诉状律师联合会(现在的 TecSA)
Royal Institute of British Architects	英国皇家建筑师学会
Royal Institution of Chartered Surveyors	皇家特许测量师学会
3As	3As 顾问公司
Institution of Mechanical Engineers	机械工程师学会

附录4　运输大臣与跨 Severn 河公共有限责任公司特许协议

第5条　争端解决程序

概述

1. 如果争端发生，无论是特许协议开始日期前后，并且无论该特许协议被放弃或其他类型终止发生前后，任何当事人可以将争端首先提交由独立专家裁判决定，但不是仲裁员组成的委员会。

2. 这个委员会(包括为了避免疑问，组成一个有法定人数的委员会)的任何一致决定，对当事人来说都应该是最终且有约束力的，但是在其他情况下，除非且直到争端被提交仲裁解决或裁判，正如后面规定的，并且仲裁判决已经作出，否则该委员会的决定应该是最终且有约束力的。这应该是开始任何法律行动的一个先决条件，就这种行为而言，它们可能是下列任何情况之一：

2.1　委员会的一致决定；或者

2.2　仲裁判决；或者

2.3　当事人之间的解决协议。

3. 除非双方当事人另外进行书面同意，向委员会提出的任何与诉讼程序有关联的陈述或特许，或者任一当事人在根据第5条第11段规定在受让人的首席执行官和运输大臣建议指定的官员之间进行的讨论过程中提出的任何陈述、特许或协议(并非是解决协议)不应该存在任何伤害，而且不应该被任何当事人在后来的任何仲裁或法律程序中提出。

4. 除非特许协议已经放弃或终止，否则受让人在任何情况下都应该认真执行工程，并且无论争端性质如何，当事人都应该执行政府代理人或政府代表或者委员会的任何决定，除非且在一定程度上该决定已经由解决协议或仲裁判决修改。

5. 根据第5条规定，“委员会”的含义应该根据协议具体内容解释成为财务委员会或者是技术委员会。“主席”的含义同样可以解释为财务委员会或者是技术委员会的主席。

委员会

6.1　委员会应该根据委员会规则进行裁判并且作出决定。

6.2　除非另外有明示规定，委员会根据特许协议应该有权打开、审核和修改任何凭证、观点、命令、通知、反对说明或者任何人士的确定或作出的决定。

7.1　在委员会的任何成员完全或者有时不能或不愿意行使职责的情况下，按照主席的观点这个时间阶段对于进行替换指定是必要的或者紧急的，当事人应该同意并且指定进行替换。在主席致当事人的通知发出 28 日内认为需要进行替换，根据协议默认条件，主席应该推荐 1 名已经确认其适合并且愿意履行义务的候选人。这名人士应该指定参加委员会，除非当事人双方另有意见，这时主席应该推荐其他当事人，直到至少得到指定一方的批准，于是得到批准的候选人可以指定加入委员会。

7.2　如果争端发生，已经提交给委员会裁判，尽管根据第 5 条第 7.1 段规定，在委员会的任何成员可能或者会不能或不愿意执行涉及该争端行为的情况下，并且如果当事人之间没有有关指定其他替换者的协议，根据第 5 条第 7.1 段规定主席应该在 7 日内发出需要替换的通知，任何当事人可以根据第 5 条附录 2 的规定向有关指定机构提出申请，要求指定替换者参加委员会，参与争端解决的工作，别无其他工作。

8. 如果指定根据第 5 条第 7 段进行，并且如果指定日期和委员会需要作出决定的日期(包括根据委员会规则第 6.1 条的替换内容)之间的时间少于 21 天，当事人应该同意根据委员会规则第 6.1 条的时间限制，延长这个时间范围，必要时从认为指定进行裁判的日期起可以有 21 天的替换时间。

9. 根据委员会规则 7.1:

9.1　当事人应该平等分担财务委员会和技术委员会成员的费用和临时开支，除非这些开支和费用属于第 5 条第 9.2 段规定的内容；并且

9.2　属于根据施工合同解决争端的开支和费用，其中运输大臣根据委员会规则第 8.1.3 条不是当事人，并且在根据施工合同签发维修证书之后，这时在技术委员会看来不存在没有解决的争端，技术委员会的费用在运输大臣和受让人之间应该由受让人承担；并且

运输大臣应该支付全部应付款项，并且根据第 41 条(付款)向受让人发出对账单，要求其根据第 5 条第 9.1 段承担一半费用，以及根据第 5 条第 9.2 段承担全部费用。

10.1　技术委员会应该持续工作，时间从本特许协议开始实施日期到根据施工合同最终证书签发日期之后 28 日或者在这个日期之前裁判决定日期，只要这个日期在后。在此发生的提交给技术委员会裁判的任何争端应该提交给仲裁裁判。

10.2　财务委员会应该持续工作，时间从本特许协议开始实施日期到当事人同意结束的时间为止。如果在财务委员会工作已经结束之后争端发生，当事人应该重新组成财务委员会，只要可行，它包括在结束工作时当时的财务委员会成员。在当事人不同意指定任何或其他财务委员会成员的情况下，指定机构应该根据第 5 条附录 2 第 1 部分继续进行指定。

和解程序

11. 在任何当事人可能对委员会的非一致决定提出辩解的情况下，或者委员会根据委员会规则第 6.1 条无法作出决定的情况下，争端可以通过书面通知提交给受让人的首席执行官和被指定的运输部官员进行裁判，该官员是运输大臣为了满足和鼓励当事人之间事件的解决目的而指定。该首席执行官和该官员的联合和一致决定应该对当事人有约束力，但是如果他们在裁判 28 日内提出不同意见，任何当事人可以将争端提交仲裁裁判。

仲裁

12. 根据第 5 条第 11 段的规定，任何当事人在委员会不能作出一致决定的情况下或者根据第 5 条第 10.1 段或委员会规则第 6.1 条规定，可以将争端提交仲裁裁判。

13. 在工程遇到或者涉及工程的争端的情况下，在允许使用证书发布日期之前或者类似通知应该已经发布日期之前，可以进行仲裁裁判，只要运输大臣、政府代理人、政府代表和受让人的义务没有被在工程实施过程中进行的仲裁修改。只要在前面情况下，可以不采取任何将争端提交仲裁裁判的步骤，除非当事人另有书面约定。

14. 准备提交仲裁的争端应该由 1 名仲裁员进行裁判，此人应该得到当事人们的同意，并且在不符合委员会规则第 1.3.1 条或第 1.3.2 条的争端中根据指定的默认协议由当时的特许仲裁员学会主席或者副主席同意，同时这些争端的裁判应该根据该学会仲裁规则或者后来进行的任何有效修订修改进行，在由当时的土木工程师学会主席，或者在他缺席的情况下，由当时学会的副主席调解争端的情况下，其他有关争端的裁判应该根据土木工程师学会仲裁程序(1983 年)，或者有效的任何修订或修改实施。仲裁地点应该在伦敦。每次这种裁判应该书面提出，确定争端的事件或问题，并且应该确定这是根据特许协议的有关条款和裁决方案作出。

15. 当提交仲裁裁判的施工争端引发类似该事件或者已经提交给仲裁员裁判的与争端有关事件的情况下，运输大臣和当事人同意：

15.1 当事人和(或)承包商可以将施工争端提交仲裁员裁判，他将根据第5条第15.2段赋予仲裁员权利为基础裁判这个争端；

15.2 仲裁员有权利按照高等法院程序类似的方式作出这种指示和各种必要的判决，并将此视为当事人和他的第三方当事人。

16. 如果没有其他明示规定，在涉及争端方面的问题上以及委员会的任何非一致决定问题上，仲裁员应该享有全部权利，可以打开、审核和修改政府代理人或政府代表在拒绝、决定和证书方面的任何决定、观点、指示、通知和说明，并且可以根据可以限制这个权利的任何法律规则，命令修改特许协议和当事人之间签署的其他任何协议。

17. 委员会过去或现在的成员不应该被指定作为仲裁员，除非当事人另有书面协议。

第5条 附录1 委员会规则

1. 起点

1.1 根据本规则，任何当事人都可以根据委员会规则第1.3条向技术委员会主席或者财务委员会主席发出通知，开始裁判。

1.2 根据委员会规则第1.1条发出的通知应该包括：

1.2.1 争端和发生问题的背景和性质的简要综述；

1.2.2 对提出救济的说明；

1.2.3 在提交技术委员会的争端方面，根据争端事件涉及到的本特许协议第10.10.1条(设计和施工)提交所有正式月报的参考资料；

1.2.4 当事人在涉及争端决定程序方面已经同意的任何事件的说明；

1.2.5 所有文件副本，涉及问题方面十分重要且直接有关的以及索赔人试图依据的(如果通知的接收人已经掌握这些文件，可以列出文件清单)。

1.3 除非当事人书面同意进行裁判，提交给技术委员会或财务委员会主席的争端可以根据委员会规则第1.6条另行决定，索赔人可以向财务委员会提交争端裁判，如果争端引发自或与下列内容有关：

1.3.1 第1.8条(解释)、第4.1条(保证人内容)、第5条(财务条款和文件)、第6条(单据等的作用)、第24条(立法)、第26条(保险义务)、第28条(知识产权和保密)、第29条(税收)、第30条(不可抗力)、第31条(缺陷事件)、第32条(因为缺陷的终止)、第38条(财务模式的保管)；和(或)

1.3.2 ACRR、RCRR的调整、税费结构或者任何举证对这种调整有效的权利。

1.4 除非当事人书面同意进行裁判，提交给财务委员会或财务委员会主席的争端可以根据委员会规则第1.6条另行决定，主席可以要求技术委员会裁判所有不属于委员会规则第1.3.1条或第1.3.2条的争端。

1.5 如果财务委员会可以裁判的争端的结果可能在实质性水平上受到已经提交给技术委员会裁判的没有得到解决结果的影响，不能对以前争端的裁判采取任何步骤，直到当事人另外达成协议或者财务委员会另有命令。

1.6 在当事人之间就争端或争端涉及的具体问题应该提交到财务委员会还是技术委员会裁判的问题上没有达成协议，或者争端或涉及争端问题的解决次序问题上没有达成协议的情况下，当事人应该向财务委员会主席进行陈述，财务委员会主席经过与技术委员会主席协商决定出案件可以采用的适当方式或次序，并且如果争端已经提交，这个日期应该视为是根据委员会规则第6.1条争端裁决的日期。

1.7 财务委员会和技术委员会应该分别受到其他决定的约束，只要对于该争端这是实质性的，除了在一定程度上该争端已经被解决协议或仲裁判决所修改。

2. 法定人数

2.1 除非当事人达成其他书面协议，处理所有程序法定人数应该是：

2.1.1 技术委员会应该是全部现有成员；

2.1.2 财务委员会应该是3名成员，包括现任主席。

2.2 如果技术委员会主席形成观点，认为争端的性质、规模或复杂性适合3名成员组成的技术委员会参与，他可以建议当事人，他们可以同意相应减少处理争端涉及的法定人数。任何当事人都不应该无理地扣留或延误批准这项建议。

3. 程序

3.1 委员会应该根据法律享有最广泛的权利，可以确定其程序(包括不应该限制指定针对主席的程序化规则的权力授权)并且保证经过调查争端能够得到公正、快速和经济地解决，只要委员会认为合适，委员会可以采取当事人同意的且适合争端解决的所有和任意程序。

3.2　在不损害委员会规则第 3.1 条基本内容的情况下，根据各方当事人向委员会主席就该事件进行陈述的权利，委员会主席应该决定是否需要召集听证会或者收集口头证据或者在只采纳文件的基础上决定争端。

3.3　委员会主席应该确定任何会议、听证或者检查的日期、时间和地点，只要委员会认为适合，他还应该向当事人和委员会的其他成员发出合理通知。

3.4　委员会主席应该在任何听证会之前向当事人提交希望他们认真进行处理的问题清单。

3.5　所有会议、听证会或检查都应该私下进行，除非当事人另有约定。

3.6　各方当事人可以指定代表出席听证会，根据委员会的要求出示权利证明。

4.　证人

4.1　在任何听证会之前，委员会主席可以要求一方当事人提供身份通知和希望传唤的证人资格，并且可以要求当事人在听证会之前的一定时间内交换证人提供的证据说明。

4.2　委员会可以允许、拒绝或限制证人出席，无论是事实证据还是专家证人。

4.3　委员会可以要求当事人的独立证人准备和提供专家证人。除非当事人另有约定，不应该传唤超过 2 人的证人。

4.4　根据委员会的控制，在听证会上做口头证词的任何证人或代表可以接受各方当事人的提问。委员会可以在证人验证的任何阶段上进行提问。

4.5　委员会可以允许以书面方式提交证人证据，是签字后的说明或者有正式誓词的宣誓书。任何当事人都可以进行陈述，这种证人可以出席听证会上的口头检验。如果委员会有这种命令，并且如果证人在此时没有出席，委员会可以根据需要要求提供书面证据，或者完全排除作证。

5.　委员会权力

5.1　在不违反委员会规则第 1.3 条的情况下和本规则或本特许协议赋予委员会任何其他权力的情况下，委员会应该具备的权利有：

(a)在没有当事人或任何代表及任何其他人士在场的情况下，检验任何证人或者检查任何与争端有关的财产、事件；

(b)在任何时间内允许任何当事人修改任何提交文件；

(c)在当事人默认投案或行为的情况下，继续进行裁判，起到高等法院法官在法庭上实施诉讼程序时的类似作用，在一方当事人没有按照这些规则规定的时间，或者没有按照这些规则要求实施的任何行为的命令，或者没有满足任何命令等情况下，这时一方当事人可能没有满足法庭的命令或者法庭规则的要求(为了避免产生怀疑或者超出时效，包括实施任何索赔、辩护、反索赔或其他提交文件的权利以及基于上述实施内容作出任何决定的权利)；

(d)命令一方当事人接受其他当事人和委员会的检查，以及提供当事人掌握、保管或享有权力的任何文件的副本，委员会认为这些文件在争端事件中应该有关联；

(e)命令一方当事人回答其他当事人提出的疑问；

(f)命令检查、保留、保存、阶段保管、出售或其他处理方法，处理在任何当事人控制下的涉及争端的财产或物品；

(g)根据委员会的要求，下达命令，授权进行取样、进行观察，或者实施为了获得全面信息或证据需要或迅速进行的实验；

(h)要求当事人提供各自方面涉及具体问题的书面说明，提供有关书面答复和对任何不满意事件提出各自理由。

5.2　为了避免发生怀疑，这些规则中不应该采取任何赋予委员会的权力，命令当事人或当事人代表提供证据(无论是亲自提供，还是以文件或类似证据方式提供)，如果是在高等法院的诉讼程序中，不会得到提供这些证据的命令。

6.　决定

6.1　委员会应该在争端裁判日期起 28 日内作出决定，或者其他当事人可能书面同意的时间阶段。

6.2　委员会应该作出书面决定。除非当事人另有约定，还应该提供决定理由和任何否定理由。决定应该有日期，并且应该签署或者得到所有委员会成员承认。

6.3　如果有委员会成员拒绝或不能签署或承认这个决定，大多数成员签字也是允许的，只要说明未签字者的理由。这种决定将被视为非一致决定。

6.4　委员会可以允许支付任何费用的利息，只要其费用涉及决定，并且按照委员会认为合适的利率，委员会还应该享有高等法院法官在这方面可以享有的权力(但是不能超出这个权力)。

6.5　委员会可以在不同时间内对不同问题分别作出最终决定。

6.6　根据第5条第2段的规定，该决定自决定作出之日起，对当事人来说是最终且有约束力的。

7.　费用

7.1　委员会有权力做出有关直接涉及裁判的全部或部分费用责任的决定，可以是委员会成员费用和开支及行政性质费用的方式(例如房屋租金)，如果委员会认为任何事宜已经不合理地或不适合地由任何当事人或者代表任何当事人实施，或者存在任何疏漏，他们可以决定或评价这笔费用。

7.2　为了避免产生疑问，委员会在任何情况下不应该有权做出有关法律责任或者当事人在准备提交委员会文件时发生的其他费用方面的决定。这些费用应该由发生费用的当事人承担。

8.　受让人和承包商之间的争端

8.1　根据施工合同，在出现争端需要提交委员会裁判的情况下：

8.1.1　受让人应该向政府代理人提交通知，并且提供所有有关通知的副本；并且

8.1.2　受让人因此应该保证政府代理人完全谅解裁判的过程，并且特别且没有限制地提交受让人编制或者掌握的与裁判事件有关联的所有文件副本，同时向政府代理人发出委员会召开的所有听证会、会议和检查的通知；

8.1.3　如果运输大臣自行认为需要裁判的问题与或者潜在地与权利和义务或者特许协议当事人之间的问题有关，他可以通知受让人、承包商和委员会的所有成员，成为裁判事件的一方当事人，并且享有争端有关的权利、义务或事宜。

8.2　根据委员会规则第8.1.3条发出的通知应该包括：

8.2.2　运输大臣和受让人之间的有关权利和义务或者问题的简要规定，分辨受让人和承包商之间提交给委员会的涉及争端或者与争端可能有关的问题；以及

8.2.3　提出救济的说明(以声明的方式，或者其他方式)；以及

8.2.4　委员会规则第1.2.3条、第1.2.4条和第1.2.5条要求的有关细节和文

件。

8.3 根据委员会规则第 8.1.3 条，在提交通知的情况下：

8.3.1 如果该通知提交日期和施工争端裁判的决定发布日期之间的阶段少于 21 日，所有涉及裁判的当事人应该认为已经同意第三方裁判的决定发布时间限制应该从该通知提交日期开始 21 天截止；并且

8.3.2 承包商应该得到允许可以向委员会阐明对特许协议理解的任何观点；并且

8.3.3 委员会的决定在运输大臣和受让人之间应该和在受让人和承包商之间一样，对承包商有一定约束，只要承包商是特许协议的一方当事人；

8.3.4 属于裁判的费用和开支应该在运输大臣、受让人和承包商之间进行平均分摊。

9. 联合诉讼的承包商权利

9.1 在委员会已经裁判了争端的情况下，并且如果裁判涉及的问题属于受让人和承包商利益之间的实质性分歧，同时他们需要委员会的决定，承包商可以通过向运输大臣发出通知，成为该项裁判的当事人，并且得到施工合同可以确定成为施工争端情况下的全部有关权利、义务和问题。

9.2 根据委员会规则第 9.1 条提交的通知应该包括：

9.2.1 运输大臣和受让人之间的有关权利和义务问题的简要规定，分辨受让人和承包商之间提交给委员会的涉及争端或者与争端可能有关的问题；以及

9.2.2 提出救济的说明(以声明的方式，或者其他方式)；以及

9.2.3 委员会规则第 1.2.3 条、第 1.2.4 条和第 1.2.5 条要求的有关细节和文件。

9.3 在根据委员会规则提交通知的情况下：

9.3.1 如果该通知提交日期和施工争端裁判的决定发布日期之间的阶段少于 21 日，所有涉及裁判的当事人应该认为已经同意第三方裁判的决定发布时间限制从该通知提交日期开始 21 天截止；并且

9.3.2 委员会规则第 8.3.2、8.3.3 和 8.3.4 条适用。

10. 免责责任

委员会主席或者它的任何成员都不应该对裁判涉及的任何行为或遗漏对任何当事

人负责，除非委员会主席或者它的任何成员可能对这种有意识的和故意的错误行为后果负责。

11. 通知

11.1 除非委员会另有命令，或者得到当事人之间的同意，本规则要求的所有通知都应该是书面形式。根据规则第1.1条的通知应该使用一级邮件或专人提交。所有其他通知和书面通讯资料都应该通过一级邮件、传真或电传或者专人提交。

11.2 除非未来的收件人另外证明，否则：

11.2.1 通过一级邮件发送的文件应该被视为在邮寄之后两个工作日收到；

11.2.2 传真或电传应该被视为在传输结束时收到；

11.2.3 专人传送应该被视为当面申明的时间收到。

根据这些接收文件规则的说明应该相应进行解释。

11.3 通知应该自接收之日起生效。根据提交、发送或报送文件计算的时间阶段应该根据文件接到的时间为依据计算。

11.4 除非委员会另有命令，或者当事人之间达成协议，所有在非工作日或工作日的下午6：00之后接到的通知和其他文件应该视为是下个工作日接到。

11.5 凡发送给主席的通知，其副本都应该提交给委员会的其他成员和其他当事人。

第5条 附录1 第1部分：财务委员会组成

1. 财务委员会应该由5名成员组成，包括主席。

2. 运输大臣和受让人应该尽力做到诚信且迅速地承认愿意且适合承担责任的人员的身份，组成财务委员会最初成员，这些人员其中之一担任主席，并且在需要情况发生的时候，推选愿意和适合的替代者。

3. 在本受让协议实施60天内，在运输大臣和受让人不同意任何或所有财务委员会最初成员的情况下，任何当事人应该向下面确定的指定机构提出申请，以便指定这位人士。该当事人应该通知指定机构当事人根据前面第2段选定人士的身份，以及当事人已经认为不合适的人士。在双方当事人存在矛盾，没有达成协议的情况下，指定机构不应该指定按照协议选定的人士。

4. 负责指定财务委员会替换成员的指定机构应该是英格兰银行的财务和工业董

事(不是这个职位的情况下，应该是工业财务部的负责人)。

5．如果指定机构认为合适，可以指定英格兰银行的资深官员作为财务委员会的成员(除非为了避免质疑，指定机构不应该指定自身，或者根据上述第 4 段确定的当前替代指定机构)。

6．为了协助指定机构能够分辨出合适的指定候选人，任何当事人可以向指定机构提交当事人已经同意的有关介绍资料，例如合适人选的背景资料和经验等，以及(或者)有关作为财务委员会成员的指定人需要作出决定的事宜。指定机构考虑这些资料，但是不应该受到这些资料的限制。

7．主席应该指定其他财务委员会的临时成员，作为他的替代人，在主席因为任何原因不能执行职责的时候或情况下行使他的职责。

8．在主席因为任何原因不能执行自己作为主席的职责的情况下，当事人应该同意他的替代者的身份。在没有这类协议的情况下，或者当事人之间没有有关初始主席身份的协议的情况下，财务委员会的其他成员应该根据大多数的投票，选择成员中的 1 人作为主席。在主席或替代主席得到批准或指定之前，财务委员会中最年长的成员应该承担这个角色。

第 5 条　附录 2　第 2 部分：技术委员会组成

1．技术委员会应该由 5 名成员组成，包括主席。

2．运输大臣和受让人应该尽力做到诚信且迅速地承认愿意且适合承担责任的人员的身份，组成技术委员会最初成员，这些人员其中之一担任主席，并且在需要情况发生的时候，推选愿意和适合的替代者。

3．在本受让协议实施 14 天内，在运输大臣和受让人不同意任何或所有技术委员会最初成员的情况下，任何当事人应该向下面确定的指定机构提出申请，以便指定这位人士。该当事人应该通知指定机构当事人根据前面第 2 段选定人士的身份，以及当事人已经认为不合适的人士。在双方当事人存在矛盾，没有达成协议的情况下，指定机构不应该指定按照协议选定的人士。

4．为了指定技术委员会的成员，指定机构应该是土木工程师学会当时的主席，或者在主席缺席时，由该学会当时的副主席担任。

5．为了协助指定机构能够分辨出合适的指定候选人，任何当事人可以向指定机构提交当事人已经同意的有关介绍资料，例如合适人选的背景资料和经验等，以及(或者）有关作为技术委员会成员的指定人需要作出决定的事宜。指定机构考虑这些资料，但是不应该受到这些资料的限制。根据这些材料，指定机构可以考虑当事人当前的意向，确定他们中间的技术委员会的成员应该掌握下列专业的经验，只要合理可行：

5.1 上部结构

(i)悬索桥与斜拉桥

(a)设计问题，包括非线性特性；

(b)正交各向异性钢板、钢缆和钢节点的疲劳；

(c)风荷载和空气动力特性。

(ii)引桥

(a)钢筋预应力混凝土设计和施工；

(b)无粘接钢筋束；

(c)半连接；

(d)弹性荷载。

5.2 下部结构和基础

(i)地基条件

(a)岩土工程学；

(b)岩体力学。

(ii)港湾条件

(a)潮汐、波浪和冲击荷载；

(b)地方知识。

5.3 概论

(i)稳定性

(a)钢材；

(b)混凝土；

(c)地表。

(ii)环境

(a)效果评价。

6. 主席应该指定其他技术委员会的临时成员，作为他的替代人，在主席因为任何原因不能执行职责的时候或情况下行使他的职责。

7. 在主席因为任何原因不能执行自己作为主席的职责的情况下，当事人应该同意他的替代者的身份。在没有这类协议的情况下，或者当事人之间没有有关初始主席身份的协议的情况下，技术委员会的其他成员应该根据大多数的投票，选择成员中的1人作为主席。在主席或替代主席得到批准或指定之前，技术委员会中最年长的成员应该承担这个角色。

附录 5　Woolf 改革与民事程序规则

对民事审判的未来发展问题的关心最终导致了任命 1 名司法界的高级人员——Woolf 爵士作为主席，组织提出了两份报告“走向公正”，他在报告中阐述了变革的蓝图。他是这样划分民事审判要求的：

* 公平；
* 对诉讼人的尊重；
* 费用效益；
* 合理速度；
* 可理解性；
* 反应；
* 诉讼人需要早期确定的事宜；
* 充分的资源、人力和信息技术。

民事诉讼明显存在的问题是：

* 费用常常超出索赔价值；
* 速度慢；
* 贫困的诉讼人和大型机构之间不平等的争斗可以造成律师方面的问题；
* 结果难以预测；
* 对于大多数诉讼人，即使十分精通的人士也难以吃透。

Woolf 建议新体系的依据是：

* 避免涉及诉讼，即使需要，在民事争端中通常更强调使用调停和 ADR；
* 诉讼当事人之间减少对抗，增加合作。尽量避免过分挑剔，导致案件无法解决；
* 减少复杂的程序；
* 加快案件审判进度；
* 诉讼应该更能承受和更具可预见性，并且其费用与索赔价值更有关系；
* 诉讼人之间更大的平等机会；

* 法庭应该尽量为诉讼人服务；

* 在案件管理方面法官起到更大的作用。

1997年《民事诉讼程序法》在1997年2月27日得到皇家批准，这是对有时被称作“白皮书”和“绿皮书”的旧最高法院规则和地区法院规则的挑战。这个法律第1条规定，民事法院的实践和程序应该根据《民事诉讼程序原则》确定。第2条允许根据第3条规定的立法规则的规则组建规则委员会。第4条允许大法官修改、撤消或废除必然或可能影响新《民事诉讼程序原则》的有关章节。《民事诉讼程序修订条例令》于1998年得到批准。

新《民事诉讼程序原则》于1999年4月27日实施。为此高院规则和地区法院规则尽可能地避免被认为是使用现代语言的旧版本“白皮书”和“绿皮书”，两个规则已经合并成一个规则，同时作了适当的修改。这个原则下面分部分，部分以下设规则，然后进一步细分为段和子段。规则的第一部分包括绝对目标。新的诉讼程序规范目的是作到详尽(不再需要律师去争辩它们的含义)，虽然法庭上面还将引用先例。规则1.1(ii)规定案件的公正处理的含义是：

* 保证当事人处于平等的地位；

* 节省费用；

* 按照下列方法以一定比例处理案件：

* 涉及金额的数量；

* 案件的重要性；

* 问题的复杂性；

* 当事人在财务方面的地位。

* 确保案件得到及时和公正的处理；

* 确定案件占用法院资源的适当比例或者参考其他案件需要占用的资源情况。

根据规则1.3，当事人有义务帮助法院达到绝对目标。这个规则是依据“涉及从诉讼人和他们的法律顾问到法庭的民事诉讼管理的基本责任转换。”

案件管理并不是一个新问题，律师一直根据《实践指南》(民事诉讼：案件管理)[1995]1 AER 385进行运作，这是以前的一位大法官和副法官在1995年1月24日宣布的。

新体系的一个重要基础是尽快确定审判日期。传统上案件的登记是根据原告奇妙的“说法”进行听证的估计长度确定的。现在原则上，根据Woolf改革方案，当事人在正式进入诉讼程序之前最好做好准备。然而现在的实际操作表明这方面仍然迫切需要制定一个确定审判日期的方法。审判时间越短，解决争端的热情就会越高。

改革的主要特点是：

在高院和地方法院诉讼中使用一种标准格式开始诉讼程序。案件全部辩论内容应该收录在索赔文本中或者作为一份独立文件。需要一份《真实性说明》证明承担对文件的真实性的责任，并且可以作为过程事件(即决判决、阶段付款等)或审判中的证据。15 000英镑以下的索赔案件高院不予受理。根据规则7.1，从法庭提供索赔表格时起，程序开始，明确这个日期对时效十分重要。第7部分和第16部分涉及到索赔表格的内容。这个表格包括对索赔性质的简要说明，包括希望赔偿的要求，但是可能超出了传统的辩护程序，并且它可以包括证据。索赔格式必须在问题发生4个月内提出，或者如果被告是在英格兰和威尔士法庭管辖范围以外，可以在6个月内提出。具体规则涉及到对辩护人的服务。虽然有一些小修改，但是即决审判的规则仍然被保留下来。这在第24部分中处理。根据当前的问题，将“进一步和更好的说明”替换成为“对进一步信息的要求”。大量地减少了宣誓书的内容，随之替换为在大多数申请书中的证人说明，所有说明都被归纳为真实性说明。在RSC命令24号和地方法院规则令14号中旧的规则现在都被替换为新的规则，参阅第31部分。它们要求发现(披露)有关文件，包括可能得到或已经得到、保管或当事人有权利的文件，以及在诉讼中涉及问题事件的文件等。发现或披露涉及：

* 当事人自身的文件；
* 反向文件；
* 有关文件；
* 有关咨询文件，涉及大多数问题的类别。

新规则的目的是通过控制和减少律师拷贝文件的工作量，减少发现文件的费用。这是一个单独的实践命令。根据规则31.5，披露只有在根据法庭命令情况下才有效，否则任何当事人不需要自愿或自动进行披露。根据规则31.5的第3段，虽然当事人可以限制发现或散布所有文件，但是它们不能超越规则31规定的范围。标准披露的规则在规则31.5(1a)中作了阐述，这是快速处理的专用机制，涉及多重处理情况的其他发现可以参阅规则31.12。根据规则31.6(2)，其中当事人需要考虑在案件问题上不成比例的发现的具体措施，这时披露不是必需的，虽然需要发布说明，该披露在不对称基础上受到阻碍。更为重要的是涉及规则31.10(6)的披露说明，这个规则规定了进行查找的范围，确定当事人理解披露的职责，以及尽自己的能力，他已经执行了这个职责。

对于技术争端最为重要的是专家规则，这在第 35 部分中有规定。根据规则 35.3，专家对法庭具有绝对职责，有义务帮助法庭处理他的业务范围内的事宜。规则 35.3(2)指出，他的职责应该对他的客户承担的任何义务来说是绝对的。没有法庭的许可，专家不能被传唤作证；这方面应该认真阅读规则 35.4(4)。法庭可能事先限制了专家可以从其他当事人处得到的费用和开支。这可能导致当事人申请限制他们损失事件中的费用。为了根据规则 35.5(2)在快速方式索赔中进一步限制费用(参阅下面内容)，法庭不能命令专家出席听证，做口头证词。根据规则 35.6，当事人可以要求专家提出对自己报告的书面提问。规则 35.7 允许使用单一专家。

所收录的其他程序处理了 Woolf 爵士认为专家证人方面存在的问题。根据规则 35.10，报告所依据的所有实质性的命令材料，无论是书面的还是口头的，都必须明示。这些命令不具备优先权，通常应该披露。根据规则 35.11，已经披露但是没有使用的报告可以被任何当事人使用，并且根据规则 35.12，在不破坏专家会议的条件下可以提出问题。法庭现在可以全面控制专家会议，避免律师束缚专家。根据规则 35.14，专家可以要求法庭进行指导。

在费用方面，主要改变包括可以收回的费用将包括了比例性试验方面。在各种情况下费用将根据敏感性和合理性判决进行评价。这些规则的细节在规则 43 中阐述。

法庭用户必须从多途径中分辨出快速途径，这是案件管理的一个中心环节。通常快速途径可以包括索赔金额超过 15 000 英镑，超过 15 000 英镑的索赔属于多途径索赔。快速途径还可以影响到持续时间不超过 1 天的案件。如果索赔不涉及到价值或者其他相关因素，法庭在确定案件时应该考虑：

* 争端和要求补偿的金额；
* 复杂性；
* 当事人数量；
* 反索赔；
* 口头证据的数量；
* 公共的重要性；
* 当事人的观点；
* 当事人情况；

* 第28(快速途径)部分和第29部分(多途径)中规定的细节内容。

根据CPR，ADR起到十分重要的作用。根据规则1.4(2)(e)，积极的案件管理包括：

“鼓励当事人使用争端解决程序的替代方法，如果法庭认为使用这些程序合适且可行。”

这完全与CPR有关联，其中第1部分的规则1.1(1)涉及绝对目标，要求法庭“公正处理案件”。ADR明示被规定在第26部分，规则26.4中。根据规则26.4(1)：

“当事人在登记确定问题的时候，应该书面申请采取的程序，而当事人可以试图使用争端解决替代方法或其他方式解决案件。”

也许根据规则26.4(2)中更存在争端：

“如果

(a)所有当事人根据第(1)段申请法庭禁令；或者

(b)法庭根据自己观点认为这种禁令是适当的，法庭将命令程序可以终止1个月。”

法庭可以延长禁止令“直到这个日期或确定阶段被认为合适”[规则26.4(3)]。

如果当事人没有采取ADR，会发生诸如应该进行什么样的惩罚等问题。在CPR中有一些新的费用规定。根据规则44.5(3)，当评价费用时，法庭必须注意很多因素，包括：

“(a)所有当事人的行为，包括具体为——

(i)诉讼程序之前以及当时的行为；以及

(ii)在诉讼程序之前和期间，为了解决争端做出的努力，如果存在。”

十分明显，CPR是新思维，时间可以告诉人们法庭是如何进行发展和推广的。

有些人认为《Woolf改革建议书》和CPR是一股新鲜空气，是一条快捷的前进道路，它减少了法律体系中的冗余。然而具有讽刺意义的是，律师们还仍然是在发挥着这个体系。

参考文献

第 1 章

1. Brown and Marriott, *ADR Principles and Practice* (1993) at page 5. Sweet and Maxwell, London.
2. for example, Acland, A.F., *A Sudden Outbreak of Common Sense: Managing Conflict through Mediation* (1990) at page 69. Century, London.
3. Allen, Richard K. *Dispute Avoidance and Resolution for Consulting Engineers* (1993) at page 18. ASCE Press, New York.
4. Clegg, Stewart R., Contracts Cause Conflicts, page 143, in *Construction Conflict Management and Resolution* (1992) edited by Fenn and Gameson. E & FN Spon, London.
5. Groton, James P., *Alternative Dispute Resolution in the Construction Industry* (1993) cumulative supplement at page 11. John Wiley & Sons, New York.
6. Latham, M., *Constructing the Team*, final report of the Joint Government Industry Review of Procurement and Contractual Arrangements in the United Kingdom (1994) in para 5.5.
7. Allen, *op. cit.*, at page 11.
8. Timpson, John, *The Architect in Dispute Resolution* (1994) at page 13. RIBA Publications, London.
9. Baden Hellard, R., Construction Conflict - Management and Resolution, page 39, in *Construction Conflict Management and Resolution* (1992) edited by Fenn and Gameson. E & FN Spon, London.
10. Brandon, P., Hibberd, P., Basden, A., Kirkham, J. & Tetlow, S., *Intelligent Authoring of Construction Contracts (INCA)*, final report (1993) of SERC Funded Research Project GR/G200011, the University of Salford and the University of Glamorgan.
11. Latham *op. cit.*, at page vii, item 9 of executive summary.
12. Allen *op. cit.*, at page 25.
13. McCanlis, E.W., *Tendering and Contractual Arrangements* (1967) Research and Information Group of the Quantity Surveyors' Committee, Royal Institution of Chartered Surveyors.
14. Timpson *op. cit.*, at page 13.
15. Lavers, A., Construction Conflict - Management and Resolution Analysis and Solutions, page 7, in *Construction Conflict Management and Resolution* (1992) edited by Fenn and Gameson. E & FN Spon, London.
16. Smith, M.C.G., Facing up to Conflict in Construction, page 28, in *Construction Conflict Management and Resolution* (1992) edited by Fenn and Gameson. E & FN Spon, London.
17. Baden Hellard, *op. cit.*, at page 35.
18. Langford, D., Kennedy, P., and Sommerville, J., Contingency Management of Conflict: Analysis of Contract Interfaces, at page 64, in *Construction Conflict Management and Resolution* (1992) edited by Fenn and Gameson. E & FN Spon, London.

19. Harding, D., Building Without Conflict, *Building*, November 1991.
20. for example, Hibberd, P., *Building Contract – Variations* (1980) MSc Thesis, UMIST; Bromilow, F.J., Contract Time Performance, Expectations and the Reality (1969) *Building Forum*, **1** (3) and The Nature and Extent of Variations in Building Contracts (1970), *Building Economist*, **9** (3); Watts, V. & Scrivener, J., Review of Australian Building Disputes Settled by Litigation, at pages 209–18, in *Construction Conflict Management and Resolution* (1992) edited by Fenn and Gameson. E & FN Spon, London.
21. Newey, Judge John, The Construction Industry, at page 22, in *Construction Conflict Management and Resolution* (1992) edited by Fenn and Gameson. E & FN Spon, London.
22. McGivering, I.C., Conflict, pages 94–5, in *A Handbook of Management* (1983) edited by Kempner. Penguin Books, Hardmondsworth.
23. Smith *op cit.*, at page 8.
24. Rahim, M.A., Managing Conflict in Organisations, at pages 369–77, in *Construction Conflict Management and Resolution* (1992) edited by Fenn and Gameson. E & FN Spon, London.

第2章

1. Robert Coulson, *Professional Mediation of Civil Disputes* (1984), at pages 6–7. American Arbitration Association.
2. *Interim Report to the Lord Chancellor on the Civil Justice System in England and Wales*, Lord Woolf, June 1995.
3. Quoted by Lord Alexander of Weedon QC in *Training Lawyers – Healers or Hired Guns?* Child & Co. lecture, 15 March 1995, at page 3.
4. Quoted by Lord Alexander of Weedon QC, *ibid.*, at page 5.
5. Survey by the law firm, Herbert Smith, *The Times*, January 1995.
6. *Building*, 7 February 1992, at page 9.
7. [1984] 1 QB 644, at page 70.
8. National Building and Construction Council Joint Working Party (1989) *Strategies for the Reduction of Claims and Disputes in the Construction Industry* – a research report (various authors). NBCC, Canberra.
9. Quoted by Lord Alexander of Weedon QC, *op. cit.*, at page 21.
10. *The Lawyer*, 13 June 1995, at page 15.
11. *Construction Management and Economics*, **15** (6), Brooker and Lavers, at pages 519–26.
12. December 1993.
13. July 1994 HMSO, London.
14. *Report of the Committee on the Placing and Management of Contracts for Building and Civil Engineering Work*, chaired by Sir Harold Banwell, 1964, HMSO, London.
15. *The Times*, Frances Gibb, 27 August 1996.
16. Resolving Disputes Without Going to Court, Lord Chancellor's Department, London, 1995.
17. *A Consultation Paper on Draft Clauses and Schedules of an Arbitration Bill*, Department of Trade and Industry, February 1994.
18. *Draft Clauses of an Arbitration Bill; Consultative Paper on an Arbitration Bill*, Department of Trade and Industry, July 1995.
19. Arbitration Bill 1996, HL Bill 60.
20. Construction Industry Model Arbitration Rules (CIMAR), February 1998, Society of Construction Arbitrators.

21. Section 34(2)(d), Arbitration Act 1996.
22. Section 34(2)(f), Arbitration Act 1996.
23. Section 34(2)(g), Arbitration Act 1996.
24. In *Gilbert Ash (Northern) Limited* v. *Modern Engineering (Bristol) Limited* (1973) AER 195 at page 223.
25. Section 39(2)(a), Arbitration Act 1996.
26. See *Phillip Alexander Securities and Futures Limited* v. *Bamberger and Others; Same* v. *Gilhaus, The Times*, 22 July 1996.

第3章

1. *Members Handbook*, British Academy of Experts, 1992, at page A1/1.
2. *The Lawyer*, 13 June 1995, at page 15.
3. Lavers & Brooker, Perceptions of alternative dispute resolution as constraints upon its use in the UK construction industry, *Construction Management and Economics*, **15** (6), November 1997, at pages 519–26.
4. *JCT Practice Note 28*, Mediation in a Building Contract or Sub-Contract Dispute, July 1995, RIBA.
5. In *Allco Steel (Queensland) Pty Ltd* v. *Torres Strait Gold Pty Ltd* (1990) Supreme Court of Queensland, unreported, 12 March 1990.
6. See also comments of Rogers, J. in *AWA Limited* v. *Daniels*, unreported, 24 February 1992.
7. Compare with *Coal Cliff Collieries Pty Ltd* v. *Sijehama Pty Ltd* [1991] 24 NSWLR 1 where an 'agreement to negotiate' was held to be unenforceable.
8. See Boulle, case note on *AWA Limited* v. *Daniels*, Vol 3 ADR Journal 272 at page 275.
9. The Commercial Arbitration Act applies uniformly in all states except Queensland and the amendment has been, or is anticipated to be, adopted in all participating states.
10. *Seeking Harmony*, M. Scott Donahey (1995) 61 JCI Arb. 4, at page 279.
11. *ibid.*, at page 280.
12. Arbitration (Amendment) Ord. No. 10/82.
13. *Hong Kong Dispute Solutions*, Hong Kong International Arbitration Centre.
14. *ibid.*, Chapter 4, at page 10.
15. The Law Reform Commission of Hong Kong, *Report on Commercial Arbitration (Topic 1)*, paras 10.25–10.31.
16. The Law Reform Commission of Hong Kong, *Report on the Adoption of the UNCITRAL Model Law of Arbitration (Topic 17)*, 1987, paras 4.32–4.35.
17. Chapter 341, *Arbitration Ordinance*, 1989.
18. Report and Recommendations of The Chief Justice's Committee on The Desirability of Introducing a Court Annexed Mediation Scheme in Hong Kong and Related Matters, August 1993.
19. Alternative Dispute Resolution Case Management, *Hong Kong Lawyer*, Phillip Wright, September 1994.
20. 8 July 1992.
21. Government of Hong Kong General Conditions of Contract for Civil Engineering Works, 1990 and 1993 Editions.
22. 2 May 1989.
23. Hong Kong International Arbitration Centre, July 1992.
24. Dispute Resolution in the New Hong Kong International Airport Core Programme Project – Part 2, Dean Lewis (1994) *International Construction Law Review*, part 1, at pages 27–9.
25. *ibid.*, at page 27.

26. *ibid.*, at page 28.
27. Dispute Resolution in the New Hong Kong International Airport Core Programme Project - Part 3, Dean Lewis (1995) *International Construction Law Review*, part 1, at pages 131–6.
28. *ibid.*, at page 132.
29. July 1994 revision.
30. Construction Industry Council (CIC) (1994) report *Dispute Resolution*, which identifies the disputes that arise in the construction industry and existing methods of resolution.

第4章

1. Construction Industry Council (CIC) (1994) report *Dispute Resolution*, which identifies the disputes that arise in the construction industry and existing methods of resolution.
2. Brown and Marriott, *ADR Principles and Practice* (1993), at page 19. Sweet and Maxwell, London.
3. National Joint Consultative Committee for Building, *Alternative Dispute Resolution*, Guidance Note 7, Appendix 2 (1993).
4. Hollands, D., Amicable Dispute Resolution (ADR) Procedures, *International Construction Law Review* (1990) **7**, part 4, at pages 452–62.
5. Wright, M., Mediation - The Idea, Influences on the development of conflict resolution, *Justice of the Peace & Local Government Law*, 27 November 1993.
6. Naughton, P., Alternative Forms of Dispute Resolution, at page 197, *Construction Law Journal* (1990) **6**, part 3.
7. Hollands, *op. cit.*
8. Fisher, R. & Ury, W., *Getting to Yes - Negotiating Agreements Without Giving In*, 1991, Business Books Ltd, London.
9. Feinberg, Kenneth R., *A Procedure for the Voluntary Mediation of Disputes*, Kaye Scholer, Fierman, Hays and Handler, New York (1990), also given as a paper to IBA Business Law Section Hong Kong 1991. (In exceptional circumstances there may be a conference-call mediation. A landlord and tenant dispute where the parties were in Texas and San Mateo, California, respectively was subject to mediation by telephone: *Consensus*, April 1996, No. 30, at page 9, MIT-Harvard Public Disputes Program.)
10. Selig, Louis (United States Arbitration and Mediation) reported by Hilary Heilbron in the *Gazette* 90/44, 1 December 1993.
11. Quick, R.W., Costs in Arbitration Proceedings, at pages 227–8, in *Construction Conflict Management and Resolution* (1992) edited by Fenn and Gameson. E & FN Spon, London.
12. Australian Federation of Construction Contractors, *Strategies for the Reduction of Claims Disputes in the Construction Industry* – a research report (1989).
13. Hollands, *op. cit.*, at page 453.
14. Allen, R.K., *Dispute Avoidance and Resolution for Consulting Engineers* (1993), at page 61, ASCE Press, New York.
15. *Amicable Dispute Settlement* (1993) at page 5, Construction Disputes Resolution Group.
16. Naughton, P., Alternative Forms of Dispute Resolution, at page 199, *Construction Law Journal* (1990) **6**, part 3.
17. Williams, R., Alternative Dispute Resolution (ADR): Salvation or Chimera, page 106, *Arbitration*, May 1990.
18. Gaede, A.H. ADR – The US Experience and Some Suggestions for International

Arbitration: The Observations of an American Lawyer, at page 21, in *The International Construction Law Review* (1991) **8**, part 1.
19. Wright, *op. cit.*.
20. Fisher, R., Ury & Patton, *Getting to Yes*, second edition (1991), at page 29, Business Books, London.
21. *ICC Rules of Conciliation*, International Chamber of Commerce, Paris, France.

第5章

1. *New Civil Engineer*, 7/14 April 1994.
2. Latham, M., *Constructing the Team*, final report of the Joint Government Industry Review of Procurement and Contractual Arrangements in the United Kingdom Construction Industry (1994) in paras 9.4–9.7 and 9.14.
3. Fair Construction Contracts Consultation Document, DoE, May 1995.
4. Department of Environment News Release, Notes to Editors, paragraph 2, 20 November 1995, at page 2.
5. Adjudication is not Arbitration by another name, *CIC Digest*, Issue 28, 22 March 1996.
6. Latham, M., Interim Report, Trust and Money (1993) and *Constructing the Team*, final report of the Joint Government Industry Review of Procurement and Contractual Arrangements in the United Kingdom (1994).
7. Ron Denny, Former Deputy Director of the British Property Federation in an interview in *Construction News*, 13 June 1991, as referred to in *Adjudicators, Experts and Keeping out of Court*, Mark C. McGaw, *Current Developments in Construction Law*, Fourth Annual Construction Conference, King's College, London, 20 September 1991.
8. *Wiseman* v. *Borneman* [1971] AC 297, at page 308.
9. *Russell* v. *Duke of Norfolk* [1949] 1 AER 109, at page 118.
10. In Mustill and Boyd, *Commercial Arbitration* (1989), second edition, at page 41. Butterworths, London.
11. Bernstein, R. and Wood, D. *Handbook of Arbitration Practice* (1993), second edition, at pages 13 and 14, Sweet & Maxwell, London.
12. *Commercial Arbitration*, second edition (1989) at page 49, Butterworths, London.
13. *ibid.*, at page 49.
14. *Hickman & Co.* v. *Roberts and Others* [1913] AC 229, at page 234.
15. *Chambers* v. *Goldthorpe* [1901] 1 KB 624, at page 636.
16. *Sutcliffe* v. *Thackrah* [1974] AC 727, at pages 757 and 758.
17. *Arenson* v. *Casson Beckman Rutley & Co.* [1977] AC 405, at page 424.
18. *ibid.*, at page 428.
19. *ibid.*, at page 440.
20. *Ponsarn Investments Limited* v. *Kansallis-Osake-Pankki* [1992] 1 EGLR, at page 167.
21. *ibid.*, at page 169.
22. *Dixons Group plc* v. *Jan Andrew Murray-Obsynski* (1998) 86 BLR 16, at page 30.
23. *Northern Regional Health Authority* v. *Derek Crouch Construction Company Ltd* [1984] 1 QB 644, at page 664.
24. *Tubeworkers Ltd* v. *Construction Ltd* [1985] 30 BLR, at pages 77 and 78.

第6章

1. Latham, M., *Constructing the Team*, final report of the Joint Government Industry Review of Procurement and Contractual Arrangements in the United Kingdom Construction Industry (1994).
2. Construction Industry Council (CIC) (1994) report *Dispute Resolution*, which

identifies the disputes that arise in the construction industry and existing methods of resolution.

3. Dispute Review Boards, *ADR A Practical Guide to Resolve Construction Disputes* (1994) John R. Kohnke, at pages 267–8, American Arbitration Association.
4. Dispute Review Boards, Burt Campbell (1994) 60 JCI Arb 1, at pages 17–18.
5. Kenneth Severn, Arbitrator and Consulting Engineer.
6. Kenneth Severn, Arbitrator and Consulting Engineer.
7. *Amicable Dispute Settlement*, Construction Disputes Resolution Group (1994) CDRG Mediation and Arbitration Services, Kenneth Severn.
8. Dispute Review Boards and Adjudicators, *International Construction Law Review* (1993) April, at pages 157–71.
9. *ibid.*, at page 159.
10. *World Bank Sample Bidding Document for the Procurement of Works*, December 1990. See also *World Bank Standard Bidding Documents for the Procurement of Works*, January 1995. Section 13 sets out a mandatory procedure to be used by three member dispute review boards for contracts of more than $50m. Smaller contracts, between $10m and $50m, may have either the three member dispute review board or a single dispute review expert. The *'Orange Book' Conditions of Contract for Design–Build and Turnkey* (1995) provides for a dispute adjudication board. The *Orange Book* states that 'decisions' will be given effect to forthwith unless and until revised.
11. *A Claims Review Board as a Way for Amicable Settlement of Disputes and Other Considerations on the Subject of Claims* [1986] ICLR 498, G. Lodigiani.
12. *Adjudication as operated on the construction of the Dartford River Crossing (The Queen Elizabeth II Bridge)* (1994), 60 JCI Arb. 1, at pages 13–6, Michael E. Morris.
13. *ibid.*, at page 13.

第7章

1. *The Manager's Guide to Resolving Legal Disputes – Better Results Without Litigation*, James F. Henry and Jethro K. Lieberman (1985), Chapter 3, at pages 19–25. Harper & Row, New York.
2. *Mini-Trial*, Douglas H. Yarn, *ADR A Practical Guide to Resolve Construction Disputes* (1994), at page 234, American Arbitration Association.
3. *Guidelines for Supervised Settlement Procedure*, ('Mini-Trial'), (1990), The Chartered Institute of Arbitrators, London.
4. Revised November 1990.
5. *Preventing and Resolving Construction Disputes* (1991), at pages A/1–A/8, Center for Public Resources, Inc., New York.
6. *Quiet revolution brews for settling disputes*, Rob McManamy, ENR 26 August 1991, at page 22.
7. Yarn Douglas H., MedArb, *ADR A Practical Guide to Resolve Construction Disputes* (1994), at page 217, American Arbitration Association.
8. *ibid.*, at page 225.
9. *Re: Catalina (Owners) and Norma MV (Owners)* [1938] 61 Lloyds LR 360.
10. *Re: Elliot ex parte South Devon Railway Company* (1848) 12 Jur 445.
11. *R.* v. *Gough, The Times*, 24 May 1993.
12. *The Elissar* [1984] 2 Lloyds Rep 84.
13. *Banque Keyser Ullman* v. *Skandia Insurance* [1991] 2AC 249, at page 280, per Lord Templeman; *Upjohn* v. *Oswald; Vernon* v. *Bosley Construction*, both unreported but to be found in *Construction Law Yearbook 1996*, John Wiley, at page 199.
14. Section 34.

15. Unfair Contract Terms Act 1977.
16. Mustill and Boyd, *Commercial Arbitration* (1989) second edition, at page 283, Butterworth, London.
17. *Haigh* v. *Haigh* (1861) 31 LJ Ch 420, per Turner LJ.
18. *Med-Arb – Can it Work?* (1994) 60 JCI Arb 1, at pages 1 and 2.
19. *ibid.*, at page 3.
20. *The Med-Arb debate continued* (1995) JCI Arb 2, at pages 111 and 112.
21. 15 July 1993.
22. These are usefully summarised in *Corporate Counsel's Primer on Alternative Dispute Resolution Techniques* (1990), William A. Hancock, Chapter 401, Business Laws Inc., Chesterland, Ohio.
23. *ibid.*, para 401.019.
24. MEDALOA™, *Mediation and Last Offer Arbitration*, American Arbitration Association.
25. *ibid.*, at page 6.

第8章

1. A notable example of litigation which backfired was Mowlem's *Carlton Gate* claim. According to *Contract Journal*, 10 August 1995: 'What is amazing is that Mowlem continued its battle even after declaring a £123 million loss for 1993. On what quality of legal advice? Some might ask.' One lawyer speculated: 'You always try to give the client some good news in the early days. Perhaps that's what ... did, and a bandwagon was set up'.
2. Matthew Chapter 5, verse 9.
3. *Tai Hing Cotton Mill Limited* v. *Liu Chong Hing Bank Limited* [1986] AC 80 (PC).
4. *Lancashire & Cheshire Associations of Baptist Churches Inc.* v. *Howard & Seddon Partnership* [1993] 3 AER 467; *Conway* v. *Crowe Kelsey Partner & Another* (1994) CILL 927; *Wessex Regional Health Authority* v. *HLM Design Limited* (1993) CILL 907; *Holt and Another* v. *Payne Skillington (a Firm) and Another*, *The Times*, 22 December 1995 (CA).
5. [1927] WN 290.
6. *Rush and Tompkins Ltd* v. *Greater London Council* [1989] AC 1280, at page 1299.
7. *La Roche* v. *Armstrong* [1922] 1 KB 485.
8. *D* v. *NSPCC* [1978] AC 171, at pages 236 and 237, Lord Simon.
9. *Dispute Resolution Times*, New York, Spring 1996.
10. *Northern Regional Health Authority* v. *Derek Crouch Construction Company Ltd* [1984] 1 QB 644, at page 664, per Dunn LJ.
11. *Courtney and Fairburn Ltd* v. *Tolnini Brothers (Hotels) Ltd* [1975] 1 WLR 297, at pages 301 and 302.
12. [1992] AC 128, at pages 181–2.
13. *Pitt* v. *PHH Assc and Management Ltd* [1994] 1 WLR 327, at pages 332–3.

第10章

1. see Clause 66(1)(2)(3) of ICE Conditions of Contract 6th Edition.
2. Parris, J., *Default by Sub-Contractors and Suppliers* (1985) at page 139, Collins, London.

第12章

1. Expert Procedures – Model Forms of Conditions of Contract for Process Plants, IChemE, February 1998, pages 7–8.

2. Expert Procedures – Model Forms of Conditions of Contract for Process Plants, IChemE, February 1998.

第 13 章

1. Consultative Document, The New Engineering Contract, Guidance Notes, page 60, Thomas Telford, London.

案 例 表

A. Cameron Limited *v.* John Mowlem and Company plc (1990) 52 BLR 24
Acsim (Southern) Limited *v.* Danish Contracting and Development Co. Limited (1989) 47 BLR 55
Allco Steel (Queensland) Pty Ltd *v.* Torres Strait Gold Pty Ltd (1990) Supreme Court of Queensland, unreported, 12 March 1990
Amoco (UK) Exploration Co. and Others *v.* Amerada Hess Limited and Others [1994] 1 Lloyds Rep 330
Arenson *v.* Casson Beckman Rutley & Co. [1977] AC 405
AWA Limited *v.* Daniels and Others, unreported, 24 February and 2 May 1992
Beaufort Developments Limited *v.* Gilbert Ash (NI) Limited and Others (1998) CILL 1386
Birse Construction Limited *v.* St David's Limited (1999) CILL1494
Cathiship SA *v.* Allanasond Limited(The Catherine Helen) [1998] 3 All ER 714
Cape Durasteel Limited *v.* Rosser and Russell Building Services Limited (1995) 46 CLR 75
Chambers *v.* Goldthorpe [1901] 1 KB 624
Channel Tunnel Group Limited *v.* Balfour Beatty Construction Limited [1993] 2 WLR 262
Christiani & Nielsen Limited *v.* Birmingham City Council (1995) CILL 1014
Coal Cliff Collieries Pty Limited *v.* Sijehama Limited (1992) 24 NSWLR 1
Courtney and Fairburn Limited v.Tolaini Brothers (Hotels) Limited [1975] 1 WLR 297
Crown Estate Commissioners *v.* John Mowlem & Co. Limited (1994) CILL 986
Crown House Engineering Limited *v.* Amec Projects Limited (1989) 48 BLR 32
D *v.* NSPCC [1978] AC 171
Dawnays Limited *v.* F.G.Minter Ltd and Another [1971] 2 All ER 1389
Dawnays Limited *v.* F.G. Minter Limited [1973] 3 All ER 195
Dixons Group plc *v.* Jan Andrew Murray-Oboynski (1998) 86 BLR 16
Douglas (R.M.) Construction Limited *v.* Bass Leisure Limited (1990) 53 BLR 124
Drake and Scull Engineering Limited *v.* McLaughlin and Harvey plc (1992) 60 BLR 102
Elizabeth Bay Developments Pty Limited *v.* Boral Building Services Pty Limited, unreported, 28 March 1995
Ellis Mechanical Services Limited *v.* Wates Construction Limited (1976) 2 BLR 57 (CA)

Field *v.* Commissioner of Railways (NSW) (1957) 99 CLR 285
Fox and Widley *v.* Guram and Another (1998) 3 EG 142
Gilbert Ash (Northern) Limited *v.* Modern Engineering (Bristol) Limited [1973], AC 689
Gleeson (M.J.) Group plc *v.* Wyatt Snetterton Limited (1994)
Grimaldi Compagnia di Navigazione SpA *v.* Sekihyo Line Ltd [1998] 3 All ER 943
Haertl Wolff Parker Inc. *v.* Howard S. Wright Construction Co. (1989), District Court of Oregon (1989), as referred to in unpublished dissertation by Stephen Pratt, James R. Knowles, Cambridge: 1984 Us Dist. Lexis 14756
Halki Shipping Corporation *v.* Sopex Oils Limited [1998] 2 All ER 23
Harbour Assurance Co. (UK) Ltd *v.* Kansa General International Insurance Co. Ltd [1993] 3 WLR 42
Hayter *v.* Nelson and Home Insurance Co. [1990] 2 Lloyds Rep 265
Hickman & Co. *v.* Roberts and Others[1913] AC 229
Hooper Bailie Associated Limited *v.* Natcom Group Pty Ltd (1992) 28 NSWLR 194
Inco Europe Limited and Others *v.* First Choice Distribution (a firm) and Others [1999] 1 All ER 820
Jones and Others *v.* Sherwood Computer Services plc [1992] 1 WLR 277
Kilby and Gayford Limited *v.* Selincourt Limited (1973) 3 BLR 104
Macob Civil Engineering Limited *v.* Morrison Construction Limited (1999) 16-CLD-05-06
Mayer Newman & Co. Limited *v.* Al Ferro Commodities Corporation SA [1990] 2 Lloyds Rep 290
Mayers *v.* Dlugash [1994] 1 HKC 755
McLaughlin & Harvey plc *v.* P & O Developments Limited (1991) 28 CLR 15
McTaggart *v.* McTaggart [1949] P 94
Modern Trading Co. Limited *v.* Swale Building Limited (1990) 6 CLJ 251
Monmouth County Council *v.* Costelloe & Kemple [1965] 63 LGR 429
Mottram Consultants Limited *v.* Bernard Sunley & Sons Ltd (1974) 2 BLR 28,
Neste Production Limited *v.* Shell UK Limited and Others [1994] 1 Lloyds Rep 447
Nikko Hotels (UK) Ltd *v.* MEPP plc [1991] 2 EGLR 103
North River Insurance Co. *v.* Columbia Casualty Co., Dispute Resolution Times, New York, June 1995
Northern Regional Health Authority *v.* Derek Crouch Construction Company Limited [1984] 1 QB 644, 26 BLR 1
Norwich Union Life Insurance Society *v.* P & O Property Holdings Limited and Others (1993) 10 Building Law Monthly, p7
Outwing Construction Ltd *v.* H. Randall & Son Ltd (1999) 16-CLD-02-01
Patel, Jitendra Bhailbhai *v.* Dilesh R. Patel (1999) CILL 1498
Pirelli General Cable Works Limited *v.* Oscar Faber & Partners [1983] 1 AC 1
Pitt *v.* P.H.H. Asset Management Limited [1994] 1 WLR 327
Ponsarn Investments Limited *v.* Kansallis-Osake-Pankki [1992] 1 EGLR 148 152

Public Authority Superannuation Board *v.* Southern International Developments Corporation Pty Limited and Another [1990] I CLR 443

R *v.* Disciplinary Committee of the Jockey Club ex parte Aga Khan [1993] 1 WLR 909

R *v.* Lord President of the Privy Seal ex parte Page [1993] 1 All ER 97

R.M.C. Panel Products Limited *v.* Amec Building Limited, unreported, 1993

Royal Trust International Limited *v.* Nord Banken, unreported, 1989

Rush & Tompkins Limited *v.* Greater London Council [1989] AC 1280

Russell *v.* Duke of Norfolk [1949] 1 All ER 109

Shanning International Limited *v.* George Wimpey Limited (1988) 43 BLR 36

Southland Corporation *v.* Keating (1984) 465 US 17

Sports Maska Inc. *v.* Zittrer (1988) 1 SCR 564

Sutcliffe *v.* Thackrah [1974] AC 727 (HL)

Triarno Pty Limited *v.* Triden Contractors Limited, unreported, 22 July 1992

Tubeworkers Limited *v.* Tool Construction Limited (1985) 30 BLR 67

Walford and Others *v.* Miles and Another [1992] AC 128

Wealands *v.* CLC Contractors Ltd [1998] CLC 808

Wiseman *v.* Borneman [1971] AC 297